普通高等教育本科教材

# 公共关系学

敬坤 ◎ 主编

化学工业出版社

·北京·

## 内容简介

本书向读者介绍了公共关系学的基本理论，并构建了一个相对全面的理论框架。全书以公共关系的发展沿革、现代公共关系发展的背景条件、公共关系的概念与观念为切入点，讲解公共关系的基本知识，重点探讨公共关系的组成与传播、公共关系的战略与运作、公共关系的实践等内容，最后基于现实背景探索公共关系具体实操的可能性。

本书体例清晰，语言通俗易懂，将理论与案例相结合，易于理解，适合各类大专院校公共关系学专业的学生学习参考。

随书附赠资源，请访问 https://www.cip.com.cn/Service/Download 下载。

在如右图所示位置，输入"42003"点击"搜索资源"即可进入下载页面。

## 图书在版编目（CIP）数据

公共关系学/敬坤主编．—北京：化学工业出版社，2022.8

ISBN 978-7-122-42003-9

Ⅰ.①公… Ⅱ.①敬… Ⅲ.①公共关系学-高等学校-教材 Ⅳ.①C912.31

中国版本图书馆 CIP 数据核字（2022）第 148374 号

---

责任编辑：吕梦瑶　　　　　　　　　　　文字编辑：刘　璐
责任校对：赵懿桐　　　　　　　　　　　装帧设计：韩　飞

---

出版发行：化学工业出版社（北京市东城区青年湖南街 13 号　邮政编码 100011）
印　　装：涿州市般润文化传播有限公司
710mm×1000mm　1/16　印张 11¾　字数 221 千字　2023 年 3 月北京第 1 版第 1 次印刷

购书咨询：010-64518888　　　　　　　　售后服务：010-64518899
网　　址：http://www.cip.com.cn

凡购买本书，如有缺损质量问题，本社销售中心负责调换。

---

定　　价：58.00 元　　　　　　　　　　　版权所有　违者必究

# 前　言

相对于很多学科而言，公共关系学属于新兴应用学科，具有较强的应用性和实践性。传统的以理论知识教授为主的教学模式不太适合公共关系学的课程性质以及地方高校的人才培养目标。地方高校应基于公共关系学课程的教学现状和存在的问题，采取丰富的教学方式和手段，寓学于乐，充分调动学生的积极性；改变考核方式，侧重能力和过程考核，改进教学方法，从而有效提升公共关系学课程教育教学的实际效果。

如今，网络已成为我们生活中必不可少的一部分，网络传播在信息时代的重要性日益凸显出来。在线即时通信工具的覆盖面不断扩大，网络也成为人与人之间沟通必不可少的重要媒介。当下互联网快速发展，新媒体迅速兴起，多元化的新型公共关系也应运而生，公共关系进入了网络时代，必然呈现出新的发展趋势。如何在互联网时代巧妙地进行公关，是政府机构、企业甚至是每个公民需要重点研究的课题。

本书在研究社会、组织、公众、个体的同时，通过对公共关系原理与实务的讲解，让学生深刻理解公共关系的相关原理，为以后的社会实践奠定基础。本书旨在抛砖引玉，也希望有更多的研究人员投入到相关的研究领域中来。

本书共分为五章。第一章主要为公共关系概述，讲述公共关系的发展沿革、公共关系学的学科发展，以及公共关系的概念与范式；第二章主要针对公共关系的基础理论进行分析，具体为公共关系的职能和作用、公共关系的类型，以及公共关系的规范和准则；第三章从公共关系的构成与传播入手，阐述了公共关系的主体、公共关系的客体和公共关系传播等方面的内容；第四章则主要对公共关系工作过程进行阐释，分别从公共关系调查、公共关系策划、公共关系实施，以及公共关系评估等角度进行阐述；第五章主要介绍公共关系专项活动，具体包括公共关系专职机构和专业人员、公共关系危机管理、企业公共关系和公共关系礼仪。

  在撰写本书的过程中，得到了衢州学院及许多专家学者的帮助和指导，参考了大量的学术文献，在此表示真诚的感谢。本书内容系统全面，论述条理清晰、深入浅出，但由于作者水平有限，书中难免会有疏漏之处，希望广大同行及时指正。

衢州学院副教授 敬 坤<br>
2022 年 1 月

# 目 录

## 第一章　公共关系概述 …………………………………………… 1

　　第一节　公共关系的发展沿革 ………………………………… 1
　　第二节　公共关系学的学科发展 ……………………………… 9
　　第三节　公共关系的概念与范式 ……………………………… 18

## 第二章　公共关系的基础理论 …………………………………… 24

　　第一节　公共关系的职能和作用 ……………………………… 24
　　第二节　公共关系的类型 ……………………………………… 34
　　第三节　公共关系的规范和准则 ……………………………… 47

## 第三章　公共关系的构成要素 …………………………………… 59

　　第一节　公共关系的主体 ……………………………………… 59
　　第二节　公共关系的客体 ……………………………………… 69
　　第三节　公共关系传播 ………………………………………… 74

## 第四章　公共关系工作过程 ……………………………………… 93

　　第一节　公共关系调查 ………………………………………… 93
　　第二节　公共关系策划 ………………………………………… 98
　　第三节　公共关系实施 ………………………………………… 113

第四节　公共关系评估 …………………………………………… 130

## 第五章　公共关系专项活动 …………………………………………… 135

第一节　公共关系专职机构和专业人员 ………………………… 135
第二节　公共关系危机管理 ……………………………………… 146
第三节　企业公共关系 …………………………………………… 157
第四节　公共关系礼仪 …………………………………………… 175

**参考文献** ………………………………………………………………… 180

# 第一章
# 公共关系概述

## 第一节 公共关系的发展沿革

### 一、公共关系史

公共关系史与人类传播史大抵是同步发展的。传播，或者说沟通、交流，乃是人类最基本的技能。个体唯有在与他者的沟通中才能成就自我，氏族、部落、社群、民族和国家则倚重传播维系共同体生活。若无传播，个体和共同体的进步是不可想象的。

而传播也是麻烦的制造者，交流的困境始终是人类最大的困境之一，政治、经济和文化等诸多领域，以及个体的生活世界皆充斥着交流的无奈。正是因为传播的重要性和两面性，人们对传播方式的改善、传播过程的驾驭和传播效果的控制，以及在此基础上的观念创新和理论总结，从来不曾懈怠。对传播方式、过程和效果进行干预与管理，并有意识地展开传播观念训练和理论建构，恰是公共关系的基本内容。

这些在人类文明的早期，譬如西方的古希腊时代、中国的春秋战国时代皆有鲜明的例证。

#### （一）西方古代的公共关系

探究当代很多学科的历史渊源，都要提起亚里士多德（公元前384—公元前322年）。他对哲学、伦理学、政治学、经济学、社会学、修辞学，甚至物理学、生物学都做出了肇基立业的贡献。这位活跃在2300多年前的古希腊先哲开创了修辞学研究的先河，他的《修辞学》一书堪称公共关系领域的第一本理论著作。

在古希腊，说服他者的能力和艺术被认为是一项基本的公民素养。亚里士多德是持有这种观念的代表者之一，他认为修辞有利于维护正义和真理并压制邪恶，有利于教化普通民众，亦有利于民众的自我辩护和防卫。古希腊人追求体魄与灵魂同样强健，一个人在身体上不能保护自己是不光彩的，而不能利用有效的言说和修辞为自己辩护也是不光彩的。在亚里士多德看来，"较之使用身体，人更经常地使用言辞"，因而修辞更加关乎人的安身立命。

亚里士多德提出"修辞术是说服的艺术"，即"在每一事例上发现可行的说服方式的能力"。❶那么，修辞是否可以说服他者？他认为良好的修辞存在三个要素：品格、情感和逻辑。在这三个要素中，品格指向了说服者的素质——明智、德性和善意；情感对应说服对象的心理，包括各种感情、意志和修养；逻辑则与说服内容相关联。

这三个要素至今仍是解释和说明公共关系领域大多数现象、问题的重要依凭。今日公共关系中的问题，大多可在这三个方面找到根源，如缺少品格上的信誉资本，情感空洞或滥用，逻辑缺失或混乱。

在亚里士多德之前，古希腊较正式的修辞实践和研究普遍而繁盛。以雅典为例，当时的立法、审判、征战和交易皆通过辩论而达成决策，修辞因之成为公民必备的素养。据考证，雅典公民大会少则两三千人参与，多则六千人，每年召集四十场以上，更有大约两百次公民庭审。修辞和说服是在政事、诉讼中说明真相、交换意见、争取认同的关键因素。除了处理城邦公共事务，雅典广场上的智者们，譬如苏格拉底和他的对手，围绕神谕和爱欲、真理和真相、政治和道德等问题进行了西方文明早期巅峰式的辩论。柏拉图说："雅典人所议之主题含有政治睿智……会倾听每一个人的见解，因为他们认为所有人都应拥有这一美德；否则，便不会有城邦。"❷在此背景下，一些人专门投身修辞研究，诸城邦广泛兴办修辞学校。

公元前59年，古罗马统帅恺撒创办了世界上第一份报纸（Acta Diurna）。这份报纸采用当时的大众化语言——拉丁语，全力讴歌恺撒的不朽功业。每逢战事，恺撒都遍发传单，以期引发舆论、赢得认同。他甚至还推出了一部记述自己战事功勋的《高卢战记》，有西方公共关系学者奉此书为"第一流的公共关系著作"。除了报纸、传单和著述，现代公共关系之父伯内斯（Edward L. Berneys，1891—1995年）追溯说，在恺撒前后的时代，剧院、神庙、雕塑、绘画、仪式也都是"统治者希望与公众建立良好关系的尝试"。❸

古罗马覆灭后是漫长的中世纪。说服性传播成为封建秩序的重要维护手段，其服务于政治教化、宗教宣传、等级秩序的维护，以及商业拓展和战争动员。同时，各个社群，譬如贵族阶层在其日常生活中也普遍而自觉地利用传播、舆论的力量形塑认同、协调关系、维护利益、捍卫价值。近似公共关系的社会行为和思

---

❶ 怀特. 形式的内容：叙事话语与历史再现 [M]. 董立河，译. 北京：文津出版社，2005：39.
❷ 苗力田. 亚里士多德全集：第九卷 [M]. 北京：中国人民大学出版社，1994：338.
❸ 马基雅维利. 君主论·李维史论 [M]. 潘汉典，薛军，译. 长春：吉林出版集团有限责任公司，2011：103.

想不仅在当时人们的政治生活和经济生活中得到相当程度的发展，而且在人们的日常交往中也得到较为集中的体现。基于对传播权力和资源的垄断，以下三种力量主导了中世纪的公共关系实践。

（1）皇权和贵族

他们一手持"剑"，一手提"笔"，前者守护统治根基，后者则着力于教化、认同和合法性等"软秩序"。在根基稳固的前提下，他们愿意以说服而非压服的方式协调社会关系，谋求统治者内部不同利益集团之间、统治集团与民众之间的利益互惠和价值认同。他们发现了说服、诱导、造势和宣传的好处，因而自觉地利用"笔"、言说和传播的力量。正如我们在文物和文献中所见，中世纪的统治者们把石头、木板、铜板、羊皮、莎草和浆纸都武装起来，使之成为传播法典、政令和教义，推行道德和意识形态教化，歌功颂德，发表檄文的媒介。一些人成为职业的社会活动家、政治幕僚和舆论领袖，他们的"说"与"不说"直接影响了历史的发展方式和叙述框架。

（2）教会和僧侣

神权是中世纪历史舞台上的另一个"导演"。与君权相比，神权更在意争取人心，因而说服性传播乃是教会和僧侣工作的主要内容和基本方式。17世纪，罗马教皇格里高利（Gregory）十五世在教会中设立了"传信部"来促进信仰传播。彼时，教会宣传的主旨在于劝导人们信奉天主教，皈依本教。今天，天主教和其他宗教派别仍延续中世纪的做法，维持一定数量的人员专司与公众沟通之职，即万民福音部（Sacra Congregatio de Propaganda Fide）。事实上，梵蒂冈的官方首席发言人就一直拥有大主教的头衔。

（3）工商业者

中世纪的经济关系相对简单，说服性传播、公共关系的价值在于促进买家与卖家相遇、交易并保持信任。在利益的驱动下，工商业者自然地使用了当时的一些符号、文本和策略。招牌、口碑、折扣、名人效应等所谓的现代营销传播方式早已使用多年。

在中世纪后期的文艺复兴和启蒙运动中，人的理性和主体性逐渐得到承认。西方文明随后开启了现代性转型和现代化进程，这一进程的主题是，把人从神权和君权中解放出来，免于饥饿，免于恐惧，追求自由、平等和进步。此间，舆论——公众意见的集合越来越受到重视。及至18、19世纪，舆论或者说民意已然成为革命、战争和维护政权合法性的基础。新生的美国更是提出了政府以民意为基础的概念，宣传的时代到来了，现代公共关系的先声已现。

（二）中国古代的公共关系

中国古代虽未出现与亚里士多德的《修辞学》相似的专著，但有关修辞、言说、沟通的论述，在《周易》《尚书》《论语》《诗经》《孟子》《荀子》《左传》和《战国策》等著作中却处处可见。这些典籍确立了修辞在邦国治理和社会交往中的地位、价值和原则，提供了丰富、精细的言说策略和修辞方式。

《尚书》作为我国颇有影响力的一部典籍，全书有60余处论及"言"和"辞"。譬如，"嘉言罔攸伏，野无遗贤，万邦咸宁"。"嘉言"即良善有德之言，倘若嘉言无遮，贤人得任，万邦即可安宁而治。此中，嘉言被视为达及清明政治的前提和路径。

到了孔子（公元前551—公元前479年）时代，修辞、言说的重要性被直率地表述为"一言而兴邦""一言而丧邦"。《诗经》中也唱诵道，"辞之辑矣，民之洽矣。辞之怿矣，民之莫矣"。孔颖达将之注疏为："王者若出教令，其辞气之和顺矣，则下民之心相与合聚矣。其辞气之悦美矣，则下民之心皆得安定矣。"可见在先秦观念中，言辞和顺、悦美乃是重要的安民之道。

最能体现先秦修辞原则的说法是"修辞立其诚"。子曰："君子进德修业，忠信，所以进德也。修辞立其诚，所以居业也。"❶ 这里的修辞不单是辞令之意，还包含整个文教、文辞在内，孔子认为所有这些皆应以道德修炼为根本。在这一点上，孔子与亚里士多德的修辞思想是相通的，后者也认为诚信、信誉是修辞和说服的必要条件。当然，亚里士多德并不认同将诚信视为修辞的唯一要素或全部问题。在他看来，修辞是说服者面向倾听者所采取的品格、情感和逻辑三位一体的证明过程。这大抵相当于中国文化语境下的"修辞立其诚"加上"晓之以理""动之以情"。

在随后的战国时代，图强争霸的君王自然是主角，而围绕在他们身边的策士亦非配角，甚至有些策士成为一些重大历史事件的"导演"。这些策士"日夜扼腕瞋目切齿"，腾说以取富贵，"一怒而诸侯惧，安居而天下熄"。在强烈的功名刺激和邦兴国亡的幻灭感之下，策士们言则恢奇雄浑，行则虎虎生威，改变了自己，也创造了历史。此中最负盛名者，当属合纵之苏秦和连横之张仪，二人游说诸侯，天下争慕效之。公孙衍、苏厉、苏代、周最、楼缓等人相随而来，纷纭遍于天下，务以辩才相高。《资治通鉴》中评价策士说，"其才足以顿纲振纪，其明足以烛微虑远，其强足以结仁固义，大则利天下，小则利一国"。

在封建社会晚期，中国未能出现完全意义上的西方式的文艺复兴，晚清掀起的启蒙浪潮很快让步于救亡图存和革命的洪流。正如近现代史所展示的那样，中国的现代性转型和现代化建设一路艰难曲折。而现代公共关系的产生和发展，理应齐备若干现代性和现代化的条件，譬如政治的进步，商品经济的发展，公民

---

❶ 阮元（校刻）．十三经注疏[M]．北京：北京大学出版社，1999：15-16．

权利的崛起，传播事业的繁盛等，对中国而言，这些历史条件的出现和汇聚已是20世纪末的事情了。

"现代公共关系学起源于美国，这已被国内外公共关系界的同仁所公认。"❶ 如是"公认"当有所限定：作为一种专门的管理手段和传播行为，一种相对独立的学科和理论体系，一种新兴的职业和现代产业，公共关系最早在美国诞生并获得了较大发展。传统公共关系与现代公共关系必有相通之处，譬如皆以传播管理、关系协调、形塑认同为职责，而上述限定则使传统公共关系与现代公共关系得以区分，后者在系统化、学科化和职业化等方面超越了前者。

现代公共关系的崛起与美国三位先行者的贡献密不可分，他们开启了各自的"公共关系时代"，最终宣告了现代公共关系的诞生。第一位是巴纳姆（P. T. Barnum，1810—1891年），后来者称他所代表的现代公共关系萌芽期为"公众该死的时代"；第二位是艾维·李（Ivy Lee，1877—1834年），他引领了"公众理应知晓的时代"；第三位是伯内斯（Edward L. Bernays，1891—1995年），他主导了"公共关系的双行道模式"，即"组织和公众相互适应、彼此调整的时代"。

这三位先驱在现代公共关系史上相继扮演了如下角色：巴纳姆最早系统地使用了现代公共关系手段；艾维·李创建了最早的专业公共关系公司，并设定了现代公共关系的基本原则；伯内斯为现代公共关系理论与教育、公共关系职业和产业的形成及发展做出了奠基性、引领性贡献。

（三）核心理念的树立

19世纪末，美国进入了疯狂的现代化、工业化和城市化进程，政治与商业、精英与大众、财富与心灵之间的传统关系和秩序遭到瓦解。繁荣背后的危机逐渐在历史的舞台清晰显现：经济垄断、阶层分化、贪腐盛行、环境破坏、道德沦丧、信仰凋零。

面对这般社会境况，新闻媒体发起了声势浩大的"扒粪运动"——揭露商业和政治的罪恶，来自底层大众的抗争运动更是风起云涌，大规模的罢工冲突频繁发生。及至1905年前后，扒粪运动、底层抗争以及中产阶级推行的大量社会革新运动、基督教组织的社会福音运动实现多元汇流，这就是美国著名的"进步主义运动时期"。

艾维·李在进步主义运动中脱颖而出，他愿意扮演居间人的角色，促进利益集团、媒体和公众之间的沟通，以维系哪怕最低限度的理解和共识。他相信"人民已经登基为王"并且不是愚昧的群氓，而大企业及其政治联盟亦非罪不可赦，

---

❶ 周安华，苗晋平. 公共关系——理论、实务与技巧［M］. 北京：中国人民大学出版社，2004：28.

现代社会所真正匮乏的乃是沟通。他设计的公共关系正是以沟通为业，连接不同的利益主体，弥合各方的裂痕。1904年，在纽约做了几年记者的艾维·李和朋友帕克开办了一家宣传机构，充当发布新闻的报纸和新闻相关人物的中间机构。就专业性而论，他们共同创建的这家机构，即"帕克和李公司"堪称世界上第一家公共关系顾问机构。

在艾维·李的努力下，宾夕法尼亚铁路公司获得了扒粪运动以来最公正、最具善意的报道和评价。与之形成鲜明对比的是，不久之后纽约中央铁路公司发生了翻车事故，公司因掩盖事实而招致媒体铺天盖地的批评。艾维·李总结说："公众对真理的判断力会为你带来真正的自由。"

同年，美国无烟煤矿业面临着一次大罢工，劳资冲突一触即发。艾维·李受聘处理危机，他向煤矿管理层提出了两个条件：有权参加最高决策会议，有权向社会公开全部事实真相。最终，艾维·李协助煤矿管理层力挽狂澜，妥善处理了劳资矛盾，也得到了媒体的好评。在这次事件中，艾维·李发布了具有公共关系行业"法典"性质的《原则宣言》。即这不是一个秘密的新闻机构，我们完成的所有工作都对外公开，我们致力于提供新闻；这不是一个广告公司，如果你认为我们的任何一项事务与你们的生意相关，我们的计划是，诚实和公开地代表企业和公共机构关切的利益，及时和准确地向美国人民和新闻界提供关乎公共利益、对公众有价值的信息。《原则宣言》确立了现代公共关系最初的核心信条。

（1）讲真话

一个组织（企业或公共机构）要获得良好声誉，不能靠隐瞒信息或欺骗公众，而是必须坦诚地将真实情况公之于世。倘若公开真相确实于组织不利，那么应该调整组织自身的行为，而不是"应付"公众。人民很聪明也很公正，只要社会诸领域的事实得以完整呈现，人民就能够做出正确的决定。而公众的决定有如"民意法庭"的审判，它在重要性上与司法审判几乎等同，在一个社会中，公众舆论就像法院一样拥有必然和最终的判决权。在艾维·李看来，大众之所以活在感性、偏见和冲动之中，是因为他们无权获知真相，艾维·李一直坚持的信念是：让大众知晓一切，如果你是对的，你会成为赢家。

（2）开明互惠

从组织一端来看，开明互惠亦可表述为凡有利于公众的才有利于组织。这一信条体现了鲜明的互惠原则和强烈的共同体意识，即组织只有在满足公众权利和公共价值的基础上才能真正实现自我价值。

（3）言行一致

言行一致，既要说得好，又要做得好。艾维·李呼吁组织及时、主动、公开地传播信息、表达意见，更要采取切实的行动解决问题，谋求革新和改善。公共关系的使命不是美化某个组织，而是从"说"和"做"两方面推动组织与媒体、公众的有效沟通和关系改善,其中最重要的是革除组织自身的弊端。

**二、现代公共关系发展的背景与条件**

如果把历史的镜头从巴纳姆、艾维·李和伯内斯等开基立业者的个体身上拉开,我们就可以看到现代公共关系发展的整体社会背景和历史条件。这些背景和条件的主线是现代性,以及作为现代性实践过程的现代化。实际上,现代公共关系既是现代性、现代化的产物,同时也是它们的促进者、维护者。

(一)现代性、现代化与现代公共关系

在《舆论的结晶》一书中,伯内斯将公共关系定义为一种组织与公众之间的关系,在这种关系中,组织服务并依存于公众。1952年,他从组织的视角将公共关系的定义拓展为:告知公众信息,说服以改变公众的态度和行为,整合组织与公众之间态度和行为的努力。

伯内斯注意到了现代社会与传统社会之间的巨大差异。传统社会也存在借由信息传播来建立和维系共同体的需求,而这种需求在现代社会则变得更加普遍和强烈,以至于有必要开创一项专门化、职业化的新学科来实现这种需求,这就是公共关系。伯内斯认为,工业化和城市化加剧了社会发展的多变性和复杂性,科技、交通、传播、教育的进步,市场经济、政治的发展和民众力量的崛起,使各种社会关系日益紧密也更加紧张。在此背景下,一个社会需要通过公共关系来促进社会整合、关系协调和设计认同。具体到单个组织层面——譬如一家企业或政府部门,需要告知公众必要且充分的信息,说服公众采取合宜的态度和行为,并在组织与公众之间建立理解、共识和稳定的认同关系。

同时,现代性本身充斥着各种难以调和的矛盾,这也导致现代性转型和现代化建设总是危机重重。譬如,现代性提倡自由,而大众社会注定是一种多元化、碎片化、原子化的社会形态,这就与现代性对秩序的追求产生了矛盾;又如市场体制势必形成多元利益主体的竞争、分化和对抗,劳资冲突、企业与消费者的冲突、阶层冲突持续不断;经济发展、科技进步和知识创新导致了人与自然的尖锐对立,亦使社会结构持续处于不确定和失序状态,"繁荣社会"与"风险社会"一直如影随形。需要指出的是,这些现代性"病症"从反面强化了现代公共关系发展的必要性与可能性。一如美国公共关系史所表明的那样,正是由于在工业化、城市化引发的诸多社会危机中大显身手,公共关系才从一些新闻代理人、宣传家的"伎俩"蜕变为一项现代事业。

信息技术革命和传播媒介的发展,是现代公共关系所倚重的另一个重要背景和条件。在既往一二百年间,大众传播、组织传播、群体传播和人际传播的技术、媒介和手段得到持续发展和创新,以至于人们把现代社会命名为"媒介社会"。在媒介社会中，大规模公共传播、专业化说服与倡导、多元对话与关系协调既是必要的，也是可能的。这就为公共关系事业的发展提供了动力和契机。在某种意义上，现代公共关系史就是政府、企业和其他各类社会组织与报刊、广播、电视、互联网等各种传播媒介互动的历史。

当然，互动同时包含了对话与对抗。公共关系善用传播媒介以构建社会认同、实现社会整合的业绩有目共睹，滥用传播媒介、操纵民意、歪曲真相、亵渎真理的个案亦不鲜见。

(二) 中国现代公共关系的引进和发展

1984年可以被视为中国现代公共关系元年。这一年发生了诸多标志性事件：在广州，中国大酒店等合资、涉外企业成立了公共关系部门，白云山制药厂组建了国企首家公共关系部门，后者被认为是中国公共关系史上具有里程碑意义的事件。在北京，长城饭店公共关系部门因成功举办了美国总统里根访华答谢晚宴而轰动一时，王府井百货大楼设置了公共关系机构。当年10月，全球领袖级公共关系公司伟达公共关系顾问公司在北京设立办事处。12月26日，《经济日报》发表长篇通讯《如虎添翼——记广州白云山制药厂的公共关系工作》，并配发社论《认真研究社会主义公共关系》。而在国家层面，1984年的一个重大历史事件是《中共中央关于经济体制改革的决定》出台，宣告社会主义经济是在公有制基础上的有计划的商品经济，计划经济与商品经济可以并存。这是中国经济体制改革乃至整个现代化进程中一次实质性的"解冻"或"破冰"，计划体制松动，市场体制萌动。此间，中国社会科学院新闻与传播研究所、厦门大学、深圳大学、中山大学、国际关系学院、上海外国语大学等教研机构开设了公共关系课程。1986年，新华社与全球最大的公共关系公司之一——博雅公共关系公司合资共建了第一家本土公共关系公司——中国环球公共关系公司，为客户提供新闻传播、大型活动、政府关系、策略咨询等方面的公共关系服务。同年，法国人杜孟在中国开办了中法公共关系公司（Interasia PR）。

如果说中国公共关系在20世纪80年代的主要成绩是概念引进和观念启蒙，那么90年代的标志性成果则是专业公共关系市场的初步培育。一个完整的公共关系市场架构至少应包括如下要素。

① 甲方——公共关系服务的购买者。跨国企业、部分国有企业、新兴的IT企业、少数政府机构和事业单位在20世纪90年代中后期产生了相对稳定的公共关系业务需求。

② 乙方——公共关系公司、事务所、顾问机构等公共关系服务的提供者。一流国际公共关系公司在20世纪90年代纷纷进入中国市场，本土公共关系公司亦逐步崛起。

③ 媒体与传播——公共关系服务的实现通路、载体和平台。中国媒体在20世纪90年代平衡地处理了舆论监督、服务市场、引领消费和实现自身财富增长的复杂关系，传媒产业蓬勃发展。

④ 公众或利益相关者——公共关系服务的诉求对象、公共关系价值得以生成的出发点和落脚点。20世纪90年代中后期的中国民众已然在抽象的"人民""群众"和"百姓"等身份之外，逐渐获得了自主的消费者身份，"以消费者为中心"的口号深入人心。

⑤ 环境和外在的资源、制度、文化生态。国家层面以经济建设为中心的政策环境、构建市场经济体制的宏观议程为培育专业公共关系市场创造了现实可能性。

历经几十年的高速现代化，中国创造了辉煌的成就，同时也在新世纪进入了剧烈的社会转型期和攻坚克难的"改革深水区"。此种艰难，首先表现为现代性"通病"在中国社会的显现，譬如风险社会降临、工具理性炽盛、消费文化泛滥、全球化对国家治理能力的挑战等。同时，中国在改革和发展中遇到的个性问题和矛盾也不断加剧，譬如文化上的前现代性、现代性和后现代性并置于同一时空语境，政治经济改革不均衡，工业化和城市化亟待转型升级，新媒体挑战既有社会秩序，并通过话语权再分配重构社会关系等。

这些宏观背景在一定程度上影响了中国公共关系在新世纪的发展方向和工作方法。公共关系以沟通为主，致力于解释和解决问题，化解矛盾和冲突，寻求共识和信任，与当前中国社会语境和公共议程相契合。风险社会使公共关系成为政府、企业和其他社会组织的基本管理手段；市场经济和消费文化借由公共关系创造符号、阐释意义、参与竞争、制造认同；新媒体改变了官民对话、民商对话的观念和规则，公众获得了更大的话语权，新媒体公共关系事关和谐、稳定和善治；全球化使国家公共关系、软实力建设和公共外交走向历史舞台，成为日常性的政治、经贸和跨文化交往事务。风险社会、消费文化、新媒体、全球化以及自身的业务专业化，构成了21世纪以来中国公共关系的发展主题。

# 第二节　公共关系学的学科发展

## 一、公共关系学概述

作为现代社会中的一种客观存在的公共关系，其本身的历史并不长，而这种客观存在要成为一门成熟学科，更需要一个过程。作为一门学科的公共关系学产生于20世纪20年代的美国，距今已经整整一个世纪了，而公共关系学被引介到我国并得以南北东西全面开花，则只是近30年的事。同许多新兴学科一样，公共关系学一经在国内立足，就显示了强大的生命力，并以发展快、应用性强的特点引起了国内学界人士、职业白领及组织管理层的普遍关注。

（一）公共关系学的研究对象和内容

公共关系学既然是公共关系实践活动的反映，它的研究对象就应该是公共关系活动现象及其内在规律。根据研究对象的特点和学科研究的需要，公共关系学同其他应用性学科一样，可分为公共关系理论、公共关系应用和公共关系史三个部分。公共关系理论包括宏观和微观两个部分。宏观理论部分主要考察公共关系在现代公众社会中的地位和作用，以及如何发挥公共关系在现代公众社会中的作用，尤其要研究市场经济和近年来蓬勃发展的关系经济与公共关系的因缘联系和相互促进作用。在这里，马克思主义经典作家的指导作用十分重要，他们关于社会关系的理论、关于商品经济社会本质和过程的理论、关于科学管理的理论以及历史唯物主义的基本原理，都是我们研究的理论根据。

公共关系学包含的内容十分广泛，包括如何确定公共关系目标，如何收集和处理信息，如何制定工作程序和工作计划，如何组织各种形式的交流、沟通、劝说活动，如何评价活动结果，以及如何筹划公共关系从业人员的职业培训和公共关系机构的建设等。

（1）如何确定公共关系目标

社会组织因其性质不同而有各种不同目标。一个政治性组织在某个时间段内，可能以扩大自身的政治影响为主要目标。政府组织宣扬的"公众利益第一"，是一个经久不衰的目标口号。与之相反，一个营利性经济组织可能会把"利润底线"作为组织生存的首要目标。一个福利性组织，既不需要"政治影响"，又不为"利润底线"担忧，于是可能会把"民生"作为它的口号。要根据组织自身的性质、价值取向或功利目的来确定公共关系的目标。

（2）如何收集和处理信息

要想确定并实现公共关系的目标，必须进行相关信息的收集和处理。信息收集的渠道可以包括无记名抽样调查，面对面的公众座谈，一对一的重点客户访谈，报刊文章、评论的扫描检索，各种统计资料的对比参照等。特别要指出的是，百度等搜索引擎已经成为公共关系职业人员和机构进行信息收集最快捷、最廉价、最常运用的工具。信息收集的内容可以包括公众的需求及需求的变化、公众的愿望及愿望的变化、公众的情绪及情绪的变化，以及有关自身产品或组织形象的信息。公共关系职业人员对收集来的信息还要进行分析处理，下一番"去粗取精、去伪存真、由此及彼、由表及里"的改造制作功夫，以获得真实的而不是虚假的、系统的而不是零碎的事实材料，以确定问题的性质和状态，解决问题的"策略和招数"。

(3) 如何制定工作程序和工作计划

公共关系目标包括远期目标和近期目标，一旦确定，就要制定相对具体的工作程序和工作计划。这可以包括公众的分类、近期和远期目标的确定、传播渠道的选择、费用的预算、人员和时间的安排等。在这里，公共关系机构或责任人员也应及时向组织决策部门及相关管理层面通报情况，征求意见，以利统筹兼顾。

(4) 如何组织各种形式的交流、沟通、劝说活动

一旦工作程序和计划制定完毕，就要按照既定时间表来实施。在当今的公众社会中，公共关系的交流、沟通、劝说活动常常要借助多种现代化传播工具，即大众或分众传播媒体、纸媒或电子媒体、传统媒体或网络以完成信息的制作和发布。其中包括劝说材料的准备和传送、新闻公报与发言稿的编写和分发、会场的选定和布置，会议议程的安排，以及服装穿着的建议等大大小小的公共关系实务操作。

(5) 如何评价活动结果

这实际上就是通常所说的经验教训总结。这里同样要进行信息的收集和处理，它既是前一阶段工作的总结，又是确定新的问题、进行新的决策的开始。

(6) 如何筹划公共关系从业人员的职业培训和公共关系机构的建设

上述各项工作的成败，都同公共关系工作人员的素质有直接的关系。因此，对公共关系工作人员的职业培训，本身就是公共关系应用业务的一个重要组成部分，其中包括公共关系人员的理论培训、技术培训和公共关系意识的培养，还有对组织成员实行公共关系基础知识普及教育。为了有效地进行公共关系活动，有的组织还需要设置专门的公共关系机构。对一些大、中型组织来说，公共关系机构的建设也是其公共关系业务的一个部分，这涉及公共关系人员的配备和公共关系设备的配置等。

以上列举的六项工作，虽然不是公共关系应用业务的全部，但已经勾画出了公共关系实务操作的大致轮廓，就是说，抓好了这六项工作，也就抓好了公共关系的大半应用业务。现代意义上的公共关系事业从发端至今，约有100年的时间。显然，公共关系史的研究重点就落在了近代和现代，特别是它的现代史研究。古代社会诚然也存在着各种"类公共关系"的信息传播活动，但远不是当今职业公共关系机构和职业公共关系人员所进行的自觉的公共关系活动；对古代社会的"类公共关系"活动进行研究，主要为了梳理现代公共关系活动的来龙去脉和历史渊源。现代公共关系活动是在20世纪初才开始在美国和其他西方市场经济国家中发展起来的。公共关系是以现代公众社会的发展为基础的，分析现代社会的政治经济、科学技术和文化等因素同公共关系产生和发展的关系，是公共关系史研究的重要组成部分。

毫无疑问,公共关系史的研究应以公共关系自身的历史变迁和发展作为主要内容。但是,任何历史都不是无缘无故地发生的,历史都有其自身的发展空间和环境。研究公共关系发展史必须同研究公共关系发生、发展和变迁的环境结合起来,换句话说,对公共关系史的深度研究离不开对公众社会大的政治、经济、文化、科学乃至宗教背景的考察和思考。研究中国公共关系史,更离不开对改革开放以来中国新闻史和传播学史发展的研究。

(二) 公共关系学的学科性质

尽管人们对公共关系学学科性质的认识,仍在不断发展和深化之中,但把公共关系学看作一门社会应用学科,已经是一种共识。公共关系学有很强的应用性,一方面体现在公共关系学的研究对象和内容上,另一方面可从公共关系从业人员的工作性质上得到印证。美国公共关系学会教育委员会对公共关系从业人员提出过八种工作能力的培养,其中包括材料的写作、编撰和散发,公共关系计划的策划和执行,演讲和宣传等,这些工作全部是应用性的。

更确切地说,公共关系学是一门综合性的边缘应用学科,它涉及的学科十分广泛,包括社会学、心理学、逻辑学、新闻学、传播学、管理学、舆论学、广告学、市场学和经济学等基础学科和应用性学科。正因为如此,关于公共关系学的学科归属问题,就像关于公共关系的定义一样,人们至今还没有取得完全一致的意见。目前国内外较流行的观点有三种:①公共关系具有管理的职能,公共关系属于管理学的范畴,因此公共关系学是管理学的一部分;②公共关系是一种社会关系,本质上是一种社会组织的行为,因而公共关系学是组织行为学的分支学科;③公共关系是一种传播活动,公共关系活动是一个交流、沟通、劝说的过程,所以公共关系学是传播学的一个应用领域。

上述三种观点各有其侧重点,分别强调了公共关系的管理职能、组织主体行为和传播过程这三方面,都有一定的合理性。而且,由于公共关系的管理职能、组织主体行为和传播过程三者之间有着必然的联系,这三种观点本身既是交叉的,又是统一的。然而,这种交叉统一性实际上揭示了一种学科性质,即简单地把公共关系学归属于某一学科,是有悖于该学科交叉统一性这一特征的。公共关系学横跨诸多学科这一显著特点,决定了我们必须从这些学科各自的角度对公共关系现象和规律进行研究;任何单一学科都不可能独立完成对公共关系的交叉综合研究。综上所述,以公共关系理论、应用和发展历史为研究对象的公共关系学就必定是一门综合性的边缘交叉学科。

把公共关系学看作一门综合性的边缘交叉学科,并不是说公共关系学是上述各门学科的简单结合,而没有公共关系学自身的独特专业理论和应用业务。恰恰相反,公共关系学需要研究社会组织的一般行为,但重点是研究组织的交流、沟通、劝说行为；公共关系学需要研究组织的一般管理职能，但重点是研究组织的传播管理和信息管理职能；公共关系学需要研究一般传播活动，但重点是研究组织与其特定公众是如何交流信息，如何沟通意义，如何劝说态度的。事实上，一个体系尚在发展、边界尚在扩展的新兴边缘学科，其理论研究的很多部分总是要横跨多门学科，公共关系学也不例外。但作为一门自成体系的独立学科，它的理论、应用和历史必定有自己的独特内核。公共关系学自身的理论内核，就浓缩在前面所述的公共关系的定义中。围绕公共关系定义所进行的理论研究，如公共关系的基本构成要素和基本类型，基本功能和基本原则，以及相关的职业伦理规范等，是任何其他学科所不能替代的。总而言之，公共关系学已经发展成一门具有自己的理论、自己的应用范围、自己的历史的较为成熟的边缘交叉学科。

（三）我国的公共关系实践与学科发展

随着中国公共关系事业的发展，公共关系职业得到了政府和社会的普遍认可，并被列入必须持证上岗的职业。正规化的公共关系相关专业教育正式启动至今，成千上万名公共关系职业工作者参加了职业资格考试，大多通过并获得了初、中、高级职业资格证书，标志着公共关系业已正式走上了专业化和规范化的道路。

与此同时，国内企业和各类组织的管理层进一步注意到公共关系职能的重要性。国内具有较大规模的企业几乎都已设立了独立的公共关系部门，包括部分政府部门在内的越来越多的社会公共组织也先后设立了公共关系部或类似部门。

我们看到，全国各地信息化工程的迅猛发展为公共关系的发展提供了强大的支撑和持续的推动力。与公共关系实践从无到有、从小到大，直至今天获得这样长足发展的过程一样，公共关系的教育和学科发展同样也经历了一个引进、吸收、不断深化、不断成熟的过程。有专家指出，我国公共关系学研究一开始就具备鲜明的个性，在研究的初级阶段便有两个引人注目的"中国特色"：一是把公共关系实践和公共关系学研究同我国改革开放结合起来；二是十分注重研究如何在国际舞台上塑造中国的形象，特别是在沿海地区等改革开放的步子走得比较快的城市，企业、政府及各类事业单位都较早地重视国际公共关系的开展。随着我国公共关系实践的普及和深入，公共关系教育、教材建设和理论研究也获得了可喜的进步。

目前，公共关系教育已经形成了大专、本科、硕士和博士教育相对完整的体系。教育部把原由高等职业学校开设的公共关系职业教育推向普通高校，公共关系自学考试由部分省、市开设升格为全国统一考试，使公共关系教育具备了更广阔的空间。许多全国重点高校密切结合公共关系实践，调整、充实教学计划和教学方法，以加强素质教育、培养创新型公共关系人才为目标，并使课堂教学和专业实习相结合，为国际和本地公共关系公司输送了一批具有扎实基础知识和国际眼光，能做到理论联系实际的合格公共关系专业人才。

在经过了20世纪80～90年代公共关系教材的引进、吸收阶段后，公共关系教材和专著的出版进入了新一轮的深化、提高和拓展阶段，在数量和质量上都取得了长足进步。其特点是系列化教材建设初具规模，专业纵向发展（从公共关系理论到公共关系实务系列）与行业横向拓展（跨行业公共关系研究）出现了相结合的态势，出现了优秀教材一版再版和几十次印刷、专著比例逐年提高的可喜局面。业内专家指出，要提高中国公共关系业的竞争力，有赖于广大从业人员素质的提高，当务之急仍然是公共关系学科研究素质的提升和普及教育的发展。从教育状况来看，当前公共关系教育仍多以基础知识教育为主，培养的学生难以满足专业公共关系公司的需要；公共关系理论研究还需与公共关系实践更紧密地结合起来。我国公共关系学发展的当务之急是要建立一套更为合理、更为完整的专业公共关系教育和职业培训机制，要努力创建真正能与国际接轨又具有中国特色的公共关系理论和应用体系。

## 二、研究公共关系学的现实意义

公共关系是现代公众社会和市场经济发展的产物，而它的出现又推动了现代公众社会和市场经济的发展。从这个意义上说，任何处于现代公众社会和市场经济发展阶段的国家，其公共关系学研究都有一定的现实意义。同世界发达国家相比，我国的公共关系研究则有着更为特殊的现实意义。

关系作为一种客观存在，是再正常不过的事，就像人们的衣、食、住、行一样。世上只要有人，只要人生活在现实社会中，只要社会处于商品经济的环境中，就注定摆脱不了人与人、人与社会、人与商品经济密切相关的"关系"。在某种意义上说，马克思创立的历史唯物主义理论，自始至终就是以各种关系为研究对象的。就其本体意义而言，"关系"一词本身没有也不应该有贬义，只是由于历史的陋俗旧习，社会生产力的相对落后，市场经济的不发达等原因，才使"关系"一词蒙上了不白之冤。既然关系是客观存在的，就值得正视它、研究它。公共关系学开宗明义，直言它不过是一个社会组织或公众人物在一定职业伦理规范指引下，为谋取有关公众的理解和合作而从事的一种交流、沟通、劝说活动。专事研究现代公众商品社会的这种"交流沟通、劝说活动"，其现实意义是不可低估的。

### （一）公共关系学研究与社会主义市场经济的发展

我国目前正处在实现第二个百年奋斗目标的历史时期，社会主义市场经济完善发展已经有了坚实的基础。但是，我们必须清楚地看到：①我国现今的经济状况基本上是新旧体制并存，旧的经济体制仍在起作用，新的市场经济体制和秩序还没有完全建立起来；②长期的计划经济固化了经济工作者的计划经济意识，要使这种计划经济意识转化为市场经济意识还需要一个过程；③计划经济的习惯势力和小农经济意识的长期影响，使得我国目前的市场经济还带有诸多早期商品经济的做法。所有这些，都阻碍了我国社会主义市场经济的正常发展。因为新旧体制并存，鱼龙混杂现象一时难以革除。受传统的计划经济意识的影响，有些经济工作者凡事仍然按国家计划办事，而对市场调节的杠杆机制和公共关系的润滑作用不闻不问；另外，由于市场经济带有早期的惯性牵引，有些经济组织和个人就容易见利忘义，做不仁买卖，甚至销售伪劣商品，完全不顾公共关系信誉。凡此种种，都是开展公共关系活动的天然障碍。因此，开展公共关系学研究、开设公共关系课程，树立公共关系理念、增强人们的公共关系意识，是我国以社会主义市场经济发展为己任的各类公共关系主体必须补上的一课。

我国社会主义市场经济的发展与公共关系的发展有一定的同步性，这是我国公共关系发展的有利条件。在西方社会，资本主义市场经济发展的初期，并不具备公共关系产生和发展的条件。这是因为：①在资本主义市场经济发展初期，人们对市场经济的规律还不了解，不懂得开展公共关系活动的重要性；②在市场经济发展初期，人们对于各种见利忘义行为（对社会，尤其是对组织和个人）的危害还没有足够认识，而只有当人们认识到见利忘义行为对自身的危害时，才会注意到开展公共关系活动的重要性；③在资本主义市场经济发展初期，科学技术（尤其是传播手段）还很落后，所以也不具备充分地开展公共关系活动的物质条件。而今天，市场经济经过了百年以上的发展，人们对它的规律也已有了比较充分的认识，再加上今天先进的传播工具，我们已经完全具备了开展符合职业伦理标准的公共关系活动的条件。因此，当这几年社会主义市场经济发展起来，打破了无视市场机制作用的做法和观念时，有了自主权的经济组织开展公共关系活动就成了水到渠成的事了。

社会主义市场经济和公共关系发展的同步性说明，社会主义市场经济越发展，公共关系在经济活动中的地位和作用就越重要；反过来，公共关系在经济活动中的作用发挥得越充分，社会主义市场经济就越容易取得成效。这已为近几年来的市场经济实践和公共关系实践所证明。然而，尽管如此，目前我国真正了解公共关系的经济组织和经济工作者并不多，主要有三种情况：①许多经济组织和经济工作者虽然早已从事与公共关系有关的实践活动，但对公共关系还缺乏理性的认识；②有些经济组织虽然设有公共关系部等专门机构，但也从事接待工作，并配有专事接待的"公关小姐"，谙熟如何向来宾得体地微笑、得体地让座之类的一般礼仪，可惜管理部门常常把公共关系看作一般的接待工作和待客礼仪；③有不少已有自主权的经济组织，很少主动积极地开展公共关系活动，个别的甚至从事"反公关"的行为,做了"搬起石头砸自己的脚"的蠢事。此类案例说明了我国的公共关系活动还远远不够普及,已开展的公共关系活动水平也比较低下。我国在大力发展社会主义商品经济的同时,需要开展一场公共关系的启蒙教育活动以树立和增强人们的公共关系意识,并用以指导自己的公共关系活动,提高公共关系活动的水准,促进社会主义市场经济的发展。而这,就离不开对公共关系学的研究。

### (二) 公共关系学研究有助于把握住关系经济发展的机遇

美国经济自 1991 年走出衰退,到 2000 年泡沫重启,两年后迅速反弹,到了 2007 年底至 2008 年初又出现了次级房贷的危机,真可谓走了一条落了再涨,涨了又落的曲折道路。但是就在这么一落一涨、一涨一落的起伏波动中,有一种新的经济现象出现了。这种新的经济现象一度超出了主流经济学的解释能力。在这样新的经济形态的发展中,信息产业的发展和传统产业的信息化发展,成为一些高增长经济体的两个驱动轮。当年人们形容汽车工业对于美国经济的巨大推动作用时称美国是"轮子上的国家";现在,人们则说美国是"网络上的国家"。领先于全球的美国信息产业对其整体经济运行产生了广泛而深刻的影响,成为美国经济整体扩张和持续增长的内在动因。我们把这种新的经济形态叫作"关系经济",即一种用网络、现代信息和传播技术把世界包裹起来,把人和组织联结成各种各样关系的,并时时刻刻都依托着这些现实和虚拟关系的经济形态。

"关系经济"的诞生和发展必须以网络为基础。网络加上信息基础设施的完善,为全球大大小小的经济体提供了一条前所未有的虚拟空间,既看不见又摸不着,但无处不在、无时不有。由高速通信网络计算机、数据库以及各类电子产品组成的网络,使人们可以在任何地方、任何时间,从任何目的地进行通信联系,使社会公众不受时空限制,都能平等地获取所需信息,使政府机构、企业和个人可以通过电子方式实施多媒体信息交换,并使教育、商业、日常生活、家庭娱乐乃至全部社会经济生活方式发生根本性的变革。

"我们人类所做的一切努力中,最伟大的一件事可能就是这个全球范围的网络了,它把我们的生活、思想和所作所为统统编织在一起。""我们社会的机制,特别是新经济的机制,将逐步服从于网络逻辑。"[1]

人类正在迈向由关系经济规则支配的时代。技术创新、网络化和速度将构成这个时代的主要特征,中国也不例外。

"关系经济"完全可以被看成是继农业、工业、服务业之后的第四次产业革命带来的经济文化成果。这一次产业革命已经触及并将全面、深刻地影响全球的

---

[1] 凯文·凯利. 网络经济的十种策略 [M]. 萧华敬,任平,译. 广州:广州出版社,2000:14-16.

每一个角落和每一家企业。中国的改革开放历程适逢推动全球经济和社会深刻变革的新经济浪潮，中国企业面临着严峻的冲击和挑战，对中国从事公共关系研究、教学和实际工作的人员来说，同样是一次挑战和机遇。数字化和网络将推动中国企业从根本上改变经营思想和管理模式，由此进入一个崭新的发展时期；中国的公共关系也将由此在理论和实践两方面跃上一个新台阶。这主要表现在以下三个方面。

① 现代企业生存和发展的环境已经发生了重大变化。经济全球一体化极大地推动了资本、商品、服务、技术和人才的跨国界流动。以信息产品的开发和利用为核心的知识经济，正在引发全新的市场模式、企业管理模式和价值创造模式。可持续发展成为企业应自觉担负的社会责任。

② 面对不确定性的选择只有学习、学习、再学习。经济发展从未像今天这样充满活力和不确定性，企业的未来从未像今天这样扑朔迷离。不变革等于死亡，一个组织只有加速变革，才不至于被淘汰出局。

③ 信息时代的一大特征，就是不可预测的、日新月异的变化。急剧变化中出现的问题恰恰要求的是探索新的关系系统、新的商业经营模式。企业想要生存和发展，但没有任何现成的模式或战略可循。它们必须提高和完善自身的组织应对能力，不断地找出新的关系组合与新的商业经营模式。

### （三）公共关系学研究能推动我国政府治理能力与时俱进发展

改革开放不仅给公共关系这一新兴行业送来了春天的气息，而且给公共关系学研究注入了勃勃生机。一定程度上讲，公共关系依赖于改革开放，改革开放也需要公共关系，改革开放与公共关系从一开始就形成了两相推动的互补关系。我国公共关系学的研究始终是与时俱进的。

从中央到地方，从沿海到内陆，各行各业的公共关系都是与对外开放紧密相连的。中国的对外开放政策至今成效卓著，举世公认。在这种对外开放的历史大背景下，公共关系，特别是国际公共关系，就成了一个重要的、孕育着巨大潜力的工作领域。

对外开放是要调动一切可以调动的力量，开拓一切可以开拓的渠道来进行我国的现代化建设，要在前所未有的规模上、在空前众多的领域内发展我国与外国的交流、合作关系。国际交流、合作的一个必要前提是相互沟通、相互了解，这就需要进行极具职业水准和劝说技巧的国际公共关系活动。很自然地，我国的公共关系首先出现在对外开放的前沿地区（经济特区和沿海开放城市）与前沿领域（民航、宾馆和旅游业等）。可以说，国际公共关系从一开始就起到了领头羊的作用。要指出的是，领头羊的路不好走，走得并不轻松。四十多年来，对外开放的实践在飞速发展，而我们的国际公共关系依然常常摇摆于"官方化流程"与"职业化呼唤"之间。许多组织的国际公共关系，就像别的国家的不少组织一样，同样受累于"语言、文化、传统等方面的隔阂"。国际公共关系如何与时俱进，如何走出一条职业化的道路，一直是我国国际公共关系的重要研究课题。

我国的公共关系与政府管理制度的改革也是同步的。政府管理制度改革的目标是管理制度的逐步健全和完善，而要建立高度透明的管理制度的一条重要途径，就是要在政府与各利益公众之间建设起一座信息交流的桥梁，以增强政治的透明度和公开性以及公众的参政议政意识。政府与人民群众的信息交流，实际上是一种公共关系行为。从公共关系学来看，政府亦是一种社会组织，政府的公众就是"人民群众"这一统称群体概念中的各利益公众，政府如何通过传播、劝说活动来达到与各利益公众相互沟通、相互理解、相互合作的目标，是政府公共关系的主要活动内容。

政府管理制度改革的一项重要内容是建立社会协商对话制度。根据"从群众中来，到群众中去"的工作方法与原则，各级政府一直在寻找和实践具体操作的方法。许多政府部门的领导和公务员已经开始将其从一种"传道、授业、解惑"式的单向传播方式，转向平等、双向的劝说模式。现代的大众和分众传播工具也不再是仅仅用作政府政策的解释工具，而是正在发挥着政府与各利益公众之间交流沟通的功能。已经行使多年的社会协商对话，从公共关系学角度来看，是一种公共关系活动的范例。

推行新闻发言人制度既是现代的需要，也是我国政治文明建设进步的重要体现。作为国际通行的一种新闻发布制度，新闻发言人制度通过定期、定点、定人的新闻发布方式及时向新闻媒体披露政府最新的政务信息，有针对性地解疑释惑、澄清事实，这种方式越来越受到中国各级政府的重视。有关专家指出，虽然现在谈论中国新闻发言人制度的效果还为时尚早，但新闻发言人制度从无到有，本身就是政府信息公开的一个信号。

公共关系如何服务于政府管理制度的改革，如何塑造政府的亲民、爱民形象，如何增加自己各项工作的透明度，将是公共关系从业人员及各级政府公务员需要好好研究的课题。

## 第三节　公共关系的概念与范式

自20世纪初以来，公关界从未放弃对确立本学科"专属"概念的努力，然而并不太成功。伯内斯早在1920年就明确提出了公共关系概念，但是人们并未接受这个"有哲学意义的新名字"，伯内斯不得不转而使用宣传（propaganda）、新宣传（new propaganda）等词语解释自己的事业。直到二战前后，公共关系一词才普及开来，而学界、业界和普罗大众对于"何谓公共关系""公共关系何为"之类的问题并无一致的理解。随后数十年，传播学、社会学、心理学、管理学和政治学等诸多学科皆介入公共关系研究，成果丰富却也"杂草丛生"，以致概念含混、观念纷繁的学术困境延续至今。

**一、公共关系的概念**

总体来说，公共关系可分为广义和狭义两种。广义的公共关系既有动静之分，又包括自觉的和非自觉的两种状态。公共关系从业人员通常所说的 PR（Public Relations），在许多情况下是指狭义的公共关系，亦即自觉的、动态的公共关系。

狭义的公共关系是现代公众社会发展的必然产物。自觉的公共关系意识只有在商品经济成为社会的主要经济形态时才能形成，就是说，只有在商品经济社会中，人们才有可能在公共关系意识的指导下，自觉地制定公共关系活动的行为规范，并自觉遵照这些规范进行公共关系活动。从古代至近代，人们虽然都直接间接地围绕主体、客体和传播过程这公共关系三要素进行过各类公共关系活动，但却没有实现现代意义上的公共关系和自觉的公共关系意识。自觉的公共关系只能是现代公众社会的一种客观存在。有人认为，公共关系是一种"古老的事业"或"古老的活动"，甚至认为 2500 年之前的孔子也已有"言而有信"的公共关系信条，这是对我们所说的公共关系内涵的一种随意延伸，也是对公共关系与现代公众社会关系的一种误解。现代公共关系学研究的公共关系是有它的特定含义的，既不可缩小，也不可随意扩大。

有人在区分广义和狭义的公共关系时，提出了所谓的专业性标准。他们认为 PR 仅指"专业性的公共关系活动"。这种机械限制也需斟酌，特别要防止的是不具水准的"专业性"。一方面，对于一个小型的组织来说，专业性的要求似乎过于苛刻。可以设想，一个只有两三个成员的组织会设置专门的公共关系机构、配备专业的公共关系人员、进行专业的公共关系活动，但并不能因为没有专业的公共关系活动就认定该组织没有公共关系可言了。另一方面，专业性的劝说活动，并不一定就是这里所说的 PR，如中国古代纵横家苏秦、张仪进行的合纵连横活动，不能不说它具有"专业游说"的性质，但它却不能被视为现代意义上的 PR。

综上所述，我们可以对公共关系做出一个较为满意的工作定义了：公共关系是一个社会组织或公众人物，在一定职业伦理规范的指引下，为谋取有关公众的理解和合作而从事的一种交流、沟通、劝说活动。公共关系的工作定义包含四个组成部分。

① 公共关系活动的主体是一个社会组织或公众人物。特别要指出的是，社

会组织或公众人物在某种情况下，是可以由公共关系的主体转化为客体的。

② 公共关系活动的客体是公众。所谓"有关公众"，指的是与公共关系主体目标或利益具有"相关性"的社会群体。作为客体的公众在某种情况下是可以转化为行动的主体的。

③ 公共关系活动是一种交流、沟通、劝说过程。所谓"交流"，指的是"信息交流"；所谓"沟通"，指的是"意义沟通"；所谓"劝说"，指的是"价值劝说"。可以说，公共关系活动是在"信息交流"和"意义沟通"基础上的一种"价值劝说"活动。抹去了"价值劝说"这一核心，公共关系活动就失去了它的本体核心。组织或公众人物是通过双向信息交流、意义沟通和价值劝说，来谋取相互的理解和合作的。公共关系活动就其本体而言是一种交流、沟通、劝说活动。

④ 以上三条呼应了学界公认的公共关系主体、客体和过程的"三要素说"。"公共关系三要素"其实从来不是单枪匹马，更非各行其是，而是一直受职业伦理规范的指引。本书进一步要强调的是，公共关系的交流、沟通、劝说活动必须在职业伦理规范的指引下进行。要完整地理解公共关系的要旨和成功路径，不仅应该深刻理解传统"公共关系三要素"的内涵，还必须牢记并自觉接受职业伦理规范的约束。

## 二、公共关系的范式

所谓范式（paradigm），是指一个学科普遍接受的假设、理论、原则和方法的总和。某一学科的范式，大抵代表了学术共同体面向该学科时的共同信念，是该学科在本体论、认识论和方法论上的基本承诺。一般而论，范式具有如下特点：范式是学术共同体公认的约定；范式在总体上提供了学科的研究纲领；对应用性学科而言，学科范式可以反映和指导实践范式，后者则可能是前者的来源和落脚点；此外，范式是相对稳定的，但也允许动态的超越。

在 20 世纪 60 年代，范式理论的奠基者库恩（Kuhn）提出：科学变革的根本标志即范式的转换，旧范式全部或部分地为一个与其完全不能并立的崭新范式所取代，因此范式的转换本身应被称为一场革命。本节基于对公共关系元理由的考察，梳理现代公共关系学术范式的形成与转换。

（一）公共关系的四种模式

在百余年的历史进程中，现代公共关系的元理由及其功能定位应时代变化而有动态、多样的表现。20 世纪 80 年代中期，美国公共关系学者格鲁尼格和亨特提出了著名的"公共关系四模式论"，把现代公共关系的观念与实践大体按发展阶段划分为四种模式：新闻代理、公共信息、双向非均衡、双向均衡。格鲁尼格和亨特使用了模式（model）而非范式一词，大概是为了强调这些概念更多地指向公共关系操作和实践。而就研究内容来看，这四种模式既反映了不同的方法，也反映了不同的世界观，因而称之为范式亦无不妥。

（1）新闻代理模式（press agency model）

这一模式兴起并发展于19世纪中后期，当时社会上出现了一批新闻掮客，他们为企业、政党、政客代理宣传业务，把雇主欲宣传的信息提供给报刊，并因此赚取利润。这一模式的代表人物包括蒂姆·杰克逊（Tim Jackson）、丹尼尔·布恩（Daniel Boone）、布法罗·比尔·科迪（Buffalo Bill Cody）等人，当然最负盛名者是巴纳姆。❶ 作为一名马戏团和博物馆老板，巴纳姆通过新闻代理和直接宣传推销自己的生意，实现了"每一分钟诞生一位顾客"。由于在宣传中夸大其词、招摇撞骗、愚弄公众，一些新闻代理人声名狼藉。

（2）公共信息模式（publicty model）

这一模式产生于20世纪初，代表人物是艾维·李。在进步主义浪潮下，艾维·李主张大企业和公共机构发起公共信息运动，告知公众本应知晓的信息。他相信，公开真相有利于达成理解，弥合冲突，实现互惠。艾维·李划清了自己与新闻代理人的界限，他不再是一个单纯的、受雇的鼓吹者，而是确立了公共关系"讲真话""开明互惠"的核心信条。当然，他所发起的公共信息运动同新闻代理人的宣传一样，皆属单向——组织向公众发布信息的公共关系实践模式。

（3）双向非均衡模式（two way asymmetric model）

格鲁尼格认为伯内斯开启并引领了现代公共关系的第三个发展阶段，双向非均衡模式在这一阶段占据主导地位。他们的理由是，伯内斯将行为科学和社会科学（比如心理学、政治学）思想导入公共关系研究和实践，强调公共关系既要向公众传递信息，也要从公众那里获取信息，促进组织与公众双向互动；而这种互动并不对等和均衡，组织的世界观仍是通过宣传、说服向公众施加影响，而不是平等对话。格鲁尼格承认伯内斯也论述过诸如"把客户与公众介绍给彼此"之类的对话观念，但是他很少把这些论述应用于实践。

此处需要介绍另一位现代公共关系先驱A. W. 佩吉，他也堪称双向非均衡模式的代表人物。在20世纪30～40年代的美国，经济大萧条和随后爆发的二战敦促公共关系业者为政治家、企业家铺设其与公众的双行道，挑战传统的单向信息传递模式。佩吉就是一位成功的挑战者，他接受美国电话电报公司（AT&T）的邀请出任副总裁，条件是不得要求他只做传统意义上的宣传。

佩吉提出了一系列公共关系原则，诸如倾听客户需求、讲出真相、用行动证明、为明天做准备、让公共关系成为公司战略的基石等。他对此身体力行，联合

---

❶ 托马斯·库恩. 科学革命的结构[M]. 金吾伦，胡新和，译. 北京：北京大学出版社，2003：85.

社会学出身，后来被视为传播学奠基人之一的拉扎斯菲尔德（Paul Lazarsfeld，1901—1976年）定期调查公众对美国电话电报公司的认知和评价，并要求公司决策者作出反馈和调整。在这一点上，佩吉和伯内斯同属一类人，他们都希望在真切了解公众需求的基础上，再"投其所好"或开展"科学的说服"。

(4) 双向均衡模式（two way symmetric model）

格鲁尼格等人最推崇的是双向均衡模式，并认为它是卓越公共关系（excellence in public relations）的根本特征。按照这一模式，公共关系即组织的传播管理，旨在促进统治联盟（各种政治、经济和社会组织）与公众之间的双向、对等沟通。格鲁尼格最初在1984年出版的《公共关系管理》一书中阐述了双向均衡模式，1995年在采纳各方批评意见的基础上，又推出了"新双向均衡模式"。自此，"双向均衡"成为公共关系学界和业界最流行的观念之一。

早在格鲁尼格等人通过实证研究检验双向均衡模式之前，卡特利普等人便已在20世纪50年代开始倡导"双向开放"的公共关系观念。在被誉为"公共关系圣经"的《有效公共关系》一书中，卡特利普等人基于系统论、生态学视角，提出公共关系应促进组织与公众之间的系统开放、彼此依存和多样共生。从时间上看，新闻代理模式肇始于19世纪中后期，公共信息模式兴盛于20世纪初，双向非均衡模式在20世纪中期占据主流，双向均衡的观念流行于20世纪后期。但是，这些模式并非简单的前后兴替关系。格鲁尼格在20世纪90年代的研究表明，一个组织很可能同时采取四种模式及其代表的公共关系理念，他称之为"混合动机"（mixed motive）。

(二) 对话转向与对话范式

格鲁尼格等人界定公共关系模式、范式的标准是组织的世界观。他们认为，每一个组织皆有其作为先入之见（presuppositions）或先验规则（laws or propositions）的特定世界观。所谓先验规则，即无须、不应或难以检验的那些观念、意志和主张，它们或明或昧，或直接或间接地影响组织的心智和行为。具体到公共关系领域。格鲁尼格等人假设组织的世界观可以区隔为均衡（symmetrical）与非均衡（asymmetrical）两类。他们的实证研究表明，那些卓越的组织倾向于以双向均衡的世界观与公众进行双向、开放、对等的沟通确立公共关系战略。若以格鲁尼格等人的研究为基础，综合本书开篇以来对中外公共关系史、公共关系概念与观念、公共关系元理由、公共关系模式的论述，我们可以得出如下结论。

(1) 作为一种功利性传播活动，公共关系的核心问题是借由沟通管理建立利益互惠和价值认同关系。这一论断有两层含义：公共关系的基本概念是传播、管理、关系；就世界观而论，公共关系意义上的"均衡世界观"不只是一个对等沟通问题，它还包括组织与公众之间的利益互惠和价值认同关系。

（2）公共关系旨在"制造认同"。进一步而论，公共关系所欲形塑的认同包括三个方面。

① 沟通、互动达成的信息认同；

② 基于合作、互惠的利益认同；

③ 在情感、德性、审美、信念等精神层面构筑的价值认同。换一种说法，公共关系旨在成就"组织－公众"共同体，这又包括互动性的信息共同体、互惠性的利益共同体和精神层面的价值共同体。

（3）公共关系扮演居间协商者角色。公共关系并非万能，在组织与公众构建认同与共同体关系的各种手段中，公共关系的独特性表现在两个方面：一是扮演居间人角色，二是以沟通为手段。居间人角色预设了公共关系在"制造认同"过程中的价值观和策略选择：公共关系不能全然充当组织价值观念、权力意志和利益主张的传声筒；公共关系也不是简单迎合公众、媒体和其他利益相关者的偏好；公共关系促进组织、公众、媒体等多元主体有效沟通，以形塑认同和共同体。

（4）在沟通问题上，现代公共关系形成了单向非均衡（新闻代理与公共信息）、双向非均衡、双向均衡等实践模式。这些模式既反映了特定历史背景下公共关系主体的方法论设计，也体现了当时普遍的公共关系世界观、本体论和认识论，因而具有范式意义。对此有三点补充。

① 单向非均衡模式兴盛于19世纪中后期至20世纪初的美国，彼时正是美国现代化建设的一个高潮，又遭逢一战，社会动员与社会整合成为重要的国家事务，单向的鼓吹、告知、灌输大行其道。

② 双向非均衡模式的产生背景是20世纪30～50年代的大萧条、二战和战后恢复重建，当时单向、支配、灌输式的宣传受到质疑，双向沟通、说服对方在政治、商业和社会诸领域成为专门性的需求。

③ 卡特利普等人的双向开放论、格鲁尼格等人的双向均衡模式诞生于20世纪后半叶，当时美国的政治、市场经济和公民社会趋向成熟，建设开放社会、促进多元平等协商成为主流思潮之一。

（5）公共关系范式的对话转向。公共关系以沟通的观念、原则和方式来解释和解决问题。实际上，单向非均衡的沟通即宣传，双向非均衡的沟通即说服，双向均衡被格鲁尼格等人定义为一种非宣传、非说服的"协同倡导"和"双赢沟通"。格鲁尼格等人提出的"公共关系四模式"亦可归纳、转述为公共关系宣传范式、说服范式和双向均衡范式。

# 第二章
# 公共关系的基础理论

## 第一节　公共关系的职能和作用

本书第一章将公共关系界定为一个社会组织或公众人物在一定职业伦理规范指引下，为谋取有关公众的理解和合作而从事的一种交流、沟通、劝说活动。我们将根据上述定义对公共关系的职能和作用进行描述和讨论。

### 一、公共关系的职能

由于对公共关系的职能描述在很大程度上受制于对公共关系的总体界定，因此有什么样的公共关系定义，就有什么样的公共关系职能。根据我们给出的公共关系的工作定义，公共关系必须具备采集信息、提供咨询、参与决策、协调交流沟通劝说等四项职能。

（一）采集信息的职能

公共关系按其活动的程序而言，一般是以信息的采集开始。有三类信息是应当特别注意采集的，它们是：组织形象信息、组织产品形象信息和组织运行状态及其发展趋势信息。

（1）组织形象信息

这是指公众对组织在运行中所显示的行为特征和精神面貌所产生的印象和评价。公共关系工作的一个重要目标是建立组织的良好形象，因此了解组织在公众中的形象是公共关系活动的基本内容之一，组织形象信息的采集是公共关系活动的重要环节。组织形象信息一般包括以下具体内容。

① 公众对于组织领导机构的评价。如领导能力、创新意识、办事效率、用人眼光、威望与可信任度及机构的完善程度、设置的合理程度等。由于领导机构是组织的指挥中心，因此对领导机构的评价往往在一定程度上反映了人们对整个组织形象的评价态度。

② 公众对于组织管理水平的评价。如决策是否合乎社会实际情况、生产节

奏是否紧凑、内部分工是否合理、对市场变化的反应是否灵敏等。由于组织管理水平直接影响产品的质量和组织的竞争力，因此这类信息表明的是公众对组织形象的基本态度。

③ 公众对于组织内部一般工作人员的评价。如工作能力、职业水准、文化程度、整体水平如何等。由于组织的运行必须由工作人员来具体操作，对他们的评价就是社会对整个组织形象评价的一个方面。

应当注意的是，这里所说的"公众"，不仅指外部公众，也包括组织的内部公众。

（2）组织产品形象信息

这方面的信息一般包括消费公众对产品或服务的价格、性能、质量和用途等主要指标的印象和评价，同时也包括对产品的优点和缺点两个方面的反映和建议。向市场提供产品或服务是组织实现运行目标最基本的方式，也是组织与消费公众之间发生关系的最根本原因，产品形象与组织的生存、发展直接相关，因此公共关系必须特别注意对这一方面信息的采集。

（3）组织运行状态及其发展趋势信息

这类信息包括内外两个方面。就内部来说，主要是指组织自身运行情况和其与组织预定总目标要求之间的距离，以及可能发展的趋势；就外部而言，包括所有对组织运行及其发展趋势发生或将要发生影响的情况。这类信息反映的是组织运行的现状和将来的发展趋势，对于组织及时调整运行机制来说极为重要，是组织形象重建的主要依据，因此它也是公共关系工作中必须优先采集的信息。

信息的采集应当而且必须通过多种渠道和运用各种传播媒介来进行。应当重视消费公众的舆论以及新闻媒介和公众人物的反映，政府有关部门和上级主管部门以及同行的意见也十分重要。此外，内部公众的各种意见同样必须认真听取。只有这样，采集的信息才是比较全面的。同时，对于一个负责任的公共关系人员来说，其不仅要收集公众对组织的赞誉信息，更要注意捕捉各类公众哪怕是刻薄的批评意见，尤其要重视公众对组织的各种切中要害的中肯建议。

（二）提供咨询的职能

一般意义上的咨询，指的是职业咨询人或组织工作人员如何就某个问题向决策层提供情况说明和参考意见。公共关系领域内的咨询建议，则指公共关系专业人员向组织领导提供有关组织形象和公众动向方面的情况说明和参考意见。为了完成提供咨询建议的任务，公共关系工作人员必须对采集来的信息进行整理、选择、分类、归档等处理工作，并建设信息库，这样在提供咨询建议时就能做到条理分明、有根有据。可以说，信息的处理既是信息收集的结尾工作，又是提供咨询建议的前期准备。公共关系专业人员常提供如下三类咨询建议。

(1) 提供关于公众的一般情况的咨询

这类咨询主要提供组织与公众关系状态的一般情况说明,如内部员工的归属感、组织在社会上的口碑、消费公众对组织产品的反映、新闻媒介对组织的社会舆论、同行们对组织的评估等。根据不同的需要,这类咨询既可以是定期的,也可以是不定期的,目的是要让组织的领导及时了解和掌握公众的一般情况,以便适时调节组织的运行机制,为实现组织目标创造有利条件。因此,这类咨询是任何初具规模的公共关系职业团队的必经之路和主要工作。

(2) 提供关于公众特定情况的咨询

这是指就组织举办的各类专题活动,向有关部门或人员提供情况说明和意见。比如,如果组织要举办关于某个新产品的新闻发布会,公共关系专业人员就可以提供新闻媒介的近期宣传动向、新闻记者对组织的了解程度等情况,还可以建议如何安排邀请出席会议者名单、会场的布置等。

(3) 提供关于公众心理、行为变化和发展趋势的咨询

这类咨询是在长期观察和积累的基础上对公众心理和行为变化进行分析,结合组织的中、长期规划,向决策层所做的通报和建议。关于公众的一般情况咨询,主要是对公众现状的分析和说明。但是社会环境处于不断变化之中,公众的心理和行为状态也会随之发生变化。公众的心理和行为变化对于组织的运行可以构成不同程度的影响,如果公众的心理和行为已发生重大变化,组织仍照旧运行,那就会给组织与公众的双向沟通和合作关系造成负面影响,从而妨碍组织目标的完成。因此,公共关系专业人员必须在对公众信息的长期收集和积累的基础上,对公众的心理和行为变化及时进行分析和预测,并向组织的决策层报告。这类咨询常能有效地为组织中、长期战略规划的制定和变更提供重要根据。

提供咨询,实际上是公共关系工作人员有选择、有分析地向组织的领导层转送关于公众信息的过程,可以说是公众向组织反馈信息的中间环节,因此从根本上说,它仍是一种信息传播活动。

(三) 参与决策的职能

决策,通俗地说是指确定组织运行的具体目标及实现目标的方法和步骤。决策是组织对自身条件和外界环境经过缜密思考和比较之后所做出的决定性选择。由于组织的自身条件和外界环境都包含了公众这一因素,因此在组织的决策过程中,公共关系人员的参与是理所当然的。他们不仅要参与,并且应该保持相对独立的地位。他们参与决策的职能表现在以下三个方面。

(1) 站在公众立场上审视决策问题

组织的决策者常常面临组织的客观现状与多种选择目标之间的矛盾。无论在

哪个组织中，处在不同地位的人都是从不同的立场上寻找问题的答案。从各种不同的立场或角度、不同的方面进行决策都是无可非议的，但站在公众立场上寻找决策途径，往往能使问题表现得更加明显和直观，而且这种独特的"公众立场"是任何别的观察视角所不能替代的。一家企业如果从与自身组织目标直接相关的消费公众的角度来思考问题，往往更容易找到问题的本源和解决方法。如当它正面临着如何开拓新产品或是否要转产此类产品时，它必须首先考虑消费公众的特定需要。显然，一个企业只有把握好"公众立场"，才能做出适应公众需要的市场决策。公共关系人员正是这种能站在公众立场上审视组织决策问题的专业人员。

（2）从公众利益出发确保决策的公正

组织在决策过程中，如没有一定的约束就容易产生只顾自身利益而忽视公众利益的片面性倾向，这在目光比较短浅的组织决策层中表现得尤为突出。组织应当建立相应的约束机制，以便保证决策的公正性。约束可以来自两个方面，外部约束（如社会舆论）和内部约束。公共关系人员参与决策是一种内部约束，他们可以从公众利益角度，向决策层传递公众的呼声和意愿，从而从组织的内部确保决策的公正。

公共关系要求本组织在决策中必须考虑公众利益，必须在决策方案中反映公众的利益和需求，从而有效地避免只顾自身利益的片面性倾向。组织如果缺乏公共关系职能部门提供的内部约束，而社会舆论等外部约束因素又暂时未能发挥作用时，它就很难保证不犯只顾自身利益的片面性决策的错误。事实上，国内外的各种企业都会在不同程度上犯这样的错误。在作为现代公众社会中的一种客观存在的公共关系出现以前，这样的错误情况比比皆是，其结果一方面损害了公众利益，另一方面又阻碍了组织自身的发展。公共关系人员参与决策，对决策层是一种约束，而有了这种约束，组织决策的总体公正性也能得到很大程度上的保障。可以毫不夸张地说，在现代社会中，公共关系参与决策是组织生存和发展的重要条件。

（3）在决策中确立公共关系目标

组织的决策是根据社会组织各部门自身任务和组织总任务的规定来确定的。公共关系人员参与决策时，应努力争取在组织的各种决策方案中时时不忘公共关系的一个战略目标——那就是如何塑造组织的良好形象。对一个职业公共关系人员来说，只有融入了这一战略目标的决策方案，才是真正完整的方案。只有这样，公共关系目标才能进入组织决策方案，组织的总目标才能与公共关系的目标建立相关性，公共关系职能部门的工作也能比较容易地与其他职能部门协调一致。同时，公共关系也只有在决策方案中确定了自己的具体工作目标及具体的完成措施，才能从整体上真正体现出它的意义。

(四) 协调交流沟通劝说的职能

组织的决策方案一经确立，就进入运行阶段。在运行中，组织必然要同现实环境的各种因素发生关系并产生矛盾，组织与这些因素之间的矛盾之大小、摩擦之多寡，在很大程度上决定着组织的运行是否顺畅，因而也在很大程度上决定着组织预定目标是否能顺利实现。根据最基本的矛盾法则，摩擦是必然的，顺畅是相对的，因此在组织运行中协调各种关系，沟通各种信息，做好劝说工作，以减少同现实环境的摩擦，就成了公共关系的又一专门职能。公共关系的协调、交流、沟通、劝说职能笼统地说，体现在组织内外两个层面。

(1) 要做好组织内部交流、沟通和劝说的协调工作

在组织内部，有各种各样的关系，粗略地说无非是纵向的上下级关系和横向的平级关系两大类。公共关系首先应该努力协调好上下级关系。任何组织的上下级关系结构都是上小下大的金字塔形式，下级总占据多数，如上下级关系不协调，就会产生组织重心不稳的现象。而重心不稳，运行顺畅就无从谈起。因此公共关系在这里必须发挥承上启下的作用。一方面，公共关系工作人员要经常"代表"组织的下级人员向上级人员做好交流、沟通、劝说工作，要积极地向上级管理层面反映下级员工的情绪、意见和要求，并提出如何根据下级员工的实际情况调动其积极性的建议，从而使上级领导不断地了解和把握下级员工的状态，及时地调整自己与下级员工之间的关系。另一方面，公共关系工作人员还要"代表"上级管理层同下级人员做好交流、沟通、劝说工作，要积极做好上情下达的工作，及时向员工介绍传达组织的目标和管理方针政策，解释领导层的意见和决定，消除可能产生的误会，使上级领导的意图和组织的现状、发展方向能随时为下级员工所知晓和理解，从而能使他们自觉地与上级领导搞好配合。

一个初具规模的组织，总是由若干个职能部门组成的，如生产部门、销售部门、人事部门等。各部门的关系配合是否默契，对于它们的工作效率具有极大的影响。而有时各部门的配合缺乏默契，往往是由信息不够畅通引起的。虽然一般说来，协调各部门的关系并不是公共关系专业人员的工作重心，但如果是信息沟通不畅造成了部门之间的矛盾，那么公共关系工作人员完全有责任配合领导者协调各部门的关系。当然他们要做的主要是传播沟通信息的工作，这种工作也并不只是在矛盾产生时才做的，它是一种经常性的工作，在平时就必须加强各部门之间的信息联系，使各部门能在相互了解的基础上协同工作。

(2) 要做好组织与外部公众的工作

透彻地阐述交流、沟通和劝说是公共关系最经常的工作内容。组织在其运行中，要与许多外部因素发生关系，并与各种公众发生联系。根据上一章对公众的横向分类，在一般情况下，要把与组织目标直接相关的公众作为交流、沟通、劝

说的重点对象，因为这类公众作为组织产品或服务的消费者，最有权对组织及其产品或服务做出评价。交流、沟通和劝说的方式是多种多样的，其中最根本的一种是反馈调节，即根据反馈信息来调整组织的运行。

公共关系的交流、沟通、劝说工作主要是靠信息分享来建立双方的情感连接，以建立或改善相互信任、相互合作的关系。在组织运行中，由于各种关系状态的差异，公共关系交流、沟通、劝说工作的重点和运用方法也有所不同。

① 当双方关系处于和谐状态时。此时交流、沟通、劝说的重点就应当是通过不断传播组织方面的业绩来保持和强化公众心目中已经树立的良好形象。一家有着良好声誉的公司一般有着比较良好的公众关系，如果保持和强化自身良好形象的运动开展得法，往往能取得事半功倍的效果。不少声誉卓著的组织都深谙此道，常常开展诸如周年纪念等活动来提高自己在公众心目中的地位。

② 当双方关系处于不和谐状态时。此时交流、沟通、劝说的基点应该首先解剖组织自身，反省自己的所作所为，然后才是客观地分析关系状态，并提出改进关系状态的具体意见和措施。双方关系之所以会产生不和，常有内外两方面的原因。内部原因可能是由于组织自身工作没有做好，损害了公众利益，这当然首先要自责，然后根据关系状态的现状，改进自身的运行机制，同时把自己的改进情况尽快向公众通报，以期扭转被动局面；外部原因可能是由于公众的误解或他人的陷害而造成了对组织形象的损害，即便如此，组织也应当首先自问哪些工作还有疏漏，然后在弥补疏漏的前提下向公众进行必要的解释，以澄清误会，或对他人的有意陷害加以揭露。

③ 当双方关系处于不明状态时。此时交流、沟通、劝说的原则首先是用善意的态度来表达自己的明确主张，竭力使公众消除紧张或戒备等逆向性心理因素，为双方的信息交流创造正常、平衡的心理条件。这样，就可以避免发生误会和偏见。在此基础上，还应当把双方关系格局中含有的双方利益关系交代清楚，使公众对关系状态的实质及趋势有个"预存立场"，心中有底，这样便可减少关系发生后的摩擦。在这种关系状态下，作为公共关系主体的组织，一要向公众（客体）交心，二要向公众交底，努力使其明了双方关系的状况，以利于以后关系的建立和发展。

交流、沟通、劝说是公共关系最具本体意义的职责，公共关系其他职能的实现事实上也是建立在交流、沟通、劝说活动有效开展的基础上的。我们要反复强调的是，组织的形象是在透彻的阐述、沟通、劝说中建立和发展起来的。

## 二、公共关系的作用

从上一节的阐述中，不难看出，公共关系的职能指的是公共关系机构或从业人员的职责与职能。现在我们要讨论的公共关系的作用，指的是公共关系机构或从业人员在具体履行职责和职能的过程中所产生的影响和效用。如果说我们对公共关系职能的设定和划分带有少许"主观"色彩的话，那么这里所说的影响和效用就是一种"客观"的结果了。对应于上一节对公共关系职能的阐释，我们将公共关系的作用依次归纳为监测作用、凝聚作用、调节作用和应变作用。

(一) 监测作用

公共关系的监测作用是通过信息的采集、处理和反馈来发挥的，其实质是对信息资源的一种有利、有理的运用。我们正处于一个信息量急剧膨胀的"后信息"时代。为了生存和发展，任何一个组织必须学会对信息资源有利、有理地运用。公共关系工作正是同信息资源打交道的工作，而公共关系监测作用的发挥就是通过对信息资源有利、有理地运用来实现的。所谓公共关系的监测作用，就是在对信息资源筛选的基础上，对公共关系主体和客体的行为或态度实行监测所获得的一种结果。所以简单地说，公共关系的监测作用体现在对内监测和对外监测两个方面。

(1) 对内监测作用

对内监测是对主体即组织自身而言的。它是通过不断采集、处理和反馈信息，把握组织内部和外部的各种细微变化，来对组织运行状态和组织目标实现的可行性进行监测。

对内监测需要采集和处理组织内部和外部公众两个方面的信息。如果只注意收集内部信息，忽视外部信息，那么，公共关系至多只能发挥其监测组织自身运行状态的作用，而不能起到预测其运行发展趋势和各种目标实现的可能性的作用；反过来，如果只注意收集外部信息而不顾内部信息，那么，公共关系的对内监测作用就更无法发挥。只有同时注意了内外两个方面的信息收集和处理，公共关系的对内监测作用才能得以充分发挥。

公共关系的对内监测作用是通过控制论的反馈原理来实现的。所谓反馈，就是把系统的输出通过一定的通道再返回输入终端，从而对系统的输入和再次输出施加影响的作用过程。公共关系的监测作用发挥的是组织的反馈功能。公共关系工作人员把采集掌握的最新信息，源源不断地输送到决策层，使组织做出相应的回应，采取必要的措施，让组织的运行与公众的要求一致起来，以减少公众信息的输入对组织输出的负面影响，使组织的运行持续在相对平衡的过程中，最终保证组织目标的实现。

举例来说，一家工厂生产了一种产销不对路的产品或有质量问题的产品，公共关系工作人员一旦获得这一信息，立即向决策层报告，工厂领导根据这一"输入"的信息，及时对产品生产做出调整或改进，这样，工厂重新"输出"的产品就变成产销对路或质量良好的了。这就是公共关系对内发挥监测作用的过程。信息的反馈过程往往不是一次性的,它通常要经过多次反复才能使输入与输出达到相对平衡状态。同样,公共关系对组织的某一行为的监测也不是一次就能完成的,它也要经过从信息采集、信息反馈到输出更新这样的多次反复过程。

(2) 对外监测作用

所谓对外监测,是对公共关系的客体,即公众对组织的行为或态度的监测。这种监测必须通过各种信息传播媒介,及时掌握与自身组织有关的各种信息及其走向,以监视和预测公众的态度及其行为变化趋势。这种监测的目的是使组织在自身运行过程中,能及时拿出应变对策,以防当公众意向发生变化时出现心中无数、束手无策的尴尬局面。公共关系的对外监测作用,犹如战场上的哨兵,要监视环境中的一草一木,预测"敌人"的行动方向。公共关系当然不能把公众比为"敌人",但它的"哨兵"作用是一样的。

社会组织的"哨兵"要监测的范围可能很广,但不能因此而忽视了重点监测目标。这个重点监测目标就是大众传播媒介。大众传播媒介传播的信息不但影响大,而且是一切组织都可以共享的信息资源。同时,从信息沟通的意义上来说,大众传播媒介已成为组织与社会、组织与组织之间联系的主要桥梁。因此,公共关系特别要监测大众传播媒介传播的信息,不但要注意当前与组织直接有关的信息,也要注意今后可能会对组织产生影响的信息。这些年来,媒体大量报道企业如何充分发挥公共关系的"哨兵"作用,如何运用大众传播媒介的监测作用及时获取各类经济和社会消费趋势信息,如何由此增进了效益并提高了知名度。这说明公共关系的对外监测作用变得越来越重要。

(二) 凝聚作用

公共关系的凝聚作用是对组织内部而言的。公共关系是一门"内求团结、外求发展"的艺术,因此,它必然有凝聚作用。

社会组织无一例外都由人构成,人的能动作用对组织来说始终存在着正反两方面的效能。从正面来说,正是组织成员的能动作用,组织才能保持活力,运行才能正常发展,离开了人的能动性,组织就会失去活力,变得空有其名。但同时,正因为组织成员都是具有能动性的人,所以它们也可能内耗不断,以致四分五裂。这就是人的能动性对组织的潜在负面影响。公共关系的凝聚作用就在于它能使这种潜在负面影响向正面效能转化,从而使得组织内部上下一心、团结一致,为组织的正常运行扫除内部障碍。

组织内部成员关系的维系,常常是由经济因素决定的,但又并不仅仅受制于经济因素。它还常常依赖于相互之间的情感沟通和心理认同,有时甚至要依靠带有强制性的行政命令。公共关系凝聚作用的发挥既不靠行政命令,也不靠经济奖励，它通过信息交流、人际互动来沟通组织成员的心理情感，从而使他们团结起来，齐心协力地为实现组织的各项目标而工作。因此，公共关系的凝聚作用常常更具有持久性。

公共关系的凝聚作用与通常意义上的思想政治工作既有相通之处，也有自己的特点。一般说来，思想政治工作和公共关系都是以信息交流为手段，通过"动之以情，晓之以理"的方法来协调组织内部成员的关系，达到团结一致的目的。但是，思想政治工作的政治性较强，因而它的立足点也比较高，它注重提高人们的思想认识和社会责任感。相比之下，公共关系的着眼层次要低一些，但也更具体一些，它常把工作的重点落在情感的沟通上，落在组织成员对组织的权利和义务的强调上。可以说，具有中国特色的思想政治工作与公共关系的凝聚作用有着一种相辅相成的关系，所以专业的公共关系从业人员常常把它们结合起来。有人认为，现在思想政治工作效果不好，应用公共关系活动来替代它，这是一种认识模糊的表现。事实上，两者各有自己的工作重点，是不能互相取代的。

（三）调节作用

对于任何组织来说，确立正确的组织目标是首要的，但光有目标还不够，组织还必须通过正确、透彻的阐述来实现目标。由于公共关系强调直接渗透介入到组织运行的每个过程和环节中去，因此它不但能在宏观上实现对组织的监测作用，并且在微观上也能表现出经常性的调节作用。这种调节作用具体表现在以下两个方面。

其一是对各种日常摩擦的调节。任何组织在其运行过程中都必然会产生各种摩擦，公共关系的调节作用具有减少这类摩擦系数的成效，就像"感情互动""上下对话""礼貌待人"等公共关系部门组织的专门活动，能直接减少和避免矛盾的发生，达到防患于未然的效果。又如，上一节所述公共关系提倡的组织行为的规范化和礼貌化，也具有减少和避免内部摩擦发生的调节作用。

其二体现在摩擦或纠纷发生之后。这是说，它能及时地防止矛盾的扩大，最大限度地减少摩擦或纠纷给组织带来的危害。当摩擦或纠纷发生后，公共关系职业人员并不是一味地为自己的组织辩护，更不是去压服公众，而主要是通过各类传播活动来争取公众的谅解。事实上，也只有在公共关系意识的指导下采取的行动和措施，才是妥善解决矛盾的办法。当摩擦或纠纷发生时，公共关系要求组织成员首先虚心地听取公众的意见，然后是在查清事实的基础上，与公众交流彼此的看法，以达成谅解，最后再了解公众对摩擦或纠纷及处理措施的反馈，并把这种反馈信息反映给组织的决策层，还可向决策层提供改进组织运行状况的建议，以免摩擦和纠纷的再度发生。

(四) 应变作用

由于组织是在复杂的现实环境中运行的，即使是专门以了解信息、传递信息和发布信息为主要任务的公共关系部门，也不能对组织运行中可能发生的情况做出完全准确的预见。因此，组织在其运行中就不可能保证自身形象永不受损，也不可能保证自身与公众的关系始终处于最佳状态。事实上，问题不在于保证组织形象永不受损（当然公共关系工作的理想状态是组织形象永不受损，但理想是理想，现实常常是不尽如人意的），而在于当组织形象受到损害，组织与公众关系遭到破坏时，如何进行弥补。组织的形象受到损害，或组织与公众关系出现问题通常有两种原因，相应地，公共关系也具有应变和抵御两种作用。

(1) 组织因自身原因使形象受损或与公众的关系出现问题

为改变此种不良状况，公共关系就要发挥其应变作用。当组织形象受损或与公众的关系出现问题时，公共关系部门应首先假定公众是对的。换句话说，在查清事实真相之前，不可让公众先担起责任，这样在今后的工作中才不至于处于被动状态。"假定"一旦被确认为事实，即公众果然是对的，组织形象受损或与公众关系不佳确系组织自身原因所致，那么公共关系部门就应及时做出积极应变，通过改变组织的运行状况来改善组织形象。公共关系部门是组织的"信息窗口"，往往最了解组织形象受损或组织与公众关系不佳的原因，对如何改变组织运行状况也最有发言权。一个明智的领导会特别重视公共关系部门的意见，同时公共关系专业人员也应该主动、经常地向决策层提供咨询建议，以充分发挥自己的应变作用。

(2) 组织因外部原因使形象受损或与公众的关系出现问题

为改变这种不利于组织的状况，公共关系部门就要发挥其抵御作用。组织形象受损，常常是由组织外部的原因引起的，如假冒商品的出现，公众中以讹传讹的现象等。当有确凿证据证明组织形象受损或与公众关系不佳的责任不在自身，而是因为组织外部的因素时，公共关系部门就应发挥它应有的抵御作用。公共关系的这种抵御作用并不是通过行政、法律等刚性手段来实行的，而主要是采用柔性的信息传播手段来发挥的。例如当市场上出现了假冒商品，企业就可以而且应该利用各种大众传播媒介来加以揭露，以引起公众的注意和警惕。又如当组织与某协作单位之间发生法人关系纠纷并查明主要责任在对方时，就可以让公共关系工作人员或领导出面主动要求交换意见，以寻求解决纠纷、重新修好的途径。由于公共关系活动采取的是各种柔性手段，所以在其发挥抵御作用时往往能避免采用刚性手段时无路可退的缺点。用柔性手段常常既能使问题得到合情合理的解决，又不留"后遗症"。当然，在公共关系的协调失败后，组织也可以诉诸行政、法律等刚性手段来解决问题，以起到强制抵御的作用。

## 第二节　公共关系的类型

公共关系的类型按照公共关系活动的主体身份、工作对象、功能体现进行划分,可分为主体或部门公共关系、对象公共关系和功能性公共关系三大类。对公共关系活动进行分类考察,有助于我们从公共关系的主体即社会组织、公共关系的客体即公众和公共关系的过程、信息传播三种角度把握公共关系的工作目标,制订相应的工作计划,并采取合适的传播策略和方法。

### 一、主体或部门公共关系

在公共关系的一系列活动中,真正扮演主角,起主导作用的是各个具体组织或部门,而公众则是其工作活动的客体或对象。由于主体或部门间各有差异,其各自的公共关系工作内容和方式也会有所差异。为此,我们有必要按主体身份的不同,对几种不同的、较有代表性的公共关系分别加以阐述,并对其公共关系工作实施的特色进行分析。

(一) 企业公共关系

所谓企业公共关系,就是以企业为主体的公共关系。企业是当今世界公共关系实务运用最广泛的部门,企业公共关系也是当今公共关系研究成果最多的类型。中国现代公共关系的实践最早也是从企业起步的,在目前及今后相当长的一段时间内,企业公共关系仍是理论研究的重点和实践发展最快的一种类型。

企业公共关系活动的核心是在公众中树立起良好的形象,以利于组织获得与公众一致的共同利益。这一点是所有部门公共关系的共性,与一般公共关系并无二致。但企业公共关系的工作目标则又有其自身特点,企业一般是围绕以下三个方面来开展它们的公共关系活动的。

① 把树立形象的任务渗透到企业管理中。现代管理学理论认为,现代企业的运行实质上是管理者对人流、物流、资金流、信息流进行综合调节控制的过程。公共关系工作从企业管理角度看,实际上是对信息流进行综合调节控制的一个职能分工部门。树立企业的良好形象首先就是要在信息的流动或运动中,将所要传达的形象信息(含产品形象、企业自身形象)通过各种传播手段传递出去,并对所有涉及企业形象问题的信息流通环节进行严格把关。

② 广结人缘。企业要在社会中生存发展,除了要有良好的形象,还要有一个尽可能透彻的阐述联系网,以争取到尽可能多的支持与帮助。树立形象好比是确立一个中心,广结人缘则是将大家的视线都吸引到这个中心上来。广结人缘既

是树立形象的基础，又能使企业的良好形象通过广泛的横向联系网辐射出去。

③ 开拓市场。企业的中心任务是通过向社会提供产品和服务，取得更大的经济效益，但要达到这样的目的，就必须维护和开拓市场。因此，企业在致力于开发产品的同时，需投入人力和财力进行市场营销和策划。这主要包括市场教育、二次（售后）服务、消费咨询、社会培训等公共关系活动。但这些活动大多由企业的市场营销部门负责操作，它的公共关系部门应在整合协调的原则下做好自己分内的信息沟通和传播工作，未必直接参与产品销售。企业公共关系的作用主要是争取和吸引稳定的消费公众和保证本企业的市场占有率稳步上升。

## （二）政府公共关系

政府公共关系是以各级政府为主体，以广大内外公众为客体的一种特殊的公共关系类型。政府公共关系活动是指政府为了更好地管理社会事务、争取公众对政府工作的理解和支持、塑造良好的形象，运用传播手段与社会公众建立、协调、改善关系的政府行为。

政府公共关系的特殊性主要表现在以下两个方面。

① 构成要素的性质特殊。公共关系主体具有层次性、权威性和唯一性，可分为中央政府和地方政府。公共关系客体具有广泛性、复杂性和相对性，可分为外部公众、内部公众和辖区公众。政府掌握着大量的传播工具，政府与辖区公众之间具有上级与下级的严密组织关系，因此，政府公共关系的传播条件具有主动灵活、覆盖宽广等综合优势。

② 公共关系的目标任务特殊。政府公共关系的主要目标是提高政府的美誉度。我国政府公共关系的宗旨是全心全意为人民服务，通过广泛、周到的社会服务满足公众不断提高的物质期待和精神需求，树立"廉洁、勤政、务实、高效"的政府形象。

政府的职能是对国家各个方面的事务进行指导、管理、协调、监督、保卫、服务。由于权力在实行过程中对当事人必然带有权威性、不可更移性、强制性的特点，因此，在政府公共关系中如何体现"公众利益第一"的观念就成为首要目标。这方面的具体工作有以下四个方面。①认真倾听公众呼声。其目的是借以了解公众对政府的印象、评价和期望，并以此作为施政参考。②为公众办实事、谋实利。这主要是指提高政府的管理效益，真正造福于人民、社会。③发挥新闻媒介的作用。一方面扩大对政府方针、政策的宣传，另一方面加强"舆论监督"的作用。④开辟政民之间的多种联系渠道。以定期召开"新闻发布会"、设立"市长信箱"和"专线电话"、开设政府微博等多种形式，加强与公众的联系，树立良好形象。

在"后信息"时代，信息"爆炸性激增"已经成为包括政府工作人员在内的所有公众必须关注的现象,这就使政府机构越来越多地担负起信息总汇的角色。如何有效地收集、处理、存储、传播信息就成为政府公共关系的重要目标。这方面的具体工作有以下两个方面。①主动地、有计划地收集信息。这包括广泛开展各种类型的国情民意社会调查,充分掌握各种最新资料;设立专门调查统计机构,使信息收集、整理工作做到部门化、专业化、定期化、科学定量化。②及时地公开传播信息。尽快通过各种信息传播媒介(报刊、电台、电视、网络、公告等)和渠道(新闻发布会、记者招待会、人民代表咨询或座谈会等)向社会各界公众公开发布,并不断向新闻媒介提供社会公众舆论关注的材料。

政府工作人员由于代表国家行使权力,他们的素质、效率、作风都会直接关系到政事的成败,也直接代表着政府形象。因此,把政府工作人员的有关情况公开化是政府公共关系工作的又一个任务。其具体内容包括:定期公布政府工作人员的政绩,对升迁罢黜者要向社会公众交代理由,干部的述职报告应由社会公众代表签署意见;政府工作人员所享有的经济待遇、福利标准以及家庭情况,除涉及法律规定的隐私范围外,都应让社会各界知晓,其个人情况的"透明度"应高于社会一般公众;尽可能向社会公众介绍担任要职的政府工作人员的背景情况(如家庭籍贯、文化程度、学术成果、工作业绩等)。其意义有二,一可让公众产生亲近感,利于融洽工作关系;二可扩大本人知名度,使其工作开展有较好的公众基础。

自20世纪90年代以来,我国各级政府开展公共关系活动的自觉性大为提高,并在"重视民意、广泛沟通、体现公众至上、惩治腐败、依法治国、塑造廉洁形象,多办实事、兑现承诺、树立公仆形象,宣传模范英雄、弘扬政府正义形象、全面发挥公共关系功能、建设地区形象,监测趋势、协调关系、促进经济发展"等方面取得了令人瞩目的进展。

除以上几点外,近几年我国政府的公共关系实践在促进国家统一、保持大局稳定、拓展国际影响、搞活国有企业、调整政府机构、分流机关干部、组建创新体系、安置下岗职工、实施科教兴国、启动希望工程、抗御特大自然灾害和公共卫生危机等方面也都取得了明显成效。

根据目前全国政治、经济、文化的发展进程,政府部门可以从以下五个方面来加强和改进自己的公共关系工作。

① 培养全员特别是领导的公共关系意识,并在此基础上,借鉴国内外优秀公共关系理论和实践成果,积极探索具有中国特色的、适应目前各地不断深化经济体制改革和行政体制改革发展趋势的政府公共关系理论体系,有效地指导行政公共关系实践。

② 以现有的"新闻发言人"制度为基础,内设精简高效的公共关系机构,将分散的公共关系职能汇集起来,有计划、有步骤、积极主动地开展公共关系活

动，适度分担主要领导的公共关系压力，提高政府的公共关系功效。

③ 利用专业协会、职业学校和公关公司的力量，采取在职和脱产学习等灵活多样的形式，迅速培养自己的公共关系人员，逐步形成社会主义政府公共关系体系。

④ 指导公共关系人员全力做好公共交际、公共写作、公共调查、公共策划、公共专业活动、公共接待、公共谈判、公关营销等公共关系工作。

⑤ 以社会主义职业道德为基础，参考国内外公共关系职业道德标准，在发展政府公共关系事业的同时，建立和完善有利于促进社会主义市场经济发展，符合社会主义精神文明、政治文明的政府公共关系职业规范。

在不久的将来，政府公共关系作为一种特殊类型的公共关系，必将在加强社会主义与法治建设、发展社会主义市场经济、实现新形势下的政府宏观调控职能和服务职能、建设社会主义"三个文明"等方面发挥巨大而持久的推动作用。

(三) 事业、团体公共关系

事业组织是指为适应社会需要而由国家提供资金设立的专门性机构，如学校、博物馆、图书馆等。团体组织是指具有共同利益或背景的人为实现某种社会理想而自愿结合形成的非营利性组织，如专业学术团体、少数民族团体、宗教团体、残疾人团体、妇女团体等。这两者在"非营利性"上是一致的，故列入一类论述。事业、团体组织由于自身的特点，其公共关系工作的目标除了具有一般公共关系的共性任务（如建立自身良好形象、扩大社会影响）之外，它还有着自己的几个特点。

(1) 确立一种高于一般社会认识水平和道德水准的组织形象

其具体目标有：①组织担当的崇高社会道义责任；②组织为社会做贡献的献身精神；③组织成员有较高的文化知识水平和社会公德规范。

(2) 在社会舆论形式中，保持和发挥自身的独特优势作用

事业、团体组织在社会利益关系格局中处于较超脱的地位，故其对社会各种问题的看法往往会受到社会各个方面的重视，并成为社会舆论的主要倾向。因此，事业、团体组织公共关系可以在两方面显示作用。一是通过参政议政来显示自身价值，争取社会各界的理解与认可；二是以身作则，在社会各界公众中带头建立一种良好的社会行为作风，并对不良风气勇于抨击。

(3) 积极参与和组织各种社会活动

这类社会活动主要围绕某个公益目标进行，参加原则是自愿、平等，而且又没有什么功利色彩，所以公众对此有着普遍接受的心理基础。事业、团体组织一般财力有限，在活动中主要起领导、发起组织、联络的作用。这类活动既使广大

社会公众受益，又扩大了组织自身影响，而且还能在与社会各界公众的沟通中得到帮助和支持。

（四）社会公众人物公共关系

社会公众人物也称社会性个人。他们与一般人的不同，主要在于他们有较高的社会知名度，是广受公众关注的人物。社会公众人物以社会明星或社会热点人物（如影星、歌星、球星、畅销书作家、探险家、重大事件主角等）为主，而不少社会活动家（如慈善家、热心社会公众事务的活动家等）也属此列。

由于以上这类人物社会身份特殊，社会声誉高，社会影响大，他们的一言一行、一举一动往往很自然地广受媒体及公众的关注，因此，公众对他们的期望也就比一般人要高。公众不仅期待他们在所属职业领域中表现优异、出类拔萃，而且对他们的待人处事也提出了更高的道德要求。从社会公众人物自身出发，为了促进自己的事业进一步发展，为了延续、扩大、提高自己的知名度，他们也大有必要去争取更多的公众与舆论的支持。正是在此基础上，社会公众人物有意识地主动开展公共关系活动，就成为理所当然的一项工作了。

与其他主体公共关系相比，社会公众人物有着其自身的特殊性，他们在具体开展自身的公共关系活动时，应经常告诫自己做好以下几点。

① 要多参加社会公益活动。社会公众人物不仅要做好本职工作，在可能的情况下，还应争取多参加一些社会公益活动，如扶助孤老、资助失学儿童等，他们的社会声望将有助于社会公益活动的推进。

② 要严格要求自己，时时注意维护自己的形象。社会公众人物应该十分珍惜自己的名望，不要娇惯自己，更不可自恃特殊而骄横跋扈，切忌闹出罢演、漏税、做假广告之类的风波，要时时刻刻做遵纪守法的楷模、待人接物的表率。

③ 要善于与媒体打交道。社会公众人物的成功离不开媒体的宣传，但弄巧成拙，媒体也可能会令其名誉扫地。在尊重事实，恪守新闻规范的前提下，社会公众人物应积极配合媒体的采访、报道，以便更好地传播有关信息及塑造美好形象。

## 二、对象公共关系

对象公共关系主要是按照公众的横向划分，进一步分别论述各类公共关系的特点和具体工作内容。一般来说，有多少类公众就有多少类对象公共关系，但由于各类公众对象间往往有较多相似成分，我们拟从大处着眼，将对象公共关系划为以下六个主要大类。

（一）员工关系

任何组织因其性质不同，其所面临的公众对象也不同，但其有一个共同点，即每个组织都有自己的员工。因为员工是组织的细胞，组织的目标只有通过员工的合理分工并各尽其责才能实现。所谓"内求团结"方能"外求发展"，只有做到了"员工第一"才能真正做到"顾客第一"。另外，每个员工对外都直接代表着组织的形象，不论是从事外部事务工作的，还是承担内部分工任务的，皆是如此。鉴于这一点，员工关系不仅是一个组织"全员公关"的基础，而且是对象公共关系中最基本、最重要的一类。良好的员工关系是组织开展其他方面的公共关系时必须具有的保证。

员工公共关系的基本任务有二，其一是培养员工对本组织的认同感、归属感（或称向心力、凝聚力）；其二是创造和谐、融洽的人事环境。要圆满完成这两项任务，可从以下四个方面着手。

① 了解员工，承认和尊重员工的个人价值。这也是现代管理学中的一个核心理念。当前，我国的组织在这方面的主要做法是密切干群关系、完善奖励制度、提高工作条件、管好并用好个人档案等。

② 在组织领导与基层群众间建立体制化的联系渠道。具体做法包括：定期召开对话会、重视员工合理化建议、发挥各类自控传播媒介（如本单位报纸、刊物、电台、网站、微博）的作用、定期进行专题性的民意测验等。

③ 对员工进行多种能力培训，开发潜在资源。这种训练不仅要有业务性的课题，也要兼顾非业务性的内容，并可采取内部与外部、长期与短期、脱产与不脱产等多种形式，以全面提高员工素质，发挥其工作积极性。

④ 组织各种联谊、福利活动，诸如文艺演出、体育比赛、舞会、旅游、参观等，以联络感情、调节精神。此外，组织的公共关系部门应时常提醒管理层关心员工的家庭生活，及时为他们排忧解难，协助有关部门落实组织对员工的各种福利承诺，使他们专心工作而无后顾之忧。

（二）消费者关系

消费者关系是组织外部公共关系中最重要的一类。因为一般说来，组织自身目标的最终实现与否直接取决于其如何处理与消费者的关系。对组织外部公共关系来说，消费者也是与组织关系最为广泛、密切的一类公众，他们不但分布广（如城市与乡村、国内与国外）、种类多（如工人与农民、妇女与儿童），而且往往表现为具体的人与人之间的直接互动，如销售与购买、服务与服务消费等。此外，消费者关系并不局限于生产或推销生活资料的组织，也包括生产或推销生产资料（如钢材、矿石、木材）以及精神产品（如书籍、报刊或导游、表演等非物化的服务项目）的组织。也就是说，一切生产或推销物质和精神产品供社会消费的组织，都存在着消费者关系。

"顾客总是正确的"这一句口号可被看作组织关于消费者关系的一般原则，

它不但概括了组织与消费者的关系状态的最佳境界,而且直接反映了组织在处理、调节与消费者关系时应该持有的基本态度。事实也如此,本着对公众负责的精神以及维护与发展本身利益的目的,组织应主动地调节好与消费者之间的关系。具体做法有以下四条。

① 根据消费者特点,协助职能部门制定各自合适的优质服务程序和创造最佳的消费环境。比如服装就不同于食品、书籍、家电等其他消费品,应该制定相应的服务措施,如设立男女各式服装专柜、代人剪裁、定制服装等,并布置模特、穿衣镜、试衣室等设施,为消费者选购服装创造相宜的服务环境。

② 以消费品为桥梁,配合营销部门与消费者建立长期而又稳定的关系,开发消费者所蕴藏的消费潜力。以出版社、书店为例,将书籍卖出并不是与购书者关系的终结,而是这种关系的建立和发展的开始。书商可用面对面的小型座谈会或不见面的互联网会议,听取读者对图书出版和销售工作的看法,并以之作为今后如何优化出版选题、扩大发行、改变图书上柜品种的参考。

③ 为保障消费者权利而制定具体的维护措施,其原则内容主要有安全、陈述、选择、知晓四个方面。以食品为例,组织应对消费者的卫生健康负责,允许消费者陈述其对消费品的意见,保证消费者有选择消费品的自由,消费者有了解(知晓)有关商品的性能、使用、保管等情况的权利。一个组织只有把握好上述四个原则,才有可能搞好消费者关系。公共关系人员的工作就是配合管理层和职能部门,想方设法把这些原则落到实处。

④ 想消费者所想,急消费者所急,配合和协助职能部门不断开发适应消费者需要的新产品或服务方式。随着社会整体消费水平、消费品位、消费期待的不断提高,消费者对各种消费品无论从品种、款式上,还是性能、内容上,都会产生新的需求和愿望。这种需求和愿望可以变为无限商机,变为扩大和深化消费者关系的极佳机会。

(三) 政府关系

政府不仅是公共关系的主体,而且无一例外的又是公共关系的对象。将政府当作一种特殊的"公众"来看待,是公共关系实践与理论的一大发展。国外公共关系已在这方面积累了不少经验,我国则处于刚刚起步阶段。用历史发展的眼光来看,今后我国在这方面的工作一定会开展得更广泛、深入。我们将结合国外经验与国内实际,对政府作为公共关系的对象、与"主体"地位相悖的这一特点,概括地做些阐述。

这里所说的政府包含不同层次,从纵向说有中央政府与各级地方政府,就横向看有承担各种不同职能的政府部门,如立法部门、司法部门和执法部门,还有工商管理、税务管理、土地管理、司法管理部门等。众所周知,政府是对社会进行统一管理的权力机关,没有它的有效管理,社会的整体运行就无法正常进行。组织是社会整体运行的一部分,当然免不了要与政府发生关系。由于政府与组织之间是一种管理与被管理的关系,所以这也就决定了组织关于政府关系的四个基本特点与原则。

① 自觉接受政府的管理和指导,恪守政府有关政策法令。组织在具体的运行过程中,应妥善处理国家利益与组织利益的关系,切实按有关规定上缴税利。

② 及时、全面、准确地掌握与研究政府所颁发的有关政策、法令,注意按照其内容变化相应调整本组织的决策方向及实施计划。

③ 主动给政府部门提供信息。尽管组织属政府管辖,但政府为管理社会而制定的政策皆根据所掌握的基层情况而定。组织如在提供信息方面主动做好沟通工作,就能促使政府所制定的政策法令客观、合理,并有利于组织。

④ 积极向政府部门就其政策和工作提出合理化建议。组织主动配合政府工作人员搞好公众服务、亲民施政,协助改善政府在社会公众心目中的形象和美誉度。

上述四个基本特点和原则都在讲述如何接受政府管理、如何帮助政府做好上下疏通的工作。而这正是搞好政府关系的要旨和诀窍。

### (四) 媒体关系

媒体是英语"media"的汉译,一般指社会上的新闻、传播机构或工具,其中包括报纸、杂志、书籍、广播、电视、通讯社、互联网网站等。在社会分工中,新闻、传播媒体专门从事向社会公众传播新闻和各种信息。就新闻、传播媒体作为组织的外部公共关系公众而言,它一方面是组织的公共关系对象——公众,另一方面又负有将组织的有关信息扩散、传播出去的社会责任。由于新闻、传播媒体具有的信息传播功能直接关系到组织的信息扩散及它在公众舆论中的形象,所以媒体关系就很自然地在组织外部公共关系事务中占据重要的地位。

组织的公共关系活动离不开传播媒体,这就自然地与新闻、传播媒体的日常活动密切相关。其成功与否主要取决于以下两点。

① 组织的公共关系从业人员是否熟悉、了解新闻传播活动的特点和规律以及新闻传播媒体机构的工作方式。这一点对组织与新闻媒体搞好关系至关重要,如果公共关系从业人员对此了如指掌、熟稔于心,那就能运用新闻媒体开展更有效的工作。这样的公共关系人员能主动向新闻、传播媒体提供有价值的新闻线索,能不失时机地召开记者招待会或新闻发布会,能积极提供方便以配合新闻媒体人员的工作,也只有这样才能争取到新闻、传播媒体对组织的支持。此外,有经验的公共关系人员在广告设计上、自身宣传文章的措辞把握上,也常虚心听取媒体朋友的意见,以便用最佳的宣传内容与形式,通过最佳的传播载体,获得最

佳的宣传效果。

② 组织能否正确对待新闻媒体关于本组织信息的传播。这有两方面的含义，一是如何对待有利于本组织的信息传播（如表扬性报道），二是怎样看待不利于本组织的信息传播（如批评性报道）。总体来说，组织的正确态度应该是主动提供客观、公正、全面的事实，包括媒体人员可能误解或不甚掌握的事实，态度恳切地、实事求是地把事情的缘由和来龙去脉交代清楚。在此前提下，对有利的报道应保持冷静、谦虚，将其作为本组织继续发展的动力与契机，切忌头脑发热，忘乎所以；对不利的传播应持"有则改之、无则加勉"的态度，正视舆论，尊重新闻、传播媒体，并及时、主动地将组织的最新发展情况或补救措施提供给有关人员，以获得媒体的理解和支持。

（五）竞争对手关系

竞争对手关系常常又是同行关系。一般说来，同一种行业所面临的原料、市场、技术、设备、信息等情况基本上是一致的，彼此间有着密切相关的利害关系，相互间很自然地会形成一种竞争关系。中国有句俗语叫"同行是冤家"，这句俗语概括了竞争关系在历史上的表现特点。

社会上同行间的竞争法则跟自然界一样，也是"优胜劣汰""适者生存"，这就使得同行关系显得比其他对象公共关系更为复杂一些。在有些地区和行业，同行关系常表现为"你死我活"的竞争，有时为了压住对手或击垮对手，同行间还不惜采取尔虞我诈、钩心斗角的不当手段。这方面的事例，古今中外比比皆是。考虑到我国正在不断完善社会主义市场经济体制的具体国情，组织在处理同行竞争关系时应遵循以下原则。

① 切实把握正确的竞争目的。同行组织间竞争的最终目的应该是你追我赶，友谊竞赛，以谋求相互促进、共同发展。尽管彼此间的竞争都是为了提高各自的经济效益，但它们的基本目的仍是为社会多做贡献。因此，应在竞争中牢牢把握正确的目的，而不能单从本位主义或小集团的利益出发。

② 竞争的手段应光明正大。同行组织间的竞争决不能违背社会公德，采取尔虞我诈、互挖墙脚、损人利己的伎俩，这种竞争即使取胜也是不光彩的。应该提倡以科学经营管理、改进技术设备、提高产品或服务质量等正当方式展开竞争，从而使胜者心地坦然而成为表率，败者心悦诚服而奋起直追。

③ 竞争不忘协作交流。同行组织间虽是竞争对手，但由于彼此的根本利益一致、最终目的一致，竞争对手同时又是伙伴关系。双方完全可以在共同目的的基础上，既竞争又合作，可以相互交流技术成果与经验，可以支援人力与财力，可以共同研究解决专业难点等。这从表面看来与竞争不相干，其实这是另一种意义的竞争，或者说是提高了竞争的层次，因为能主动协作交流的一方最起码在形

象、精神竞争上占了上风。

(六) 国际公共关系

随着全球经济的一体化,世界各国及地区皆不可避免地卷入国际市场的旋涡。一方面跨国公司从数量到经营范围都发展得非常迅猛,另一方面对外贸易及服务活动也成为每一国家与地区国民经济的一个重要组成部分。在这一形势的推动下,国际公共关系活动势必成为有关组织跨国经营业务的主要活动。国际公共关系活动大致可分两种情况:一是在本国境内与外国组织及公众打交道,比如某饭店经理要接待国外的客人来店食宿;二是在外国境内与外国组织及公众发生关系,例如某企业产品打入了某国市场,并且在该国建立分厂以进一步开展生产、经营活动。由于国际公共关系的最大特点是与国外组织及公众打交道,因此其活动的开展除了应遵循一般的公共关系活动原则外,还应在对自身特点及我国实际情况进行研究的基础上,制定出有针对性的应对措施。

① 应树立组织的稳定形象,建立国际交往的牢固信誉。从事国际公共关系的专业人员应重视制定长期、成熟的规则,循序渐进,切忌大起大落、一日三变。与其打交道的都是国外组织、国外公众,自身组织形象稳固与否及信誉好坏与能否成功扩大国际影响,开拓国外市场均有直接关系。

② 组织在确定工作目标与行动时,要充分考虑到国外公众的政治、经济、文化、风俗、习惯、历史等背景因素。一般原则是"入乡随俗",因人因地而异,不能"强人所难",以自己好恶为取舍标准。例如,受欧美青年女子青睐的时尚服装或化妆用品就很难在阿拉伯国家打开销路,受东南亚国家人民喜爱的"白象"的商标就不受英国人欢迎(因"白象"的英文为 white elephant,有笨重而无用之物的意思)。如此等等,皆值得有关人员重视。

③ 组织在开展有关活动的过程中,既要使自身的行为符合公认的国际规范和礼仪,又要保持自己的个性,不违背本国的国家利益,做到不卑不亢,平等处事。

④ 为了吸引更多的国外公众来国内或将产品打入国际市场,需要长期而又广泛地开展宣传及联谊活动。考虑到国外公众的生活习惯和审美品位,其形式与内容还应丰富多彩。相比之下,用于国际公共关系的这类经费开支常常高于其他对象公共关系。

### 三、功能性公共关系

所谓功能性公共关系,是以公共关系在组织运行中所发挥的功能性作用为标准而加以划分的,它渗透、贯穿于前文所述主体公共关系与对象公共关系活动之中。按其功用做具体分析归纳,这一类公共关系大致可分为四种:日常事务型、宣传型、征询型和矫正型。

(一) 日常事务型公共关系

这类公共关系是指在组织的日常运行中皆始终如一地贯彻公共关系工作目标,努力树立形象、争取公众、扩大影响。它具体要求组织的每个成员在日常运行的各个环节、各个渠道都时时注意形象问题,处处给人留下好感,从而在内外公众中都留下好的印象。比如,一家皮鞋厂为了争取公众、建立声誉,就应该从原材料采购、商品生产、产品包装、销售批发等各方面皆严格把关,保证质量、合理定价、提供优质服务;同时,对本厂职工的劳动保护、生活福利、医疗保健、家属问题等事务也无微不至地予以关怀。长此以往,通过这一系列日常事务就会不知不觉地达到公共关系工作的目标,赢得公众的信任,扩大本企业的名声,并因此促进生产。由此可见,日常事务型公共关系与上一章提到的全员公关有着唇齿相依的紧密关联。

日常事务型公共关系工作的要点不仅在于组织各项工作的文明化和制度化,而且要时时关注落实情况。它要求一个组织在管理思想上应树立文明经营的理念,在生产上不偷工减料,不弄虚作假;在销售上礼貌待人,货真价实,童叟无欺;即使与公众发生矛盾,也应本着严于律己、宽以待人的精神妥善地予以处理;无论内外公众,皆应以诚相待,以情为重,不做损人利己之举。

组织对所属各部门、各工种等皆必须制定合理、全面的规章制度。一方面要使这些制度条款化、公开化,认真加以宣传,严格予以贯彻;另一方面要经常性地进行监督,检查具体的执行情况,决不能让它成为一纸空文,并且要辅之必要的奖惩手段。

此外,组织的日常事务要真正落到实处,确实能起到于细微处见精神的效果。这就要求组织在考虑进行这一系列日常事务时,吸取群众意见,做调查研究,所做事情能做到点子上,并真正与公众痛痒相关,而不是脱离实际、好高骛远。如严格地按照此规范去做,这一组织的事务型公共关系工作就肯定会获得成功。

(二) 宣传型公共关系

宣传型公共关系主要是指组织以各种新闻、传播媒介为工具,围绕某个特定主题向公众有意识地传送有关信息,有目的地向有关公众介绍自身、宣传自身,从而创造于己有利的社会舆论环境。

宣传型公共关系活动当然离不开传播媒介,所运用的媒介粗略地说有三种:一是新闻媒介,如报纸、杂志、电台、电视台、新闻网站等;二是广告媒介,如路牌广告、车船广告、印刷广告、幻灯广告、网络广告等;三是自控媒介,如各种宣传资料、具有独立域名的网站、产品目录、定期定向散发的贺信或贺卡、自办的广播站、黑板报、厂报,以及精心准备的演讲报告会、订货会或展销会等。由于各种媒介的性能效果、费用开支各不相同,所以在具体选择时必须考虑到以下两个因素。

(1) 公众类型

组织的宣传型公共关系所面对的公众不外乎内部与外部两大类公众。就内部公众而言,事情相对比较好办,通常只需要运用自控媒介就可以进行有效的宣传。例如,某厂建了新的职工宿舍,为了向职工宣传厂部的分房方针,表明这次分房工作是公开、平等、无私的,厂方只要通过在黑板报或厂报之类的自控媒介上公布分房小组人员组成原则、分房程序、分房标准、照顾条件等有关情况,就可以达到宣传目的。对外部公众的处理就比较复杂一些,需要因时、因地、因人而异,必须选择适当的传播媒介。比如,本地人就利用本地报纸、电台、电视台,外地人就运用外地或全国性的报纸、电台、电视台,要是具体的妇女、老人、学生等类型,那就需要有针对性地选择有更佳宣传效果的传播媒介了,如专门面向他们发行的报纸、刊物就是值得考虑的。

(2) 宣传主题

任何一个组织在具体工作中,由于各种情况的变化及本身工作的正常需要,经常会有目的地开展各不相同的主题宣传活动。宣传型公共关系常常围绕组织庆典、产品发布、社会赞助等事件铺设主题,巧妙展开,达到自己的宣传目的。由于宣传时所择的主题不同,组织在具体选择传播媒介时就应该十分注重针对性,以求获得既经济又实惠的效果。举例来说,某厂产品在全国性的同类产品质量评比会上独占鳌头,喜讯传回后,厂方会召开一次庆祝活动及表彰活动,以利用这一活动更广泛地扩大本组织影响,吸引更多的客户,同时自然也有嘉奖、鼓励厂内职工之意,这无疑能增加职工的荣誉感与自豪感。在此情况下,自控媒介与广告媒介显然不做考虑或不做主要考虑,应倾心选择的将是社会新闻媒介,并有可能同时选择几种大范围的乃至全国性的新闻媒介,以使这一于己有利的信息得到尽可能透彻的阐述与传播。

宣传型公共关系工作在进行过程中,必须注意贯彻下面四项公共关系宣传原则:一是宣传的主题及目的要明确、突出;二是宣传的事实或信息应客观、真实;三是宣传的程序安排必须合理、稳妥;四是宣传的语言和文字要适度、中肯。如能切实贯彻以上四个宣传原则,宣传型公共关系也就有望成功。

(三) 征询型公共关系

征询型公共关系主要是向组织的决策层和管理职能部门提供征询或咨询,其中包括对市场、社会情况及公众意向等信息的收集、整理与研究。由于这类公共关系活动的功能主要在于为组织经营管理提供科学依据，倡导、设计适宜和超前的经营管理理念、策略和方法，并对组织内外环境进行监视、分析和预测，及时向决策层提供应对方法建议。随着现代组织决策科学化、专业化的不断发展，征询型公共关系在组织与社会中的影响及地位也日益重要、显著。

这一类公共关系工作的开展主要有两种形式。一种是隶属于组织内的，有明确服务主体和对象，一方面收集与本组织发展相关的一切信息，对之进行研究、分析，形成结论或预测设想；另一方面则向组织决策提供有关资料或数据，以及将他们的意见或设想提供给组织做参考。一般说来，各个组织都有必要安排人员开展这方面的工作，或专办，或兼办。

另一种形式是独立于任何组织之外的、专门性的咨询公司或机构。由于它们不属于任何组织，所以其工作范围就比较广泛，可以为许多组织提供咨询服务，而且，其所能提供的信息、策略等是多方面，甚至是全方位的。这一点当然与它们是独立的、专业化的咨询机构分不开，因为提供高质量的咨询内容及项目就是其经营目的。美国的兰德公司是这方面的一个典型。"兰德"的英文名称"Rand"是研究与发展（Research and Development）的缩写，从词义上来看，就可知道该公司是专门为人们研究有关信息，提供咨询以促进发展的一个机构。该公司的工作人员有千名左右，其中约一半为专家、学者，其具体服务范围已扩及外交、城市管理、能源、教育、保健、环境保护等多个方面。

征询型公共关系的工作手段主要有舆论调查、民意测验、市场综合分析等，其工作过程包括全面、科学地收集与征求信息，并对这些信息进行深入分析和研究，最后向有关组织提供咨询，以提高其工作效率，使其在竞争激烈的市场环境中求得生存和发展。由于了解公众舆论及环境情报是征询型公共关系工作的起点或基础，所以为了做好这项工作，除了应采取以上所述的工作手段外，还应考虑到具体的问题是主观原因造成的，责任主要在组织这一方面，比如因产品质量下降、服务不周、工作失误、环境污染等问题而引起的公众对组织的不满。对这种组织本身原因造成的公众关系失调，组织及其公共关系部门应主动出面承担责任，向有关公众赔礼道歉，甚至可通过新闻媒介公开认错，同时表明自己已经或将要采取的补救措施，以争取尽可能快地平息风波，使组织形象受损的程度与范围控制在最小限度内。另外，公共关系部门还可在组织的支持下，主动且有意识地以这次事件为契机，积极地利用新闻媒介展开宣传，公开表明自己知错改错的诚意，公布自己积极补救的措施，并用补救后的事实及公众的正面反映来证实自己的转变，将坏事变好事，反败为胜，改善和提高自己的美誉度。

第二类是由于公众的误解或少数人蓄意制造事端而引起的组织形象受损。在这种情况下，组织及公共关系部门千万不能得理不让人，一味指责公众或他人，那样不但会将事情越闹越僵，而且有可能更加损害组织在公众中的声誉。因为对于更多的不明真相的公众来说，他们直接感受到的是组织的无礼和无端指责，而没有了解事情的真正起因。正确的态度是，为了尽快平息风波，改善组织在公众中的形象，应迅速将已查明的真相公之于众，消释公众的误会，指出问题的真实所在，同时也表明自己工作的某些不周之处，请求公众谅解，并进一步表露本组织对公众的诚恳态度与合作精神。这样做的结果，不但可以消除公众的误会，显示自己的清白，而且能够进一步完善组织的形象，争取到公众舆论的正面转化。

（四）矫正型公共关系

矫正型公共关系也可称为补救型公共关系。它指的是在组织形象受到损害时，如何着手采取各项有效措施，做好善后或修正工作以挽回声誉、重建形象的种种专门活动。矫正型公共关系的工作程序主要由以下三个步骤构成。

① 查明事实真相及问题的症结。当一个组织形象受到损害时，公共关系部门应立即派人向有关部门、地区、公众了解有关事件的来龙去脉和前因后果，并迅速协同有关部门分析事故原因，找出主要责任者。

② 制定积极有效的措施或采取主动进取的行动。在找到组织形象受损的原因或责任者以后，不要怨天尤人、听之任之，也不必束手无策、手忙脚乱，而必须立刻会同有关部门或人员制定出对症下药的补救措施，或者迅速诚恳地表明自己的态度，及时安抚有关人员，争取谅解与合作。

③ 调查、检验事后的影响及反映。对有关损害组织形象的事件进行处理、解决后，公共关系部门还应对这次矫正、补救工作的效果进行检验，确认原有的问题是否彻底解决，公众对组织的印象是否改变，组织的不利局面是否好转。这样不仅能使自己对工作的效果做到心中有数，又可为今后如何处理这类事件总结经验教训。

## 第三节　公共关系的规范和准则

公共关系的规范和准则是指公共关系的行为规范和准则。公共关系须遵循哪些行为规范和准则，首先要看公共关系的目标和任务是什么。如工作定义所规定的：公共关系是一个社会组织或公众人物在一定职业伦理规范指引下，为谋取有关公众的理解和合作而从事的一种交流、沟通、劝说活动。既然公共关系是一个社会组织为谋取有关公众的理解和合作而从事的一种交流、沟通、劝说活动，那么公共关系的行为就应该充分尊重公众的意愿和建议，注意保护特定公众的利益；因为是一个社会组织的行为，所以又应该在不损害社会公众利益的前提下，维护自身组织的利益，从而实现组织与特定公众的双赢；因为是一种交流、沟通、劝说活动，所以，还应该遵守交流、沟通、劝说的一般准则和有关的法律法规；因为是组织为了谋求发展所采取的对变化着的环境的主动应对策略，所以，又要发挥主观能动性，不断开创公共关系工作的新局面。以下分别从四个方面对公共关系的规范和准则进行阐述。

## 一、公共关系必须以满足公众需求为出发点

按照现代行为科学的基本观点，人的任何行为的产生皆出于其个体需求。人的需求可以划分成不同层次，由低层次向高层次递进，而高层次的需求以低层次的满足为前提。人是公共关系的工作对象，故人的需求以及与此相关的人的态度、情感、认知等因素当然也应纳入公共关系的研究范围。

人的需求是无限的、多样的，既有物质需求，又有精神需求；既有一般需求，又有特殊需求；而且，随着环境及自身情况的改变，人的需求同样也会随之变化。公共关系活动的开展应以满足公众需求为出发点，特别应立足于满足公众的各种心理需求。

### （一）满足公众的知晓需求

人除了衣、食、住、行这四项基本物质生活需求以外，还有各种心理或精神需求，而知晓需求又是其中的初级层次和首要表现。所谓知晓需求，也就是人们了解周围事物真相的要求。从古到今，无论什么人，只要其心理健康，无不有探求其周围事物真相的愿望，可以说这是一种人的本能。

一般说来，人们的知晓需求皆表现为想要真实、客观、公正地了解事物真相。这一点正好与公共关系所主张的为谋取有关公众的理解和合作而从事的一种交流、沟通、劝说活动基本一致。

按理说，要做到满足公众的知晓需求并不难，但在公共关系实践中却常常做得不尽如人意。其实，从科学的经营角度来看，尽可能满足公众的知晓心理需求是十分有益于组织的。因为组织将有关事物的真相传播给公众，这不但可以满足他们的知晓心理需求，而且能够增加他们对组织的信赖度和亲近感，从而促使他们有可能成为组织长期、稳定的公众（具体为顾客、旅客、乘客、观众等）。有的人认为，如将不利于组织的有关事件真相披露出去，以迎合公众的知晓心理需求，那不是家丑外扬、拆自己的台吗？甚至有少数人还认为，如将低劣商品当正品推销出去，不是可以增加本组织的经济效益吗？其实，这些看法是错误的。从长远来看，将于己不利的事物真相公之于众，不但不会影响自身经济效益，反而会增进公众的理解，从而引起他们的消费行为，而靠欺骗、蒙混公众的手段推销伪劣商品的组织，可能一时得逞，但长此以往，最终会搬起石头砸自己的脚，受到公众舆论的谴责，以致造成难以弥补的损失。

组织在开展公共关系活动时，应充分考虑如何切实地满足公众的知晓心理需

求,力争做到"百问不厌、有问必答",而且是如实传播,实事求是。这样做的结果往往能获得公众的赞誉和尊重。例如,某服装厂让一批积压已久的服装上市销售,价格降为原价的一半,顾客不知内情,看见价格低便怀疑其质量有问题,接待人员详细地解答了他们的疑问,指出质量确属优良,降价原因是式样已趋陈旧,更因需要资金进口设备。经过如此一番推心置腹的解释,顾客心中的疑团顿消,信任感大增,许多喜欢传统样式的顾客纷纷购买,使得积压服装销售一空。假如接待人员面对顾客的询问,不愿吐露事情真相,支支吾吾,含糊其辞,那结果也就可想而知了。

（二）尊重公众独立自主的人格需求

一般说来,任何一个正常人都有独立自主的意识与需求,随着社会的日益进步,人们在社会交往中则更普遍地希望受到他人尊重,在待人处事时也往往会表现出明显的独立性和自主性。公众的这种人格需求,不仅在较正式的场合中能表现出来,而且还会表现在社会交往的各种细枝末节中。

公共关系工作是专门代表组织与公众打交道的一项工作,说到底他们是要与各种各样的具体的人打交道。因此,从本组织的形象与效益出发,也出于职业道德和对公众负责的考虑,他们在工作中理应满足公众独立自主的人格需求。按一般情况来说,从总体上讲尊重公众的人格要求较容易,比如提出"顾客至上"之类的广告口号就是一种方式,但难的是如何在日常的琐碎接待交往中满足公众独立自主的人格需求。组织的公共关系部门及人员应该严格按职业操守规范行事,时时以满足公众独立自主的人格需求为准绳,把工作落实到组织与公众发生交往的每一个细小环节中。只有这样,他们的工作才可以说是做到位了。

在代表组织与公众打交道的过程中,对满足公众独立自主的人格需求的工作做得细致与否,将直接影响到效果的好坏。包括职业公共关系人员在内的组织员工如果能时时处处为公众着想,注意以礼待人,并一视同仁,童叟无欺,又能虚心征求与听取公众意见,尊重公众的选择及风俗习惯,那么他们必将获得公众的赞誉,组织形象也一定会在公众心目中获得肯定和提高。反之,如果盛气凌人,挖苦奚落,视某些方言、习俗、职业为下等,直接侵犯公众人格,那么不仅犯了职业道德之大忌,而且会给自己代表的组织形象抹黑。

（三）满足公众不断转移、升华的精神需求

与人们对物质产品有不断提高的需求一样,随着社会文明的不断进步,人们还会不断地在心理上向更高层次转移或者升华。

与有形的物质需求不同,精神需求一般比较抽象,难以捉摸,比如精神上的享受欲、探险欲、好胜欲、表现欲、好奇欲及各种审美情趣等,都没有一个具体的定形或定量标准。然而，作为专门代表组织与公众打交道的公共关系部门又必须去专门了解它、研究它，否则，其工作就无法顺利开展，效果也不可能很好。其实，只要科学地对待它，认真地加以分析、研究，我们还是能找到打开"迷宫"的"钥匙"的。比如，首先我们可以大致分析出公众的精神需求是积极的，还是消极的，是符合伦理道德的，还是违反伦理道德的。如属前者，我们就予以满足；若属后者，则予以劝阻和引导。当然，判别时应掌握好界限、分寸，切不可任意上纲上线。其次，我们还应衡量公众有关精神需求的强弱程度和迫切程度，在文化上是属于高层次的，还是低层次的，以便实施时因人而异，区别对待。最后，我们在了解、把握了精神需求的特点之后，应有针对性地采取适宜的方式予以满足，这样既可满足公众的精神需求，又能提高组织效益，在客观上为社会做了好事。

精神需求常被视为比物质需求更为高级的需求。当人们的精神需求一旦获得满足后，其精神面貌往往会产生质的变化。一般认为，这种质的变化会对人的行为表现起着积极的、富于生气的影响和作用。我们平常所说的"意气风发""精神振奋"，可以说都是人们在获得精神需求满足后才出现的。试问：某人如积极报名参加某项竞赛，却受到人们的漠视、拒绝，他会神采飞扬吗？所以，当公众有了精神需求的转移、升华时，公共关系人员一般应倾向于理解、合作、支持。正如上面所说，在了解、把握了有关精神需求的特点之后，应有针对性地采取适宜的方式予以满足。比如拿满足组织内部公众的精神需求来说，如果某些人有好胜心或表现欲，那么就可因势利导，组织开展一些体育比赛或文艺表演，以满足他们的好胜心、表现欲。只要有益于公众的身心健康、有益于激发更高的工作热情，又不危及他人安全或损害他人利益，那么公共关系职业人员就应该想方设法地协助组织的管理层或职能部门，尽可能去满足公众的精神需求。做两全其美的事，何乐而不为？

## 二、公共关系必须注重社会效益

公共关系活动是通过组织与公众之间的双向传播沟通来获得相互了解与适应的，这种相互了解与适应既以社会的首肯和支持为条件，又以社会在更高境界的和谐和进步为结果。因此组织、公众、社会三者密不可分，而组织效益、公众效应、社会效益也是互补互惠的。鉴于此种认识，公共关系作为一种行业与一门学科，自诞生之日起，就十分注重社会效益。

（一）社会效益是社会组织与公众根本利益的总和

所谓社会效益，既包括组织的自身利益，也包括社会公众的利益，它是这两者根本利益的总和。社会效益是对整个社会而言的，并不是一个抽象的概念。

在现代社会的运行中，每一个组织、各种社会公众群体都不是孤立的、分散的，而是社会整体的一个部分，它们离不开社会网络的维系，而社会网络也需要它们来编织。比如一家鞋厂，对顾客来说是个生产单位，对皮革厂来说又是个购货单位，而对银行、营运部门来说，它又成为客户了。就公众群体中的个人而言，在本单位可能是公共关系专业人员，上了火车就成了旅客，进了商店成了顾客，入了影剧院又成了观众，其角色身份随着处于不同的社会语境而发生相应变化。这说明社会中的组织与公众间的关系错综复杂、互有依赖。

正因为组织与公众之间有着上述关系，所以他们彼此的利益也会相互影响。从单个组织或公众来看，似乎各有各的利益，应该井水不犯河水，但如果从社会机器这一整体角度来看，他们彼此间的利益是相通的，而且是环环相扣、紧密相连的。比如，矿山开采铁矿，其产品被送到钢铁厂，钢铁厂所产钢铁被送到机械厂，机械厂生产的机器又被运到矿山，这是个环环相扣的运转过程，一个环节出了问题，势必产生骨牌效应❶，迟早要殃及其他环节，所以单个利益也就无可避免地影响到整体利益。组织如此，公众个体亦然。如公共汽车司机因急于送女友上班而不停不靠，接着他突发疾病去医院看急诊，但医生因被丢在车站而未到，让司机得不到及时诊治，自己也因迟到而被扣发奖金。这一故事说明，看似是与人无关的个体活动，实际上是密切联系在一起的。

当然，追求社会效益标准并不排斥组织、公众以及个体的单方利益，因为整体的社会效益是由单个组织和公众的利益累积、综合起来的。离开了个体，整体也就不存在了。比如一座新城的整体面貌格局，就与城内的工厂、医院、学校、住房、公园、影剧院、图书馆及交通等条条块块上的个体建设和管理密不可分。这里需要强调的是，单个利益固然需要重视、维护，但它始终只能以社会综合利益为前提，受其制约与规范。倘若各行其是、损人利己，那最终会损害社会整体利益，为社会所不容。

社会整体综合利益的内容有许多方面，其中包括社会产品的生产和人的生存环境的改变等，但最基本的是要让每个社会成员都能分享到社会整体发展与进步所带来的益处。这里所说的社会成员，当然包括了公共关系的主体及其公众。

### (二) 公共关系既对自身组织负责，也对公众负责

公共关系既然以社会效益为基本职业准则，就必然地不仅要对组织自身负责，也要对公众负责。公共关系对自身组织负责似乎是题中之意，因为组织是公共关系的主体，其活动理所当然地要对组织负责。然而事情并非如此简单，公共

---

❶ 骨牌效应：通常是指连续发生的一系列事件，其中连续事件发生的时间间隔相对较小。该词也常用来比喻系统内的因果关系。

关系对自身组织负责还有着更深刻、复杂的含义。

所谓对自身组织负责，就是在组织为达到自身目标的运行过程中发挥积极有益的作用。一般说来，任何一个组织的内部分工都是围绕这一中心任务而分别起作用的。而公共关系的特点是立足组织内部而又跨出组织，是从社会整体角度来看问题、做工作的。公共关系对组织负责主要包括以下三层含义。

① 对组织基本任务完成的关切。组织由于其性质不同（如企业性单位与事业性单位的区别）各有各的基本任务，但有一点是共同的，即它们都力求自身的生存和发展。公共关系作为组织的一项职能工作，其目标首先当然应该关切自身组织的生存和发展问题，为维护或塑造它的社会形象尽力尽心，对一切与之相关的事实或信息认真处理。例如，作为一个企业的公共关系活动，它应关切如何收集公众对本组织产品、服务的看法，关切如何有效地将本组织的产品情况、服务措施、生产规划等信息适时地传播给公众。能够关切这一系列问题，并关切如何付诸具体的传播行动，这无疑是公共关系对组织负责的具体表现之一。

② 对由组织行为引起的社会效益问题的重视。除了对本组织的基本任务关切之外，公共关系也应对本组织行为引起的社会效益问题表示关切。因为组织的经济效益只是其行为结果的一个方面，而社会效益正是它的另一方面（任何组织概莫能外）。例如，某农药厂产品销路顺畅，经济效益可观，该厂的公共关系部门在这方面做了不少有益的工作，值得称道。但是他们忽略了生产带来的环境污染问题，引起当地居民的抗议，三番五次与该厂交涉，以致影响了该厂生产的正常进行。该厂公共关系部门显然轻视了环保对企业形象的重要性，以致造成了对本组织的失责。假如他们能适时地关切这一问题，将有关信息上报厂方主管部门，一方面由厂方采取防治措施，另一方面对公众作出必要的解释和道歉，那就两全其美了。同样，对正面的社会效益也应关注，并及时收集信息，以供管理层和有关职能部门部署今后工作参考。

③ 对与组织利益无直接关联的社会公益活动的关切。这类社会公益活动常常指与公众生活有关的一些活动或设施，比如修建风雨亭、援建希望小学、赞助文体活动等，与组织的基本利益没有明显关系，对组织的经济效益也无直接影响，故比较容易被人忽视。其实，公共关系职业人员如能对此类社会公益活动也照样热情关切，那对优化公众舆论、扩大组织影响、树立组织形象是大有裨益的。虽然这方面的作用表现得未必那么直接、明显、具体、迅速，但它所蕴含的潜在效能却非常可观，值得公共关系职业人员重视。组织的公共关系活动如能适宜地主办或开展一些受人欢迎的公益活动，那对提高组织的知名度和美誉度是很有帮助的。

上述三个方面的内容各在不同的层面、视角论述了公共关系对组织担负的责任，它们相互关联、各有侧重，只有将这三方面的工作都做好了，公共关系对组织负责才能说落到了实处。

与对组织负责的道理一样，公共关系对公众负责履行的也不单纯是一般事务性职责，而是一个社会成员对另一个社会成员的社会责任。具体说来，对公众负责并不局限于一般意义上的卖与买、服务与被服务之类的交易，而是有着更为深刻的内涵。对公众负责应体现在对两种公众问题的关切，一是对由组织行为引起的公众问题的关切；二是对与组织行为无直接关联的公众问题的关切。

所谓由组织行为引起的公众问题，就是说这类问题的出现与组织的行为有直接因果关系。例如，某饭店出售变质酒菜给顾客，导致顾客食物中毒，酿成重大事故。这一恶性事故的发生当然与该饭店经营者对公众没有认真负责有关，尽管原因可以多种多样，如员工失职，也可能进货关口把关不严，也可能纯粹是做了坑人的事，但无论什么原因都是一种失职行为。这家饭店被罚是肯定的，重则经理被追究法律责任，轻则声名狼藉，结果都会影响到自身的经济效益。毋庸置疑，组织的公共关系人员无论是从职业道德来说，还是从树立组织形象的目标来看，都必须对由组织行为引起的公众问题予以关切，丝毫马虎不得。

所谓与组织行为无直接关联的公众问题，是指社会公众自身所遇到的各种带有共性的问题。这些问题常常与本组织行为无关，甚至可以越出国界。说距离近的，如某社区的道路、桥梁，或缺乏维护，或年久失修，而社区自身可能缺乏资金无可奈何。说距离远的，如 2005 年 1 月印度洋海啸引发的特大灾难。这些"问题"都不是组织行为引起的。但是，作为一个组织的公共关系从业人员如能主动关切这些问题，并在自己的经济能力或技术力量范围内全力相助，献上爱心，那么将有助于提高组织的美誉度，对自身形象的优化是十分有利的。

总而言之，一个组织的公共关系部门一方面要协助本组织完成自身的既定任务，另一方面又要主动帮助社会公众创造一个和谐、互助的社会环境，只有这样，才能说两头都尽了责。

### 三、公共关系必须遵循实事求是的核心原则

公共关系作为一种传播活动，必须遵循实事求是的原则。一个合格的公共关系从业人员必须把握好三个原则，其一是先有客观事实，后有公共关系，其二是必须全面、深入地掌握事实；其三是必须实事求是地报告事实。实事求是是大原则，是公共关系的一棵常青的生命树。

（一）先有客观事实，后有公共关系

任何组织总是与公众及整体环境处于不断的互动之中，双方总存在着平衡或不太平衡、协调或不太协调的关系。公共关系的任务无非是变不平衡为比较平衡一些，变不协调为比较协调一些。一个基本常识是，总是先有不平衡、不协调的

事实，而后才有变不平衡为平衡、变不协调为协调的公共关系。用哲学语言来说，事实是第一性的，公共关系是第二性的，即先有第一性的事实，后有第二性的公共关系。如果把两者的关系颠倒过来，那么公共关系就变成无本之木、无源之水，是不可靠、不能用的。

公共关系是应用性和实践性很强的一项工作。尽管公共关系十分讲究传播艺术与沟通技巧，但它的开展只能以事实为基础，只能以科学的调查研究、以对事实的掌握为基本条件。一个富有经验的公共关系从业人员首先考虑的不是交流、沟通、劝说的艺术和技巧，而是对事实的及时占有和准确把握。他或她必定通过各种办法收集关于公众情况的事实，掌握关于组织与社会整体环境互动情况的事实，对各方面存在的不平衡、不协调的种种事实可以做到了如指掌。只有到了对事实有如此把握的时候，她或他才能开始思考传播艺术和沟通技巧了。❶

事实常常呈现混乱无序的状态，叫人摸不到头绪、找不到要领。这时就要求公共关系人员仍然不忘事实的重要，同时需要做一番去伪存真、去粗取精、由表及里的筛选工作。例如，某铁路分局在获知旅客对其所属几列客车有意见，但不知到底是什么意见时。他们通过信息汇总后，就将公众意见归纳为三条，一是经常晚点，二是不讲卫生，三是开水供应不够。之后，他们的公共关系工作人员便有针对性地在相关媒体上做了公开检讨，同时召开旅客代表座谈会，并及时地改进了车上的服务工作，做到勤打扫、勤送开水。如此一来，他们在旅客中的形象得到了改善，许多旅客反而交口称赞这几列客车了。

再比如，某一化工厂建在某一社区中，其生产导致了当地水质污染，从而引起当地居民的不满，并强烈要求其拆迁。面对这一局面，该化工厂为维护其生存发展，立即成立一个专门工作班子来处理此事，他们首先从组织自身开始了解事实真相，然后一方面向群众做解释、道歉；另一方面听取群众意见，从公众那里弄清客观要求是什么，再尽力采取必要的治理措施。这一工厂就是在对事实准确把握的基础上，对症下药地开展了公共关系工作，获得了良好的公共关系效果。

（二）必须全面、深入地掌握事实

由于事实是公共关系活动的前提和基础，公共关系人员要掌握事实就不言而喻了。但如何来掌握事实呢？无疑地，既要全面，又要深入。只有这样公共关系的活动才能得到全面、深入地开展。

所谓全面地掌握事实，指的是对事实掌握的宽广度。比如说，某厂家不久前向市场推出了一种家电新产品——洗碗机，但一段时间过去后，此产品的销路却不怎么好，完全出乎该厂对市场的预测。原因究竟在哪儿呢？厂方将这一探寻任

---

❶ 居延安. 公共关系学导论 [M]. 上海：上海人民出版社，1987：91-93.

务交给了公共关系工作人员。为找出这一原因,他们开始了调查,但这种调查不能在小范围内进行,也不能只限于单方面的调查。具体来说,调查不仅要在本地进行,也应在该厂产品已打入的外地展开;不但要调查有关商店的反映,也应重视对消费者的调查。而且对消费者的调查也应有宽广的覆盖面,其中要包括各种职业的用户。另外,调查的问题也应较宽、较广,具体包括调查市场与消费者对产品的性能、使用方法、价格、造型、色彩等多方面的意见。不难想象,该厂公共关系部门能如此全面地进行调查、掌握事实,那他们应该不难找到产品滞销的原因。

所谓深入地掌握事实,指的是对事实掌握的充分度。这实际上也就是指对某件事本身各阶段、各层面的情况有深入了解。例如,某地区商业部门一直是某酒厂的订货大户,但近几年来订货量连续下降,且下降幅度一年比一年大。这一情况引起了酒厂的重视,他们就委派酒厂公共关系部门去了解情况,以求调整双方关系,更好地合作。然而,要真正了解到这一情况背后的真相,不是走马观花、蜻蜓点水式的调查能办到的。因为客户对某一商品的需求标准常有变化,更由于地方经济的发展,本地酒厂所产酒类的品种、质量也在不断提高,加上同行酒厂的竞争(除质量外,还有包装、价格、破损补贴优惠方面的竞争),这些因素集中在一起,就导致了该商业部门对该酒厂订货量的连年滑坡。毫无疑问,如果酒厂公共关系部门不深入、充分地调查到上述一系列的情况,并有针对性地在今后的工作中进行调整,要扭转形象、改变局面是很难的。

要全面、深入地掌握事实,公共关系工作人员在调查、了解有关事实时,就必须杜绝主观随意性,力求客观公正,在广度和深度两个维度上把握好事实。

例如,某服装厂新近推出了一种女式大衣,服装厂公共关系人员受命去收集消费者对其款式的反映。该公共关系人员看样后觉得不错,就带了样品回家征询妻子、女儿的意见,她们也觉得很好。其后,他去有关商店收集购货信息时,听到售货员讲买的人还不多,许多人反复观看、比试后又不买了。对此他没有进行深入调查,而是想当然地认为那些人不识货,审美观念差,自认为他家三人看法一致是很客观的,而销路没打开的原因是广告工作没跟上。显然,此人有着较大的主观随意性,只知其一,不问其二,殊不知消费者除了看样式外,还要看实用价值。许多人之所以比试再三又离柜而去,主要是觉得外口袋太小,不适宜冬季放手套用。显然,如该服装厂仍凭此人的主观意愿继续生产,同时加大广告投入,那势必给厂方造成更大损失。

总而言之,事实不但在本质上决定了公共关系的开展理由,而且在对事实把握的准确上决定了公共关系的开展水平。

(三)必须实事求是地报告事实

公共关系是一个信息传播、沟通过程,一方面将组织的信息向公众进行传播,另一方面将公众的信息反馈给组织,以获得双方的相互了解、相互适应。传播信息这一工作本身并不难,难的是如何实事求是地传播信息。公共关系职业人员必须遵循的又一个基本原则就是实事求是地报告事实。

是否实事求是地报告事实,与组织和公众皆有利害关系。每一个事实的功用都不外乎三种情况:一是对双方都有利,二是对双方都无利,三是对一方有利而对另一方无利。如果是第一种情况,那实事求是地报告事实就不是难事了。比如某市某百年老饭店在获知上级主管部门同意该店恢复老招牌及传统菜肴的信息后,当然会如实而又及时地将该事实传播出去。但如果碰到第二种和第三种情况,传播者就势必权衡利弊、考虑取舍,从而可能影响到事实的真实传播。然而,从职业道德方面着想,为了对社会、公众以及自身负责,应该而且必须实事求是地传播信息。公共关系从业人员必须牢记,信息传播的前提不仅应看其是否符合各家的利益,而且要看其是否有助于人们了解事实真相。因此,即使某一事实的传播会引起对自身利益的损害,那也必须顺应天时、地利、人和,实事求是、有理有节地予以报告。

需要指出的是,我们强调在传播事实时应遵循实事求是的原则,并不是要人们机械地、照抄照搬地执行,而是可以而且应该灵活、辩证地去掌握它、贯彻它。实事求是地报告事实也有技巧可言,在不违反实事求是这一原则的前提下,报告时可以采取不同的时间、地点、渠道、方式,运用不同的传播人、态度、语言、口气。若运用得法,报告不利的事实未必会引出不利的结果,有时还可能获得公众或社会的谅解和同情,出现变坏事为好事的转机。

就第二种情况来说,如果某一事实的如实传播对双方利益皆有损害,那么应该怎样遵循实事求是这一原则呢?以某报为例,鉴于市场纸价、采编费用、图文稿酬与印刷厂工价皆大幅度提高的事实,该报需要提价。这一信息的传播对双方皆不利,报纸提价一方面会导致发行量下降,对经济效益多有不利;另一方面会增加读者的经济负担,对其日常开支有负面影响。毫无疑问,如果只是简单地宣布何时提价、提价多少,其结果必然不是一个皆大欢喜的场面。但这家报社遵照实事求是的原则,历数提价的真实原因,坦承自己在前一段时间为争取不提价所尽的努力及因此而造成的经济损失,最后除道出提价是出于不得已之外,还说在提价后一定在原有质量的基础上,再接再厉、改善服务、回报读者(如新辟栏目、增加版面等)。结果是,该报由于实事求是地报道了事实,使自己的提价之举获得了广大读者的理解。事后统计,尽管订量较以前还是有所下降,但订数仍超过了预先估计。更重要的是,该报在读者中保持了原有的美好形象。

就第三种情况说,信息传播者应如何实事求是地处理对一方有利而对另一方无利的事实。我们仍以商品提价为例。某年初,某食品厂得到上级通知,自当年2月1日起,凡使用糖、蛋为原料的食品皆需提价。当时该厂仓库还储存不少原价购进的糖和鸡蛋，另外还有不少待运出厂的这类食品，如到时按新价销售，该厂无形中会增加很多额外收入。该厂实事求是地向公众传播了这一不利于公众利益的信息。它在市报、省报上登了一条启事，文中明确告诉人们该厂将奉上级通知自2月1日起提高某几种食品价格，同时又说明已生产好的若干食品仍维持原价，售完为止；用原价购进的糖、鸡蛋为原料加工的食品，其价格不提或少提。该厂在传播不利于公众一方的事实时，不但没有违背实事求是的原则，而且借报道这一事实的机会成功地塑造了自己在公众中的形象，不但获得了公众的信赖，而且提高了自身的经济效益。

**四、公共关系以不断创新为灵魂**

一切事物都在发展变化之中，没有变化，发展也就无从谈起。公共关系是植根于现代社会文明基础上发展起来的。然而，现代社会决不会停滞不前，它仍在发生日新月异的变化，继续影响着我们社会生活的方方面面。毫无疑问，为了适应这种不断发展变化的社会，公共关系出于自身的发展需求，也必须不断创新，方能永远保持勃勃生机。正是出于这样一种认识，我们才明确提出不断创新是公共关系的灵魂这个理念。它同样是公共关系的一个重要原则。

（一）观念的创新是决定性的创新

以前人们常说"四个现代化，关键是观念现代化"，又说"改革，改革，首先是观念改革"。这确实很有道理，也符合客观实际。试想如果我国至今不能放弃"以阶级斗争为纲"的旧思维，而代之"以经济建设为中心"的新观念，我们国家能发生这么大的变化吗？事实上，公共关系学能在中国兴起、发展，本身就是人们观念创新的产物。当然，公共关系的继续发展，仍取决于观念的不断创新。没有创新，公共关系也就失去生命力了。

公共关系如何体现观念上的创新，这是一个较大的课题，但完全可以集中到一点讲，那就是公共关系的开展一定要顺应历史发展潮流，要分析新情况、研究新形势、解决新问题。只有这样，我们的观念才能不断创新，进而推动公共关系实践和理论的发展。世界经济进一步一体化、网络经济迅速发展等新情况的出现，都促使公共关系部门必须进行观念创新，以寻求新的发展。观念的滞后和保守，将势必造成一步被动、步步被动的不利局面。

（二）方法创新是提高工作效率的保证

做任何事情都要讲究方法，有了好的方法就能事半功倍，反之就会事倍功半。公共关系是一项新型的事实，公关工作又是与各种各样的人打交道，其工作自然也就更重视方法问题。因此，为了提高公共关系工作的效率，其工作方法的不断创新也就意义重大了。

公共关系工作方法的创新主要应立足于这样一个基点，那就是充分发挥人的主观能动性，有效利用现代科学技术及产品。只有如此，才能在工作方法上不断创新，并切实提高工作效率。

公共关系的重点是传播信息，沟通组织与公众间的关系，塑造组织的良好形象。信息的传播与沟通，追求的是快捷、灵通、有效，但如仅仅停留在过去那样只是简单地利用大众媒介及自控媒介，就很难达到最佳效果。作为公众，他们对与自己相关的信息，自然也期望先睹为快、先听为喜。所以，公共关系部门就应主动地利用一切可以利用的传播工具及技术，最大限度地提高工作效率。事情总是需要人去做的，只要充分发挥有关人员的主观能动性，并有效运用管理学、心理学、传播学、社会学等方面的知识原理，工作方法就能不断创新，从而为公共关系工作的开展创造一个又一个新天地。

### （三）内容项目创新是公共关系的活力所在

公共关系工作面临的是各种各样的公众，而随着社会的不断进步，公众的情况又会发生相应的变化。毫无疑问，如何适应这种变化，不断地调整或变更有关工作项目、内容，也是公共关系如何开展的一个重要课题。

按照以往的经验，公共关系工作的开展一般都是做接待、开座谈会、发布新闻之类，这本身当然没有错，但问题是这种类似"老三篇"的工作内容或项目，已不大容易得到公众的热情配合，人们对它的兴趣已不像开始那样高了。同样的道理，流于形式的公益活动，也很难取得有效的成果。此外，一成不变的服务项目或内容，也同样吊不起公众胃口。在这方面，其实还大有文章可做，关键是要精心策划富有新意的工作内容与项目，不断地激发公众的兴趣与热情，从而使公共关系工作做得有声有色。

如何在工作内容项目上推陈出新，关键在于要适合时代的变化，要研究公众不断变化的各种消费或服务需求。毫无疑问，从自身组织利益出发，组织的公共关系部门理应不断设计推出新的经营项目或服务内容。近几年来，曾在我国公共关系实践和理论领域发挥过先驱作用的城市，如上海、深圳、北京、广州等，又连出新招，先后开设了各种特色经营店家，如陶吧、玩具吧、球迷吧等，受到许多感兴趣的公众欢迎。

总而言之，只要心中时刻有公众，并适时为他们不断推出新的服务项目、内容，那么公共关系就能永葆活力，青春常在。

# 第三章
# 公共关系的构成要素

公共关系的三大基本要素是：主体、客体和中介。它们是开展公共关系活动必不可少的三个重要组成部分。本章主要介绍其中的两大基本要素，即公共关系的主体和公共关系的客体。

## 第一节 公共关系的主体

主体是指事物的主要部分，在一个复杂事物或系统中起主导作用的某个方面或部分。公共关系的主体有广义和狭义之分，广义的公共关系主体是指由人所组成的社会组织。社会组织作为公共关系的主体，是具体公共关系功能的执行者。任何一个社会组织都是在一定的社会系统中存在，都要和社会中的其他组织、公众、个人之间发生各种各样的联系，都需要产生公共关系的行为。作为公共关系主体的社会组织，由于功能不同，其公共关系的形式、内容和要求也不一样。因此，了解和认识不同类型的公共关系主体，能够有利于公共关系从业人员制订公共关系计划，开展公共关系活动。狭义的公共关系主体是指具体执行公共关系工作职能的机构及其工作人员。现代组织公共关系职能的专业化分工，产生了专门从事公共关系的机构以及专业的公共关系人员。这些专业的机构和专业人员在从事公共关系活动时，能够充分运用专业方面的优势，提高公共关系活动的效率。

### 一、广义的公共关系主体：社会组织

（一）社会组织的含义

社会组织是人们为实现某种特定的目标，按照一定的原则、程序和制度建立起来的社会群体。社会组织和家庭、邻里等自然形成的群体有着明显的区别。社会组织有着明确的目标和确定的职能，社会组织的成员内部有明确的分工，是一个不断运动的有机体，它随着组织周围社会环境的变化而变化。社会组织有大有

小，大到一个国家，跨越国界的国际性组织，小到一两个人组成的企业。

作为社会活动中占重要地位的社会组织，一般由以下几个要素构成。

(1) 明确的目标和使命

社会组织在成立之前首先要明确组织的目标，确定组织的使命。例如，企业的目标是追求经济效益的实现；学校的目标是为社会培养合格的人才；军队的目标是为维护国家的安全等。没有目标和使命，社会组织就失去了存在的依据，也就没有存在的必要。

(2) 维持组织存在的规章制度

社会组织内部各个部门之间、人员之间的活动需要按照约定的规章制度来开展，规章制度的作用是为了确保组织目标和使命的实现。没有规章制度，社会组织的行动就会缺少一致的方向，无法实现组织成立时确定的目标和使命。

(3) 人员和物质条件

组织内部的所有活动都需要由具体的个人来执行，组织内部人员按照一定的规章制度开展活动，才使得组织显示出活力和生命力。除了一定的人员之外，社会组织还需要有基本的物质条件，例如基本的办公场所、厂房、车间及维持组织活动的技术设备。

(4) 健全的组织活动

为了实现组织的目标，社会组织必须开展正常而健全的组织活动，衡量组织活动是否健全的标准包括：①组织架构及管理层次清晰，即根据组织结构管理原理设立的专业化职能部门之间无职能重复和交叉，管理层次简明。②授权和分权适度。组织权力的授予和分配符合组织正常运行的需要。③人力资源管理和开发系统化。④组织文化建设正常开展。⑤组织具有推动组织变革，强化社会组织整体创新的能力。

(二) 社会组织的类型与公共关系

按照不同的标准，社会组织的类型是不同的。从性质上讲，社会组织分为政治组织、经济组织、军事组织、文化组织等。从形式上讲，社会组织可以分为正式组织和非正式组织。从营利上讲，社会组织可以分为营利性组织、非营利性组织和政府性组织。这里的政府性组织是指为社会各界公众服务的各级地方政府等。对社会组织进行类型划分的目的是更好地开展公共关系活动，以公共关系活动应用的对象为标准，社会组织可以划分为以下几个类型。

(1) 政府组织

政府，即国家行政机关，是国家权力的执行机关，它对国家的各方面事务具有指导、管理、服务、协调、监督、保卫等基本职能。各级政府部门作为公共关系主体，应有效地实施各种管理，争取广大公众的信任和支持，这对形成稳定、和谐的社会政治局面，构建良好的公共关系是至关重要的。在现代社会，公共关系学在政府部门已得到广泛应用，政府公共关系已成为政府管理工作的重要组成部分，成为政府与公众充分沟通和协调内外关系的强有力的手段。

政府组织公共关系工作主要体现在两个方面。其一是积极主动并有计划地收集信息。这包括广泛开展各种形式的民意调查，倾听公众的呼声，接受群众的监督。因此，这就需要建立规范的信息反馈制度，设立专门的调查统计机构，使信息收集、分析处理工作做到科学化、专业化、定期化。其二是及时、准确地传播信息。这主要是指政府应有效地利用各种信息传播媒介和渠道及时向社会公众提供公众舆论普遍关注的信息，宣传政府的工作方针和政策等。

（2）制造企业组织

制造企业目前有两大类。其一是现代制造企业，是指用高新技术和先进适用技术武装起来，实行新型的企业管理结构和管理体系的现代化企业。其特点是优势突出，竞争力强，经营效率高。其二是指传统制造业。两者最大的区别就是投入要素的不同。传统制造业以自然资源为投入要素，现代制造业以知识和技术为投入要素。现代制造业是一个国家进一步扩充经济总量，提升综合实力和竞争能力的支柱性产业，将为解决国家经济总量不足的问题做出新贡献。

我国的制造业曾经经历了几起几落的发展历程。现代制造业作为一个独立运作的经济实体，必须依靠盈利维持自己的生存与发展。因此，制造企业需要开展公共关系工作，构建良好的公共关系环境来帮助企业达到盈利的目的。制造企业只有认清自身公共关系的特征，有效地开展公共关系工作，才能使自己在激烈的市场竞争中永远立于不败之地。

（3）商业、服务业组织

商业组织是以销售物质商品来满足顾客需求的经济实体，包括批发商、代理商和各类商场、商店等组织。服务业组织则是以提供劳动服务来满足顾客需要的经济实体，包括酒店、宾馆、旅行社等。商业组织与服务业组织的一个共同特点是以工作人员与顾客的直接接触来开展经营活动。因此，在商业、服务业组织的公共关系活动方面，需要做到：①确立优质服务、顾客至上的信条；②捕捉有利时机，大力对外宣传；③重视员工关系，满足员工的需要。这样才能确保商业、服务业组织的生存和发展。

（4）事业组织和社会团体

事业组织通常是指那些由政府出资设立的满足社会某种需要的专门机构，如学校、图书馆等。社会团体是指具有共同利益需求或背景的人们为实现某种社会理想自愿结合而成的一些非营利性组织，如专业学术团体、宗教团体等。

事业组织和社会团体由于其本身的非营利性特点，其公共关系协调除了具有与其他社会组织共有的特征（如树立自身良好形象、积极扩大社会影响）外，还要确立一种良好的社会认知及道德楷模的形象，以自身的行为积极影响社会舆论等公共关系目标，达到既可使社会公众受益，又可扩大组织自身的影响，并能通过与社会公众的有效沟通得到更多的理解和支持。

## 二、狭义的公共关系主体：公共关系组织机构及从业人员

公共关系组织机构有三种类型：专业的公共关系公司、社会组织内部的公共关系职能部门和公共关系社团组织。公共关系组织机构内的从业人员是指从事公共关系行业的专门人才，从公共关系专业发展的进程来看，公共关系机构的从业人员逐渐成为公共关系行业发展的生力军，其专业素质和专业水平显著提高。

（一）专业的公共关系公司

专业的公共关系公司是专门在某一领域从事公共关系业务的公司，根据不同的服务内容和服务对象，专业的公共关系公司又可以划分为不同的类型。

（1）行业性公共关系公司

行业性公共关系公司是专门针对某一具体的行业开展公共关系活动的，如专门为财经行业服务的公共关系公司。随着我国股权改革的推行，专门从事财经类公共关系服务的公司将得到迅速发展，财经公共关系不仅能够起到降低对价成本及融资成本的作用，而且还能使上市公司的发展战略得到投资者的认同。又如，罗德公共关系公司中国医药部专门为医药行业提供公共关系服务。其成员中有两名具有医药背景，他们从非处方药公共关系活动到药品顾问委员会设立，以及医生教育和政府项目策划，在多个项目领域向客户提供服务。

（2）专项业务公共关系公司

专项业务公共关系公司是专门针对某一特殊的公共关系业务开展服务的。如公共关系礼仪公司，专门为社会各种组织机构提供礼仪、庆典方面的服务。服务项目有：整体策划、舞台、灯光、音响、演出、舞美设计、充气彩虹门、升空飞艇、小气球造型、异型卡通玩偶（可行走）、庆典花篮、礼仪小姐、舞龙舞狮、电声乐队、放飞吉祥鸽、放飞小氦气球、各种彩旗、条幅（巨幅、彩幅）、礼品、灯箱、装饰墙制作等。专项业务公共关系公司和行业性公共关系公司的区别在于，行业性公共关系公司往往只为某一固定行业的组织机构提供公共关系服务，服务的内容涉及该行业公共关系业务的各个方面。而专项业务公共关系公司服务的对象则是跨行业的，服务的业务内容则是单一的、专门性的。

（3）综合类公共关系公司

这类公司是前面两种类型公共关系公司的结合。拥有为客户提供各类公共关系服务的专家顾问，为客户决策提供参谋，同时，又能为客户提供各种公共关系

的技术服务。这类公共关系公司的规模相对比较大。

目前,公共关系公司与广告公司在某些领域,特别是客户传播方面开始出现融合的趋势。国外从 20 世纪 50 年代开始就存在这种公共关系公司与广告公司合并的趋势。许多公共关系公司是广告公司的分公司,也有的公共关系公司兼有(商品)广告业务。

### (二) 社会组织内部的公共关系部门

社会组织内部公共关系部门的名称和存在的形式在不同组织内部各不相同,据对国外组织中公共关系机构名称的不完全统计,使用得比较多的称呼有:公共关系部 (Public Relations Department),占 47%;公共事务部 (Public Affairs Department),占 16%,公关信息部 (Public Information Department),占 11%;传播沟通部 (Public Communication Department),占 8%;公关与广告部 (P. R & Advertisement Department),占 5%。其他的称呼还有"公关策划部""传播企划部""市场推广部""公关宣传部""公关联络部""公关与新闻办公室""公关与开放办公室""社区关系部"等,可谓五花八门。❶

在公共关系的理念还没有传入我国时,许多组织的公共关系职能是分散在其他职能部门中的。如总经理办公室(行政办公室)、宣传部、调研室、秘书处、外事办等,均承担部分公共关系职责。公共关系这一概念逐步被人们了解后,才开始出现专门的公共关系职能机构。公共关系机构的名称在国外已经沿用了 90 多年并得到世界性的理解和接受。目前,我国的公共关系组织在规范自己的公共关系行为和职能时,逐步与国际性的概念和名称"接轨",❷ 专门的公共关系职能机构在企业中已经屡见不鲜。

1. 公共关系职能机构的设置原则

各个组织在设置公共关系职能部门时要充分考虑本组织的具体情况,不能盲目跟风,机构的设置要从长远的组织发展的角度进行考察,基本的设置原则如下。

(1) 一致性原则

在设置公共关系职能部门时,其战略和规划要与组织的长远发展战略及中短期发展规划相一致,部门设置能够在公共关系领域对组织的发展有推动作用。公共关系部门人员应熟悉、理解、认同组织文化和企业发展战略。否则,设置的公共关系部门在开展公共关系工作的时候,会因为不了解组织情况,不熟悉组织业务和发展战略,使公共关系工作对组织发展产生负向作用和不良的

---

❶ 王培才. 公共关系 [M]. 北京:中国科学技术出版社,2003:24.
❷ 王培才. 公共关系 [M]. 北京:中国科学技术出版社,2003:25.

社会影响。

（2）赋权原则

设置公共关系部门，要给予部门负责人充分的信任和权力，能够参与组织的决策，对组织的重要决定有发表意见和建议的权力，而不是将公共关系部门仅当作一个参谋部或者咨询、研究部门。有的组织及其员工，认为公共关系就是拉关系、走后门，这种不正确的观念导致公共关系部门在组织内部处在非核心职能部门的尴尬地位，使得公共关系在组织发展中的作用无法得以真正体现，因此，对公共关系部门的赋权应该落到实处。

（3）协调原则

公共关系部门和其他部门之间的职责分工要协调一致，公共关系部门内部的专业人员和其他部门的工作人员之间要协调一致。这样，公共关系部门才能充分发挥专业职能，为组织树立起良好的形象。

2. 公共关系职能部门的基本工作内容

（1）组织信息情报的收集与分析

全球化时代和信息社会的来临，使得任何一个组织都要时时刻刻了解和组织相关的信息。公共关系部门需要通过市场调查、文献资料收集和分析、报刊检索、网络信息检索等手段，了解与组织发展相关的一切信息。信息收集主要包括以下几个方面的内容。①社会形势分析与预测。了解社会政治、经济、文化、科技的现状，分析未来的发展趋势，按照科学的分析方法，找出对组织发展有重大影响的社会趋势，为组织制定长远的战略提供第一手的分析材料。②组织形象资料收集。了解外部公众对组织的方针、政策的解读情况，为组织行为评估和领导决策提供依据。③竞争对手情况分析。了解组织的竞争对手的发展情况，收集相关数据，提高组织在现代社会中的竞争力。

（2）组织的宣传和信息沟通

公共关系部门负责向公众宣传、解释组织的有关政策，说明组织的行为，让公众能够充分了解组织的发展情况，以获取对组织的理解、信任和支持。公共关系起着类似于"外交官"和"喉舌"的作用。常见的具体工作有：承接组织的新闻发布会，组织各类参观和展览，组织联谊会，组织各种专题活动等。特别是在组织面临危机事件期间，尤其需要公共关系部门发挥重要的沟通、解释作用，以挽回损失，重新树立组织的良好形象。2005 年，我国连续发生了数起著名企业的食品质量问题，这时，公共关系部门的作用显得尤为突出和重要。

（3）增强组织成员的公共关系意识

组织形象的维护和树立不是仅靠公共关系部门就可以实现的。实际上，组织的每一个成员都应该是组织良好形象的树立者和维护者。一方面，公共关系部门利用各种机会向组织全体成员介绍本部门的工作，宣传公共关系知识；另一方面，公共关系部门也需要和人力资源部门或其他相关部门进行合作，对全体组织成员开展公共关系的知识培训，提高全体成员的公共关系意识，让组织成员认识到，人人都有与公共关系相关的责任和义务，在各自的岗位上开展工作时，要时时刻刻注意维护组织的良好形象。

3. 公共关系部门的设置模式

公共关系部门的设置有不同的模式，根据组织类型的不同，在设置公共关系部门时，方式也不太一样，常见的有三种设置模式，具体如下。

（1）组织最高领导直接负责型

公共关系部门由组织最高领导直接负责，并可以代表最高领导和其他部门进行沟通。这一设置类型说明该组织需要更多地和社会、公众进行信息的交流和沟通，公共关系在组织内起着相当重要的作用。这样的设置使得公共关系部门具有较大的灵活性和决策权，组织在公共关系方面的发展不容易受到其他因素的干扰，能较好地保持一贯性和稳定性。组织领导人也能随时了解组织形象的建立、维护和发展情况，在组织和外界沟通发生危机时，能有助于领导层做出迅速、透彻的阐述。最高领导直接负责制本身也说明组织对公共关系的重视，对于树立全员公共关系意识起到间接的促进作用。

（2）其他职能部门并列型

其他职能部门并列型是指公共关系部门和组织内的其他部门如人事部、财务部、业务部等，处于同样的平等地位。一般情况下，较大规模的组织如大企业倾向于采用这种设置方法。我国也有一些组织是将原有的职能部门进行合并和重组，将原先的宣传部门、接待部门等具有部分公共关系职能的部门合并为公共关系部门。其他职能部门并列型的设置模式，是将公共关系部门置于组织内部的二级管理部门，公共关系部门的负责人拥有较大程度的自主决策权，能够独立开展组织的各项公共关系活动。这种模式既强调了公共关系职能的重要性，又有利于充分利用组织内部原有的资源，是一种较常用的设置模式。

（3）部门隶属型

部门隶属型是指公共关系部门归属于组织内部某一部门管理，与其他职能部门相比，处于低一级层次。一般情况下，公共关系部门隶属于某一经常需要对外沟通联系的业务部门，如隶属于行政部门、营销部门或者广告宣传部门。当隶属于行政部门时，组织的公共关系职能弱化成临时性的工作，在某一阶段需要开展公共关系工作时，公共关系活动会成为工作的重点，在不需要的时候，则会处于停滞状态，这时组织的公共关系工作会缺少连续性和一贯性，同时信息收集与分析的职能就很难发挥作用。隶属于营销部门时，公共关系职能的重点会转向组织的促进销售方面，与组织内部和外部公众的信息沟通则会有所减弱。隶属于广告或宣传部门时，公共关系职能的重点转向对组织的宣传和外部信息的沟通，而忽视信息的收集与分析。总体而言，公共关系部门隶属于其他的任何部门，都会削弱公共关系的整体职能。

关于公共关系部门的设置模式，在具体的实践过程中，不同的组织采用的做法也不完全一样。就组织充分发挥公共关系职能这一角度考虑，最优的做法是采用最高领导直接负责的设置模式。西方国家特别是美国更倾向于采用将公共关系置于管理领导层和各个管理部门之间的方式，即高于各个管理部门。这样，能够直接向最高领导层汇报工作、提出建议；同时，通过对其他管理部门的关注，用向上反映建议的方式来间接地获得其他部门的非正式的职权。

4. 公共关系职能部门的优势和劣势

组织内部的公共关系职能部门和专业的公共关系公司相比有着独特的优势，同时也有着明显的劣势，了解其优势和劣势，将有助于更好地发挥优势，取长补短，做好组织的公共关系工作。

公共关系职能部门的优势主要体现在以下四个方面。

① 熟悉组织情况，容易抓住问题症结。公共关系职能部门长期在组织内部开展工作，对组织的内部发展情况、人员配置情况、组织业务开拓情况非常熟悉，在开展公共关系活动的时候，能够透彻地阐述问题的症结，对于需要及时解决的问题，能够争取时间，以最快的速度做出反应，解决问题。

② 工作的连续性能得到保证。公共关系职能部门一直在围绕组织开展公共关系工作，而且，从事公共关系工作的人员也相对比较固定，因此，对于组织的公共关系开展情况比较熟悉和了解，在开展工作时，能够把握原有的工作重点和工作内容，使得公共关系工作的连续性得到保证。

③ 公共关系工作的全面性。公共关系职能部门在组织内部长期存在，和公共关系专业公司相比，能随时随地在组织内部发挥作用，对于组织内的公共关系事务不管大小、缓急，均可以在最短的时间内纳入工作计划。同时，对于组织内部的公共关系工作也能有计划地展开，这一点是专业公共关系公司不太容易做到的。

④ 符合组织所处行业的特点，熟悉本行业公共关系工作的流程。不同的组织类型采取的公共关系活动方式大不一样。公共关系职能部门长期在本组织所处的领域开展公共关系活动，积累了较丰富的工作经验，熟悉本行业的工作流程，专业化的程度较高。

公共关系职能部门的劣势主要体现在以下两个方面。

① 公共关系职能部门过多注重本组织的利益。公共关系职能部门属于特定组织，在开展公共关系活动时，往往倾向于为本组织的利益服务，容易偏袒本组织而忽视公众的利益，从而损害本组织和公众的关系。

② 公共关系专业性的广度和深度不足。虽然公共关系职能部门熟悉本组织的相关工作流程和公共关系活动的开展方式，但是一旦面临重大的、复杂的公共

关系问题，因受视野和专业技术的局限，将难以胜任。公共关系职能部门和公共关系专业公司相比，在开展公共关系活动的广度和深度方面有所欠缺。

公共关系职能部门容易受到非专业因素的影响。公共关系职能部门本身受组织的领导，在开展公共关系活动时，容易受到一些非专业因素的影响，如领导的个人意见或者其他组织成员的意见，往往会左右公共关系职能部门的决策，从而影响到公共关系活动的公正性和客观性。

### （三）公共关系社团组织

公共关系社团组织是指成员自发组织起来的，不以营利为目的的从事公共关系相关领域的理论研究、实务活动和行业交流的社团组织。常见的公共关系社团组织有：公共关系协会、公共关系学会、公共关系研究会等组织。

国际公共关系协会有：国际公共关系协会、新加坡公共关系协会、美国公共关系协会、英国公共关系协会等。

（1）公共关系社团的特征

① 自愿性。公共关系社团的成员均是自愿参加的，自愿性体现在：一是加入公共关系社团是自愿的，没有强制性的法律、法规规定必须加入某一社团。二是成员可以自主选择退出已经加入的社团。

② 非营利性。公共关系社团的主要目标是为社团成员和公共关系行业的发展提供服务，营利不是公共关系社团的目标，其收入主要来自会费收入、个人或组织捐赠、其他活动的收入等，但这些收入必须用于本社团的活动开展而不能为个人获取私利。

③ 组织性。公共关系社团是按照国家规定成立的合法团体，必须要有组织的章程，成立要符合国家的相关规定，并定期接受相关管理部门的管理。成员开展活动要遵循社团的规章和制度，并按时缴纳会费。

（2）公共关系社团的类型

① 综合性社团。主要是指在某一地区内成立的公共关系社团，为该地区的公共关系组织的发展提供指导、交流、教育和服务。例如中国国际公共关系协会以及地方性的公共关系协会（如上海市公共关系协会）就属于综合性的社团。

② 学术性社团。以从事公共关系学术研究为主要目的的公共关系社团。我国公共关系行业的活动，离不开专门从事公共关系学术研究的教学、科研人员对公共关系理论、实务的总结和推介。对国际公共关系发展状况的研究，对国内公共关系实务的总结是学术性社团的主要工作目标。

③ 公共关系联谊社团。以公共关系从业人员为主要成员组成的社团，如公共关系同学会、公共关系从业人员联谊会等。相比于前两种社团，公共关系联谊社团更多地注重成员之间的感情联络、信息沟通、个人交流等。

(3) 我国主要的公共关系社团组织

① 中国国际公共关系协会。中国国际公共关系协会（CIPRA），是具有社团法人地位的全国性涉外专业组织，成立于1991年4月，总部设在北京。协会的宗旨是：让世界了解中国，让中国走向世界。

② 上海市公共关系协会。上海市公共关系协会是1986年11月在中国率先成立的第一家公共关系协会，拥有政府相关部门、企事业单位和专业公关公司等200余个会员单位。

(四) 公共关系从业人员

公共关系从业人员作为公共关系主体的一部分，承担着具体的公共关系活动，其人员的素质高低，直接决定了公共关系活动的成败。公共关系从业人员应具备的基本素质如下。

(1) 职业道德修养

公共关系从业人员代表组织和公众进行信息的沟通和传播，工作过程中的言行举止直接代表了组织的形象，而言谈举止的好坏和公共关系从业人员的职业道德修养密切相关。一个良好的公共关系工作人员，其职业道德修养应该体现为：①实事求是，正确传播。真实是公共关系工作的生命所在，实事求是是对公共关系人员的基本素质要求。传播中的"正确"，体现在信息来源的可靠性、信息内容的真实性、传播意图的明确性以及传播方式的公开性上。②平等待人，热情诚恳。公共关系人员面对公众时，不管对方是什么人，不管他所从事的是什么职业，都应该一律平等对待，同时要做到热情而不轻浮，大方而不粗俗，幽默而不油滑，自重而不高傲，自信而不固执，灵活而不失立场，坦率而不失原则。③客观公正，正直无私。公共关系人员必须客观地分析、评论问题，所提建议也必须合理、合法、正直无私。不能为了迎合领导层而专门报喜不报忧，或者为了达到个人目的，违背公正的原则。④宽容大度，谦和不骄。公共关系人员在遇到紧急情况或者尖锐矛盾的时候，要有宽广的胸怀，不计较得失，对待同事、同行、新老客户要态度谦逊，取得成就时要乐于和大家分享。

(2) 专业知识能力

专业知识能力是指公共关系人员运用科学的公共关系技巧和方法发现问题与解决问题的能力。专业知识能力首先表现为熟练掌握公共关系专业的基础理论知识及实务方法，并加以灵活运用的能力。其次还表现为掌握相关学科领域的基本知识并加以灵活运用的能力。相关的学科有政治学、经济学、社会学、心理学、计算机基础知识等。最后，专业知识能力还体现在学习能力上。公共关系人员需要不断对公共关系活动的具体实践进行总结和归纳，在实践中学习，同时要及时接受新的专业知识，掌握专业领域最新的发展方向。

（3）人际沟通能力

公共关系活动最终是通过人与人之间的信息沟通来实现的，人际沟通能力是公共关系从业人员的基本素质之一。人际沟通能力首先是要有良好的语言表达能力，能够将重要的信息以合适的语言表达方式向公众进行传递。这里的语言表达既包括口头语言也包括书面语言。其次还要有良好的人际交往能力。公共关系人员面对的是不同性格、不同文化背景、不同年龄的公众，在和公众进行工作交往时，要能针对不同的公众，采用对方能够认可的沟通方式，才能建立起一个合作、宽松、融洽的工作氛围，有利于公共关系活动的开展。

（4）组织协调能力

公共关系活动的开展涉及的相关部门很多，特别是一些大型的公共关系活动，往往要有很多人员的配合和参与。组织协调能力体现在将各个不同部门、不同人员组织起来，有条不紊地开展工作的能力。如果协调能力差，公共关系活动将会呈现混乱无序的状态，影响公共关系的效果。

# 第二节　公共关系的客体

公众是公共关系的客体。公共关系活动效果的好坏最终是由公众的态度和行为决定的，因此对公众的基本含义、行为特征的了解，有利于针对性地开展公共关系活动，有利于公共关系效果的及时评估，有利于组织公共关系目标的顺利完成。

## 一、公众的含义与特征

公众是公共关系传播对象的总称，是和公共关系主体发生相互影响的个人、群体或社会组织。公共关系活动中所称的公众，和日常生活中理解的公众有所不同。日常生活中的公众是指社会上的大多数人，其内涵和外延要远大于公共关系学中所指的公众。公众的特征具体表现为以下几个方面。

（1）共同性

公众是由不同的个人、群体或者社会组织组成的，之所以成为公共关系的客体，是因为这些个人、群体或社会组织之间有着某种相同的利益纽带，存在着一些共同点，如共同的问题、共同的兴趣、共同的需求、共同的目标等。这些共同点使得公众和公共关系的主体之间发生了各种不同形式的联系，双方互相影响、互相作用，公众受公共关系主体的行为、决策的影响，同时公众对公共关系主体的态度及反应也反过来制约组织的决策和行为。

（2）多样性

公众虽然有着某些共同点，但是公众的组成成员之间又是互不相同、形式多样的个体。这种多样性的特征首先表现为存在形式的多样性。公众可以由个体、不同的群体、不同的组织一起构成。公众可以是一个松散的联合体，因为对某一共同点的关注组成了公共关系的客体；公众也可以是一个严密的组织，或者是两者的结合体。其次，公众的传播和沟通方式存在多样性。正因为公众组成成员的多样性，针对公众的传播和沟通方式，必然要考虑不同的接受方式和方法。最后，公众的目标和需求的层次存在多样性。虽然公众存在着共同点，例如，共同的问题、兴趣、需求、目标等，但在对这些共同点关注的层次方面，不同的个体之间、不同的组织之间有着不同的要求。

（3）变异性

公众一旦形成以后，不是一个一成不变、固定封闭的系统，而是处于一个不断变化的过程之中，公众的思想、观念、态度和行为也在不断地发生变化。这些在开展公共关系活动时必须充分考虑到。例如，营利性的企业所面对的公众，对企业产品的要求在某一时段是以产品质量为主，当产品进入成熟期后，又会转向更高层次的要求，如追求产品的款式要新颖，售后服务要及时等。另外，组织自身发展战略、短期计划的调整，也会对公众产生影响，针对不断变化的公众开展相应的公共关系活动，是一个基本的原则。

（4）心理性

公众是由有丰富心理活动的人组成的，其心理状态经常影响公众的判断与行为，使之表现出强烈的心理变化。公众心理是公众的社会经历、需要、动机、态度、情感、兴趣、个性的综合反映，直接从根本上支配着公众的行为，良好、愉快的心理状态，可以直接促使公众采取合作性、友善性的行为。而愤怒的心理状态，即使社会组织与引发愤怒的因素无关，公众也很难给予合作支持。公众的心理性方面表现出的特点，使得组织在开展公共关系活动时，要注意对公众心理的把握，分析公众心理的特征，有针对性地开展公共关系活动。在面对处于愤怒状态的公众时，特别要注意避免有加剧对方愤怒状态的行为，要采用适当的方法进行疏导；同时在日常的公共关系活动中，要注意培养公众愉快、合作的心理氛围，建立长期的维持体系。

## 二、公众的类型

对公众类型的科学划分和了解，是开展公共关系调查的基础。按照不同的标准，公众可以被划分为各种不同的类型。

1. 内部公众和外部公众

按照公众与社会组织的归属关系，可以将公众划分为内部公众和外部公众。内部公众即组织的全体成员，包括组织的员工、组织的股东（投资者）。内部公众是组织生存和发展的核心力量，与组织的关系最为密切，是组织运行和发展必不可少的中坚群体。组织针对内部公众开展的公共关系活动，是全部公共关系活动的基础。很难想象，一个组织在内部公共关系活动都无法取得成功的情况下，组织对外的公共关系活动如何获得成功。维持组织内部公众的良好氛围，促进内部公众对组织发展战略和目标的了解，是公共关系活动的首要任务。例如，美国迪士尼公司非常注意处理员工关系，他们的宗旨是：使员工有高度的满足感。公司把每一位员工都称为"主人"，如"饮食主人""保安主人""市容主人"等，为的是增强员工的使命感，让游客有宾至如归的感受。公司不像其他大企业那样日常称呼先生、小姐，而是彼此称呼名字，不分等级，令游乐场充满友善和无拘无束的气氛。对顾客而言，公司员工就是公司的化身，如果员工心境不佳，视工作为糊口，终日板着面孔，无疑是自绝客路，受损害的是公司自己。相反员工对身为迪士尼一分子感到骄傲，热爱工作，善待游客，迪士尼公司的业务就会发展。❶

外部公众即组织内部公众以外的和组织发生相互影响的个人、群体或社会组织。常见的外部公众有：消费者（顾客）、社区居民、社会名流、行政管理部门、相关媒体人员（如记者）、同行业的竞争者、合作的个人或组织等。这类公众的人数多、范围广，而且他们也不像内部公众那样与社会组织关系密切，但他们与社会组织有这样或者那样的利害关系。他们是组织公共关系的重点工作方向，组织的声誉和良好形象最终需要由外部公众来加以确定。因此，和组织外部公众保持一个长期的、双向的、渠道畅通的信息传输沟通网络是必不可少的一项工作内容，特别是出现不利于组织形象的事件发生时，需要各个外部公众的理解和支持，需要及时的信息反馈和处理，这些有赖于日常公共关系信息渠道的建立和畅通。

2.非公众、潜在公众、知晓公众、行动公众

根据公众与组织之间相互关系的发展阶段，将公众划分为非公众、潜在公众、知晓公众和行动公众四个类型。

（1）非公众

非公众指和组织不发生相互影响的个人、群体或组织。非公众不是组织公共关系的对象，在开展公共关系活动的时候可以不纳入活动的范围，对非公众的确定，可以避免浪费，减少公共关系活动的盲目性。但是，非公众不是绝对的、一成不变的，随着组织环境和组织发展的变化，非公众也会成为组织的潜在公众或者行动公众。

（2）潜在公众

潜在公众也称为隐蔽公众、未来公众。是指在组织活动中，可能在未来发生影响的个人、群体或组织，是未来组织公共关系活动要加以考虑的对象。由于某一事件的出现，使得某些人群和组织形成了某种利益关系，而其自身尚未认识到

---

❶ 何猛修.现代公共关系学——理论与技巧［M］.上海：复旦大学出版社，2002：52.

这种利益关系，暂时还没有对组织形成影响。随着时间的推移，影响最终会出现。针对潜在的公众，组织需要制定未来的公共关系方案，积极引导事件向好的方向转化。发现和关注潜在公众的能力，也是体现组织公共关系活动水平的一个方面。所以组织要密切注意潜在公众的态度和意向，通过有效沟通引起注意、诱发兴趣、激发动机、促成行动。

（3）知晓公众

知晓公众是由潜在公众发展而来，指已经知道有关组织的信息，对该组织感兴趣并迫切需要了解有关信息。知晓公众是组织公共关系活动不可回避的对象，如果组织不及时传递相关信息，知晓公众可能会改变已有的对组织形象的看法和态度，或者直接采取相应的行动。特别是在组织的危机事件发生后，如果不迅速采取措施，提供有关信息，扭转不利的负面形象，知晓公众可能会接受负面的信息，成为组织的反对者，继而演变成行动公众。

（4）行动公众

行动公众是知晓公众进一步发展的结果。公众在了解了组织的相关信息后，开始表达意见，采取实际行动，要求组织解决相关问题，此时，行动公众已经成为组织无法回避的公共关系的工作对象。如果组织继续保持回避和置之不理的态度，行动公众可能会采取一些过激的行为，对组织造成无法估量的损失。

从非公众到行动公众的整个过程，不都是不良因素贯穿其中。如果组织始终注意向公众负责，注意树立自身的形象，那么积极的良好因素也会导致潜在的公众转向行动公众。因此，组织分析和了解不同公众类型的发展阶段，并及时采取相应的公共关系应对方案和措施，对组织的公共关系活动有着重要的意义。

3.临时性公众、周期性公众、稳定性公众

按照公众对组织的稳定性程度可以将公众分为：临时性公众、周期性公众和稳定性公众三个类型。

（1）临时性公众

临时性公众是指因为某一事件而临时聚集起来的公众。在大多数情况下，临时性公众的组织性程度较差，因为是临时聚集地，很多公众互相之间并不认识和熟悉，容易发生群体性的冲动，特别是在媒体较为发达的情况下，临时性公众聚集的地方，很容易引起媒体记者的注意。因此，在临时性公众出现以后，组织一定要考虑到各种可能出现的情况，做好宣传、组织和协调工作。

（2）周期性公众

周期性公众是指那些按照一定的时间和周期，定期出现的、聚集在一起的公众。周期性公众出现的时间具有一定的规律性，对组织而言相对比较容易预测和掌握，开展公共关系活动的时候，也比较容易进行活动的计划和安排。有条件的情况下，应该了解分析周期性公众的需求和目的，有针对性地开展公共关系活动，将其发展成组织的长期支持者。

（3）稳定性公众

稳定性公众是指和组织具有长期的稳定联系的公众。稳定性公众对组织的情况比较了解，是组织公众构成的主要基础。例如，企业的老顾客、组织所在的社区公众等。组织的稳定性公众相对其他公众而言，对组织的信任度较高，比较能够容忍组织的一些缺陷或者不足的地方，是组织的一笔宝贵资源。就组织的公共关系活动来说，与稳定性公众保持定期的信息交流和沟通是非常必要的，特别是对组织的一些意见和建议，从稳定性公众那里获取时，对方的参与性更高，信息的内容也更加可信。

4.首要公众、次要公众和边缘公众

按照对组织生存发展的重要性程度来划分，可分为首要公众、次要公众和边缘公众。

（1）首要公众

首要公众是指与组织的关系密切，决定组织生存和发展的公众。在所有的公众中，首要公众是组织需要首先加以关注，并认真开展公共关系活动的公众。例如，在政府组织中，首要公众是全行政区管辖的常住居民、各个经济组织、学校、医院等。在企业这一组织类型中，首要公众往往是核心产品的消费者、重点经销和分销网络、重要原材料的供应商等。另外，组织的内部公众往往也是首要公众的组成部分，对组织的生存和发展起着重要的作用。

（2）次要公众

次要公众是指虽然和组织存在着一定的联系，对组织的生存和发展有一定的影响，但并不起直接的决定性作用的公众。例如，在企业组织中，一些非核心产品的消费者，所消费的产品在整个组织所占的份额较小，即使全部放弃该产品的生产，也不会对企业的利润产生冲击。一些原材料的供应商，或者供应的原材料在全部原材料供应中所占比例很小，或者市场有大量的其他供应商可以替代，这些都属于次要的公众。次要公众虽然不能直接决定组织的发展和生存，但并不等于就可以忽视它的存在。在某些特定的情况下，次要公众也会转化为首要公众，对组织而言无论是首要公众还是次要公众都是需要平等对待的，不能对次要公众采取歧视性的公共关系活动，甚至采取忽略和放任的态度。

（3）边缘公众

边缘公众是指和组织不发生直接的联系，但可以施加一定影响力的公众。例如，在企业组织中，一些学校、医院、非营利的社会服务组织等，就属于边缘公众。它们和组织的经济活动不会发生直接联系，但对组织的发展又存在着一些影响。边缘公众同样也是可以转化的，在某些特定的情况下，会转化成组织的次要公众甚至是首要公众。

## 第三节 公共关系传播

公共关系传播是公共关系的主要职能，也是公共关系实务的主要内容。如何巧妙而有效地运用各类传播手段、渠道，达到公共关系的目标，是公共关系工作者必须经常考虑的问题。

### 一、公共关系传播概述

公共关系传播是传播的一种运用方式，它遵循传播的一般原理，实现公共关系的功能，随着传播媒介的汇流、整合与发展，其形态也发生着各种变化。

(一) 传播类型

传播类型一般可以分为：自身传播、人际传播、大众传播、组织传播以及国际传播。

(1) 自身传播

自身传播以自我为传播对象，是每个人几乎每时每刻都在进行的一种内在传播活动。自身传播的特点是：它的传播量大，它是一种内在形式，它是人际交流的基础。

(2) 人际传播

人际传播是人与人之间直接的交谈、传播活动，人们之间的交流、会议、讲课等活动都属于此种类型。人际传播的特点有：对象明确，在有限人际传播中传播对象的身份或某项特征是传播者知晓、明确的；近距离直接传播，除少数情况外，人际传播都是传、收双方处于同一空间，面对面的直接交流，距离从几厘米到数米，简便易行，使用广泛、频繁。

(3) 大众传播

大众传播是职业传播者借助一定的传播媒介，定期公开向广大社会公众提供各类信息的活动。它的特点是：受众广泛、分散，传播者职业化，借助人工媒介，内容丰富、形式多样。

(4) 组织传播

组织传播是指围绕着相应的组织目标，组织成员之间和组织与环境之间所进行的信息传播以达到组织关系协调的活动。一般认为，组织传播过程包括：社会化过程、行为控制过程、决策过程、冲突管理过程、压力和社会支持过程、多元化管理过程、外部传播过程。组织传播技术包括：电子邮件、语音邮件、传真、音频和视频会议、计算机会议、信息管理系统、集体决策辅助系统、局域网或广域网等。

(5) 国际传播

国际传播的简单定义是超越各国国界的传播，即在各民族、各国家之间进行的传播。国际传播不仅是政治现象，而且是经济现象、文化现象、技术现象。国际传播具有如下特点。

① 目的性。国际传播既可以是有意的，也可以是无意的。如美国之音（有意传播），一些溢波信号（无意传播）等。

② 频道。国际传播既可以是公共的，也可以是私有的。

③ 传输技术。在国际传播技术中，信息的传播渠道可以是无线电波、电线电缆，或者是录音带或录像带等。

④ 传播形式。国际传播可采用多种形式，包括新闻节目、国际新闻原始稿，计算机数据和软件、声讯和电报业务、加密信息、特殊邮件等。

⑤ 文化影响。所有传播都是象征性（符号性）的活动，因而必然会产生文化上的影响。

⑥ 政治本质。在某种意义上讲，所有国际传播都带有政治色彩。

(二) 传播模式

传播模式是传播要素的组合形式，是实现现代传播过程，展示现代传播结构，揭示传播各要素之间相互关系的理论形式。下面介绍一些主要的传播模式。

(1) 拉斯韦尔模式

拉斯韦尔的"5W"模式也经常被用来组织和形成关于传播的研究。如果将其变为图解模式，如图3-1所示。

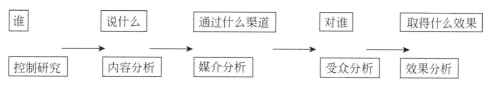

图 3-1　拉斯韦尔"5W"模式图解

拉斯韦尔提出这一模式时，他关心的是政治传播与宣传，而这个模式对分析政治宣传确实是十分适用的。拉斯韦尔模式显示了早期传播模式的典型特性，他或多或少想当然地认为传播者具有某种打算影响接收者的意图，因此应该把传播看作是一种劝服性过程。这一模式还假定任何信息总是有效果的。这种类型的模式无疑助长了过高估计传播效果的倾向。然而，有的研究者感到拉斯韦尔的"5W"虽然很有用，但毕竟太简单了，认为除了"5W"以外，也许还有更多可以考虑的因素。有的学者批评拉斯韦尔模式没有看到各种研究之间的相互关联性，而把它们相互独立开来，还有的学者批评拉斯韦尔忽略了反馈因素。然而，时至今日，拉斯韦尔模式依旧是引导人们研究传播过程的一种方便的综合性方法。

(2) 香农-韦弗的直线模式

香农和韦弗在信息理论中讨论了传播的直线模式，但却一直被行为科学家和语言学家们类推用于各自的领域，因此在后来的许多人类传播模式中可以很容易发现香农-韦弗的直线模式的一些痕迹。传播的直线模式，如图3-2所示。

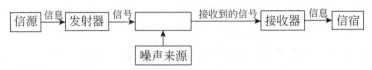

图3-2 传播的直线模式

在这个模式中，传播被描述为一种直线型的单向过程。模式展示了五个要完成的正功能和一个负功能因素，即噪声。正是噪声的存在，才有信源发出的信息和到达信宿的信息，两者的含义可能不一样，但传播失败的一个共同原因在于传播者不能认识到发出的信息与接收的信息并不总是相同的。传统的直线型传播模式明确地固定和区分了发送者与接收者的作用，因此不时受到后人的批评。事实上，认为传播过程是从某一点开始而到某一点终止，这种想法易使人误解，传播过程实际上是永无止境的。也就是说，传播过程的参与者有时是发送者，有时又是接收者。

(3) 奥斯古德-施拉姆的循环模式

这一模式由奥斯古德首创，并由施拉姆提出。香农和韦弗的兴趣在于发送者和接收者之间的传递渠道，而奥斯古德和施拉姆则主要讨论传播过程中各主要行动者的行为。传播的循环模式，如图3-3所示。

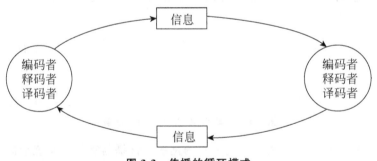

图3-3 传播的循环模式

这种循环模式对于传统的直线型模式是一种决裂，这个模式在描述人际传播时特别有用，也就是说，这种模式注重了有反馈的传播。在这一模式中，行动的双方有着相同的功能，因而传达的是一种对等的感觉，然而在现实中，传播过程往往是相当不平衡的。

(4) 丹斯的螺旋型模式

循环模式认为，传播是一个完全的循环，是对等的，然而传播不会回到它的出发点。而丹斯提出的螺旋型模式强调了传播过程中的变化，包括传播要素的变化、传播关系的变化和传播环境的变化，这让人们注意到：传播过程是向前发展的，今天的传播内容将影响到以后传播的结构与内容。例如，谈话过程中参加者的加入，不断地获得越来越多的话题、别人的观点、知识等。随着参与者知识的增加，螺旋线越来越长，传播内容、范围等均得到扩展。丹斯的模型让人们认识到了传播过程中的主动性和生动性。

（5）麦奎尔的媒介理论图

传播的过程不仅仅是传播过程内部各要素的关系，而且还是其他社会因素与传播媒介的关系。麦奎尔把整个传播学的研究过程因素分为四种：社会的政治、经济、法律、教育、家族、宗教、文化因素，媒介，媒介内容和受众。各因素之间的相互作用构成了传播过程，对各因素或其相互作用过程的研究和相关学说，构成了整个传播学研究的理论图。麦奎尔认为，在广大的世界对象和个人的直接经验之间，传播扮演了一种中介角色，而在传播过程内部，依然有各种交换、控制、相互作用的关系。实际上在每种因素的内部，这种过程同样存在。麦奎尔的媒介理论图，如图 3-4 所示。

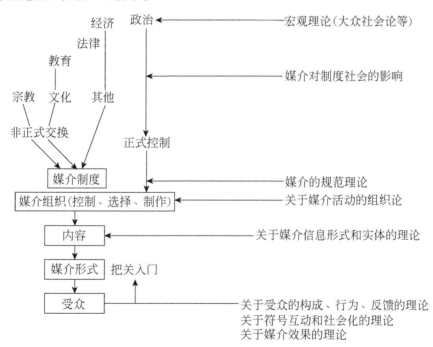

图 3-4　麦奎尔的媒介理论图

（三）传播过程

传播过程有静态的一面，也有动态的一面。静态的传播过程与传播结构有关，而传播结构中不仅仅只有各种传播要素的存在，而且其中还存在着各种传播要素之间的关系,正是这些千丝万缕的关系构成了动态的传播过程。

1. 信息传播过程

很多早期研究信息传播过程的理论都与"刺激-反应"原则(即效果是对特定刺激的特定反应)有关,例如霍夫兰的劝服性传播理论。尽管许多研究者认为,"刺激-反应"原则导致了人们把大众传播过程仅仅当作一种劝服过程的观点,但是却没有人可以否认这一原则对信息传播研究的重要性,这一原则是许多有关信息传播的思想产生的基础。

(1) 两级传播理论

1940年,拉扎斯菲尔德领导哥伦比亚大学社会学系和应用社会研究中心的人员,在俄亥俄州的伊里城调查传播媒介(当时主要是广播和报纸)对总统选举的影响。结果发现,传播媒介的影响有限,影响投票意向的主要是人际接触和面对面的劝服。为了解释这个结果,他们引入了"两级传播"和"舆论领袖"(意见领袖)的概念,指出观念常常是从广播和报纸流向舆论领袖,然后由舆论领袖流向人口中不太活跃的部分。这就是"两级传播"理论。

(2) 对两级传播理论的修正

创新扩散模式、新闻扩散模式等理论都是在两级传播理论的基础上进一步修正而形成的。

1973年,罗杰斯和休梅克合著的《创新的扩散》,提出了创新扩散模式。该模式基于这样的假设——一个创新扩散过程至少包含四个明显的环节:知晓(释码)、劝服(编码)、决策(行动)、证实(反馈)。这一模式也指出,传播过程会受到来自个人、社会关系和信息性质的多方面影响,每一种因素都可能改变传播方向。格林伯格在调查18种不同新闻事件的最初信息来源时所取得的结果被概括为"J曲线",也就是新闻扩散模式。如果把最终知晓这些事件的那部分人与最初从人际渠道获知的那部分人用模型来表示,得到的曲线是"J曲线"。如图3-5所示。

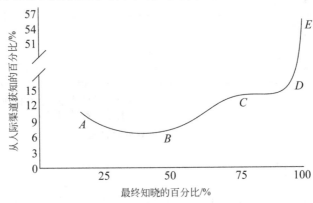

图3-5 新闻扩散模式——J曲线

A属于类型1——少数人感兴趣的新闻。这类对一般人无关紧要而对少数人非常重要的事件，媒介不会突出地宣扬这类事件。B、C和D属于类型2——日常新闻。公认的对一般公众都重要的事件（通常是当天的新闻报道）。E属于类型3——重大事件，极端紧迫、重要和富有高度戏剧性的事件。三类事件在实际扩散中是逐级增高的，但从个人渠道获知的那部分人并没有逐步提高，因而不是直线形式。对于低知晓度的事件，从个人渠道获知的比例相当低；而对于大多数"中等知晓度"的事件，从个人渠道获知的比例也非常低；但对最高知晓度事件，从个人渠道获知的比例是很高的，超过50%。这一曲线能够告诉我们，大多数事件最初的信息来源是媒介渠道而非个人渠道。类型3事件往往可能与危机形势相联系，它们的扩散可能极为迅速，这种不确定性导致人们更积极地从非媒介渠道寻找信息。

2. 传播者的信息处理过程

传播者的信息处理过程被称为"守门行为"。"守门人"概念的提出是勒温的贡献。第二次世界大战期间，勒温带领学者对当时美国政府鼓励公众食用动物内脏的宣传及其效果进行了研究。结果发现，除非家庭主妇决定让家人食用动物内脏，否则其先生和孩子是不可能吃的，也就是说，家庭主妇对食物进入家庭，扮演着类似"守门人"的角色，勒温因此提出了"守门人"和"守门行为"的概念。1947年，勒温又在其论文《群体生活的渠道》中，从理论上对传播过程中的"守门人"和"守门行为"予以阐述，指出：在信息传播过程中存在着决定是否准许信息通过的人或机构，即"守门人"，他们对其接收到的信息起到选择和过滤作用。

之后，怀特、麦克内利、巴斯等人进一步修正了"守门人"理论。1950年，怀特在研究美国一家非都市报纸的电讯编辑时采用了"守门人"的概念，这位编辑舍弃许多新闻的决定被视为最值得注意的守门行为。怀特的研究只注意到了一个"守门人"，实际上各种"守门人"大量存在于信息的流动渠道中。1959年，麦克内利研究了国际新闻的传递过程，发现在接收者和新闻事件之间，存在记者、编辑等一系列的"守门人"，当接收者向亲朋好友叙述这些信息时，他自己又成了"守门人"，而且每一个"守门人"都对信息的形式和内容有增删，而不仅仅是选择或拒绝。1969年，巴斯进一步修正了"守门人"理论，他批评怀特和麦克内利没有注意到不同"守门人"角色之间的差异，并且没有任何东西表明什么是最有意义的选择点。他认为，最重要的守门行为发生在新闻组织内部，守门过程分为新闻采集和新闻加工两个阶段。

3. 被传播者的信息处理过程分析

被传播者的信息处理过程包括两个方面：信息的接收过程和对传播内容的反应过程。

信息的接收过程有两种方式：被动的信息接收和主动的信息寻求。这种思路的分析有"枪弹论""选择性接收理论""个体差异理论"。枪弹论把被传播者看作毫无防御能力的"靶子"，只要劝服性信息的"子弹"一击就会立刻作出预期的反应，像"靶子"一样倒下去。这种理论假设的信息接收过程是无透彻的阐述或接受。选择性接收理论认为，被传播者不再被作为被动的"靶子"，而是一个有选择力的"人"。被传播者为了保持观念上的平衡，必定要选择接受媒介或其他渠道传来的信息，而且只选择那些与自己观念相符的东西。1960年，约瑟夫·克拉帕把选择性接收过程总结为三个选择性因素：选择性注意、选择性理解、选择性记忆。个体差异理论则认为，影响信息接收过程的最重要因素，是被传播者的个人性格和态度。

关于被传播者对传播内容的反应过程的理论分析，更多的是研究人们如何使用媒介，而不仅仅是人们如何接受媒介。这方面的主要理论包括使用满足理论以及使用与效果模式等。

4. 效果分析

效果分析在传播研究中历史最长，其实证和理论研究的发展，可以大致分为三个阶段。

第一阶段是从20世纪初到20世纪30年代的后半期。当时人们相信，传播媒介对于意见和信念的形成，对于生活习惯的改变，有着巨大的威力。当时流行的观点是：传播媒介具有无穷的力量，在巧妙地宣传下，它所传送的信息作用于人就像子弹击中躯体，或是药剂注入皮肤一样，效果立竿见影。这些观念后来被称为"枪弹论"或"皮下注射论"，是一种强效果论。

第二阶段是从20世纪30年代初美国进行的一系列实验研究开始，这些研究一直持续到60年代。这段时期内拉扎斯菲尔德的两级传播理论出来后，很多学者都对媒介的"强效果论"产生了怀疑。虽然不否认媒介有效果，但他们普遍承认媒介是在社会结构、社会文化体系中起作用的。这些社会文化因素对于被传播者的选择和注意方面有决定作用，形成媒介的"有限效果论"。

第三阶段是从20世纪60年代至今，研究中心开始由现在效果转向潜在效果、由短期效果转向长期效果，由此形成了新的"强效果论"。效果研究的焦点转向媒介的长期、潜在和间接的效果，以及信息的认知、社会环境、舆论气候、信仰结构、文化模式乃至社会制度等对传播效果的影响。

## 二、公共关系与传播

公共关系与传播之间的关系密切，传播作为公共关系的中介过程，公共关系传播有着自己独特的内涵、原则以及运作模式。

(一) 公共关系与传播的关系

① 传播是公共关系确立的基本前提，传播是组织与公众联系的纽带和桥梁。公共关系是社会关系的一种特殊形态。传播是一切社会关系得以实现的主要机制。公共关系处理的是组织与公众之间的关系，这种关系的实现与协调同样以传播为主要手段，组织与公众之间的互动关系实质上是一种信息的双向交流。因此，公共关系离不开传播，公共关系实务的成功与否，在很大程度上取决于公共关系主体对传播这一手段运用得正确与否。

② 传播技术是开展公共关系实务的有力手段，公共关系的发展同时也加速了传播技术的发展。早期公共关系实务的传播手段主要是新闻报刊。随着现代科学技术的发展，广播电视、网络等的应用，现代组织的公共关系实务大多使用先进的技术作为传播工具。公共关系使传播技术水平因它所依托的经济后盾而大幅度提高了，传播的技术、技巧、手段和方式也因此都有了前所未有的变化。

③ 传播观念是公共关系实务的灵魂，而公共关系极大地丰富了传播的内容。公共关系的实质是传递组织形象，因此传播观念是公共关系实务的关键。公共关系在它产生和大规模兴起的近百年历史中，成为组织经营管理的重要组成部分，借助于经济的手段，使传播内容由原来的政治、意识形态和文化教育迅速扩展到以传递经济信息为主的现状。这不仅扩大了公共关系实务的范围，而且大大提高了活动效果。另外，公共关系在不同国家又不断地同各民族的传统文化、价值观念、风俗习惯以及特殊的社会心理有机结合起来，构成了丰富、生动、新颖的传播内容体系。

(二) 公共关系传播的内涵

公共关系传播与人际传播、大众传播既有区别又有联系。

人际传播与公共关系传播有许多共同点：两者都是能动的交流行为，都是以人为主体的活动过程，而且，人际传播可以作为公共关系传播的辅助手段。但是，它们也有着明显的不同之处。其一，人际传播和公共关系传播的主体不同。前者指单个的个人，后者指组织化了的个人。其二，从社会关系的总体上看，人际关系是一种较低层次的社会关系，而公共关系则是从组织的基础上建立起来的一种较高层次的社会关系。其三，人际传播的对象可以是一群人，也可以是一个人，而公共关系的传播对象则是与组织有着某种特定联系的群体。

大众传播是专业化群体通过各种技术手段向为数众多的读者、听众、观众传递信息的过程。它具有公共关系传播的一般特性，是公共关系传播的组成部分。但是，它们之间又有着明显的区别。其一，大众传播的主体是以传播信息为职业的团体或个人；公共关系传播的主体则是一般的社会组织，是代表组织行使传播职能的公共关系机构或公共关系人员。其二，大众传播的内容是由职业传播者根据新闻价值规律采编的，需要告知公众的信息；公共关系传播的则是由组织中专门行使传播职能的人根据公共关系计划编制的对组织有利的信息。其三，大众传播的受众既不可知，也不稳定，很难取得直接的反馈；而公共关系的传播对象是可知的和相对稳定的，它的传播过程具有明显的双向性特点。

公共关系传播是一种有组织、有计划、有一定规模的信息交流活动。它的目的是沟通传播者与公众之间的信息联系，使组织在公众中树立良好的形象。因此，公共关系传播是组织通过报纸、广播、电视、网络等大众传播媒介，辅之以人际传播的手段，向其内部及外部公众传递有关组织各方面信息的过程。这个定义包括三方面的内容：其一，公共关系传播的主体是组织，不是专门的信息传播机构。其二，公共关系传播的客体由两部分组成，一部分是组织内部公众，另一部分是组织外部公众。其三，公共关系传播以大众传播媒介作为主要手段，以人际传播作为辅助手段。

(三) 公共关系传播的原则

公共关系传播的实践表明：信息是否能被广大公众所获悉以及是否能说服公众并创造出有利的舆论环境是两大难题。因此，公共关系传播还应遵循一些具体原则。

(1) 目的明确原则

公共关系传播是带有明确目的性的传播，它的总目标是树立、改善组织形象，形成有利的舆论环境，获得各界的支持。公共关系传播的目的一般可分为四种：引起公众注意，诱发公众兴趣，取得公众的肯定态度，促发公众的支持行为。

(2) 需要一致性原则

信息内容及信息表达的方式、信息传递的时机和场合，应尽量与公众多样化的需要相一致。其中最主要的是信息内容本身的吸引力，让公众相信你所传递的信息关系到他们的利益与希望，就能引起他们的注意，因此，要坚持传播活动与公众需要的一致性，即传播内容要以公众利益为前提。

(3) 事实依据原则

公众很难接受缺乏事实的言论和脱离行动的许诺。想要公众接受某种思想，提供有说服力的事实依据是十分必要的。无论选择何种传播方式，公共关系传播者都必须做到传播态度的诚实性，即力求客观坦率，避免弄虚作假、欺瞒哄骗，所以要确保传播内容的真实性，即传播内容要有根有据，并能经得住时间和实践的检验。

(4) 双向沟通原则

双向传播模式不仅可以通过信息反馈使传播者自我完善，而且可以直接提高传播效果。双向沟通原则是指传播双方互相传递、互相理解的信息互助原则，具体包含以下内容：沟通必须由两人以上进行，沟通双方互为角色，沟通双方相互理解并有所交流。因此，组织与公众的沟通应注意以下两个方面：创造沟通的共识区域，共同的经验范围是建立沟通的基础；具备反馈意识，沟通双方在相互理解后要有反应，并且根据这种反馈来作自我调节。

（5）接近与信任原则

公共关系传播追求组织与公众之间态度、感情的一致和关系的平衡。情感是形成态度的重要条件，公共关系传播要求在沟通中诉诸情感，通过情感互动和思想交流，产生接近与认同，达到态度的一致和关系的平衡。另外，要注意公众心理、文化、思想、兴趣、民族等各方面的"接近性"，公共关系的主体必须在深层次的文化理解之中实施传播。一般来说，与目标公众所处的社会位置较接近的传播者和媒介，所传递的信息容易被接收到，并且共同经验范围较大，有亲近感；同时，人们只接受他们所信任的人的思想，或容易接受权威媒介特别是专业性权威媒介所传递的信息。

（6）有效沟通原则

公共关系是由大量沟通策略组成的集合代名词。沟通即公共关系，就是达成共同的见解以及在两个或多个群体间建立共通性。公共关系传播追求的是有效沟通。沟通一直是管理工作中不可缺少的部分。在信息时代，沟通在经理和主管的工作中更为重要。特别是在当今激烈竞争的环境中，各类公司、机构，甚至政府机关，都必须通过相互竞争，才能从泛滥的宣传中脱颖而出，吸引大众的注意。有效的沟通需要周密的计划和有效的实施。影响与公众有效沟通的因素有：信息的真实性与信息量的大小，传播者的方式与态度，传播内容的制作技巧与传播渠道的畅通。

（7）整合性原则

公共关系传播是项系统活动，其中要整合的内容十分丰富，它包括：传播要素的整合；传播媒介的整合，同一内容的信息往往要求通过多种媒介传递，而不同媒介的隐含特性又可能有所不同，因而需要整合；传播内容的整合，组织会同时发生多种形式的传播活动，并且是一个连续不断的过程。此外，整合性原则还要求在更大范围内使传播活动协调一致，重点是要求传播口径统一，充分利用各种沟通方式的作用并保持传播活动的连续性。

（8）灵活性原则

如何进行公共关系传播没有完全统一的方法。由于期望的传播效果不同以及目标公众的差异，公共关系传播者要采取灵活的传播方式。信息传播首先要引起公众的注意，灵活性原则有助于传播创新，以鲜明、别具一格的方式引起公众瞩目。如何引起公众的注意，公共关系人员应该有技巧地开展公共关系传播工作：

注重传播的时效性,即传播信息要迅速及时;增强传播的趣味性,切忌传统的说教式传播;提高传播者的权威性和知名度,以吸引公众的注意力;增大刺激强度和刺激元素的对比等方法都有利于提高刺激物的鲜明性,从而容易引起公众的无意注意;传播者传递的信息要明确清晰,以提高传播效果。

(四)公共关系传播模式

公共关系的传播模式主要有新闻代理模式、公共信息模式、双向非对称模式和双向对称模式等四种传播模式(表3-1)。

表3-1 公共关系传播的四种模式

| 特征 | 新闻代理模式 | 公共信息模式 | 双向非对称模式 | 双向对称模式 |
| --- | --- | --- | --- | --- |
| 目的 | 宣传 | 散布信息 | 科学诱导 | 相互理解 |
| 传播性质 | 单向,不注重绝对真实 | 单向,真实性重要 | 双向,效果不等同 | 双向,效果等同 |
| 传播模式 | 提供信息→反应 | 提供信息→反应 | 提供信息→反应→反馈 | 集团↔集团 |
| 历史上的代表人物 | 巴纳姆 | 艾维·李 | 伯内斯 | 伯内斯<br>教育工作者<br>职业领导人 |
| 目前主要运用范围 | 运动、剧场、产品 | 政府、非营利性团体 | 竞争性组织部门、各类代理处 | 受管制的组织部门、各类代理处 |
| 估计目前各类组织运用的百分比 | 15% | 50% | 20% | 15% |

新闻代理模式的通用,通常是旨在追求大众传媒对一个组织有利宣传的公共关系活动,且使用某种欺瞒的方式。公共信息模式则是组织内的公共关系人员利用大众传媒对外发布相对客观的信息,他们像控制组织内部的通信、宣传册、邮递信件那样试图去控制媒介。双向非对称模式则运用调查等一系列手段来设计并传播那些旨在劝服战略公众按组织意图行动的信息。双向对称模式通过建立公共关系数据库,搜寻、跟踪日益复杂的公众变化的信息,不断调整自己,积极有效地开展公共关系工作。新闻代理和公共信息这两种模式都是单向公共关系的模式,它们并不是建立在调查和战略计划的基础上。新闻代理、公共信息和双向非对称模式也都是不平衡的,因为它们只求改变公众的行为,而不愿改变组织的行为。双向对称模式是一种理想的公共关系传播模式,它符合现代社会通过谈判、协调、合作,追求双赢、和谐、可持续发展的理念,但它不是当今公共关系实务的唯一传播模式。从这四种模式中,可以发现人类认识公共关系传播的本质经历

了一个历史发展的过程,公共关系传播走过了一个从主观宣传、线性单向传播、任意支配公众到促进相互理解、双向沟通、对等共享信息的发展历程。

### 三、公共关系传播的形态变化

"在公共关系中使用的方法有很多种,公开宣传只是其中之一。公共关系经常使用的方法有:向新闻界散发宣传材料和提供背景材料的记者招待会;专题文章、附录和批注;记者招待会产品说明书、小册子和其他形式的宣传品;年度报告和专题报告;新闻通讯;传阅文件和公报(内部的或外部的);视听节目;影像制品;研讨会;一般会议及大会;巡回和拜访;开放日;培训计划或者信息材料;展览、行业展览或专业展览(如车展、技术展或者家具展)的信息柜台;同政府直接接触(在各种级别上);提议、报告和意见书;政策文件(如特定问题的讨论稿);特定项目(如示范);书籍(如公司历史)。这个清单也远够不上完整。公共关系可以用不断变化和创新的各种方法与公众进行沟通。"

在目前传播媒介大汇流,各种公共关系传播方法不断整合的过程中,公共关系传播的形态也发生了很多变化,其中包括公共关系广告、网络公共关系、整合营销传播等。

(一)公共关系广告

在伊索寓言里,风和太阳曾经争吵过两者谁更强。它们看到一个旅行者走在路上,便决定看谁能让这个旅行者脱掉大衣。风先拼命地吹,可是风吹得越猛烈,这个旅行者把他的大衣裹得越紧。然后太阳出来开始发光。不久,这个旅行者就感受到了太阳的热,把他的大衣脱了下来。太阳赢了。这则寓言告诉我们,广告是风,而公共关系是太阳。也就是说,广告像风一样,试图入侵潜在消费者的心中;公共关系像太阳一样,微笑着提供给媒体尽可能有用的公共宣传信息,让媒体提醒潜在消费者,又有一种新产品或新服务问世。

1. 公共关系与广告——两种不同的传播手段

首先,公共关系传播不能等同于广告传播,公共关系传播和广告传播在表达方式和表达内容方面都存在差异。广告注重创意,通过创意的新颖性和诉求的集中性有针对性地传播信息;公共关系传播注重新闻性和及时性,通过对新闻的策划和事件的推广来传递组织的信息。其次,广告和公共关系传播对组织品牌理念的传达和产品的推广各有不同的功能。广告侧重对知名度的提升和销售的拉动,而公共关系传播则侧重建立组织和品牌的影响力。广告采用大爆炸的方式,因此广告的传播功能比较直接;而公共关系采用缓慢建立的方式,因此公共关系传播的影响则比较间接。相对而言,对品牌的传播适合以公共关系为主,广告只能维护已经由公共宣传创造出来的品牌,另外针对目标消费群的传播则更应该以广告为主。广告和公共关系两者在绝大多数情况下需要整合运用,做科学的区隔和划分,而不是一刀切地把公共关系置于配角的地位,一般组织会选择的方案是"先采用公共关系,再采用广告"。

2. 公共关系广告——公共关系和广告的汇流

广告和公共关系的汇流及它们在实践活动中相辅相成、相互补充和相得益彰的联系,突出体现在公共关系广告中。

公共关系广告又被称为信誉广告,是组织运用广告媒体,宣传组织信誉和形象的一种形式。公共关系广告可分为组织广告和广告活动。组织广告是以组织自身作为宣传主体的广告,主要有四种:宣传组织价值观念广告、介绍组织情况广告、贺谢广告、联姻广告。通过广告,公众自愿参加活动,从而间接达到宣传组织和产品目的的称为广告活动。广告活动包括征集广告、竞猜广告、连带服务广告、馈赠广告。

(1) 公共关系广告的主题

公共关系广告的目标是争取员工、社区邻里、投资者以及社会大众对本组织的注意、好感、信赖和合作,求得社会的理解和支持。

它不同于一般性广告,它有自己独特的广告主题。公共关系广告主题大致有以下几个方面。

① 协调组织内部关系。公共关系广告对内的主要目标是协调员工关系,增强组织的凝聚力,发挥员工的主人翁精神。因此,组织常常以公共关系广告的形式,宣传和讨论员工的劳保和福利待遇、合理的工资和奖罚标准、就业保障、组织与员工的利益关系、组织的人事状况和人事政策,以增强组织的透明度,协调组织的内部关系。

② 树立商誉。多数的公共关系广告都是以商誉广告为主题的。其目的是树立组织的社会公仆形象,进而树立它的声誉、威望。商誉广告通常用来解释该组织与公众有关的一些事实,如报道新的发展、新的经营方针,说明某些政策等。

③ 公共服务目标。以公共服务为主题,常常为了协助解决全国性的社会问题,从而建立良好的社区关系。比如防止环境污染,维持交通秩序,帮助社会公益事业等。

(2) 公共关系广告的职能

公共关系广告通常并不直接劝说人们购买某种商品,而是把主要目标放在唤起人们对组织的注意、好感、信赖和合作上,主要是创造购买的气氛。由此可见,公共关系广告是通过使公众热爱组织来取得其他多种成效,这就是它的特殊职能。

公共关系广告的职能在于:通过对组织形象的宣传,促进产品的销售。随着商品经济的发展,产品的市场竞争日益加剧,常常会出现数家组织同时向市场提供规格、型号完全一致,质量、特性相差甚小的产品,这无疑使竞争更加复杂。

当其他种种因素相互抵消时,决定公众购买倾向的往往是组织的形象因素。消费者可能以其对组织的好恶感来决定对其产品的取舍。这时,公共关系广告的成效就会特别突出。

通过对组织声誉的宣传,鼓励投资者。首先影响金融者投资意向的是该组织的声誉。一般说来,金融机构往往是根据组织声誉的高低,决定投资与否,投资额的多少。组织通过公共关系广告的有效宣传,将会为组织赢得更多的投资。

通过对组织良好形象的宣传,为组织广泛吸收人才。人才对于组织来说是至关重要的。通过公共关系广告的宣传,可使组织广揽人才,充满生机。总之,公共关系广告能树立组织形象,把组织塑造成现实社会的良好"公民",加强组织与社会、组织与公众之间的相互信赖和理解,求得社会各界的广泛支持,它是组织与社会之间的桥梁。

(3) 公共关系广告策划

策划公共关系广告应当在调查的基础上确定选题。了解公众的生活实际需求与社会心理需求,尽量有针对性地进行宣传。公众对于公共关系广告的反应态度会表现在:公众接受广告是被动的,很少有人积极关心、主动接收可能接触到的各类广告;接收的随意性;执着的警惕性。在策划广告时,公共关系人员对于公众对广告可能产生的反应态度也应心中有数,然后针对公众的心理,在策划公共关系广告时要注意吸引公众注意,通俗易懂,真挚坦诚。

(二) 网络公共关系

讨论当代的公共关系和媒体时,必须要关注那些正改变着人们发送和接收信息方式的新媒体和通信技术。在未来的公共关系方案中,人们必须了解并运用国际互联网、商用联机服务网、多媒体以及其他新方式。反过来,这些新媒体将为有前途的公司、机构和公共关系专业人员提供令人意想不到的机遇。随着新技术的发展,我们将会工作得更精明、更有效,互联网给公共关系带来的翻天覆地的变化将会继续。的确,在追赶最新发明的过程中,我们好像永远也没有时间停下来喘一口气。由于网络的参与性和互动性带来了网络公共关系的发展,也必将对传统的公共关系思想、模式和管理,带来诸多的变革。

没有任何一项科技可以取代一个精明的策略家,而一个糟糕的策略家也不可能永远躲在科技的背后。因此,如何应对网络对公共关系的冲击,适应网络时代公共关系的发展,成为公共关系领域的新课题。

1. 公共关系传播的新媒体——网络

与传统媒体相比较,网络媒体的优势和特点表现在:超越时空限制,海量信息,传播速度快,多种媒体同时起作用,多种形式的互动交流,小众化等。网络传播在公共关系中的运用表现在:电子邮件,例如一对一交流、发送和邮递地址列表、电子新闻通讯等；网上论坛，在这里可以及时发现并解决问题；万维网信息浏览；信息个人化服务等。网络是公共关系传播的新媒体，这种新媒体为实现公共关系传播的全球化提供了技术支持，而全球经济一体化的趋势也推动着公共关系实务的全球化。

2. 网络公共关系的特点

网络时代为组织进行公共关系活动，塑造组织形象提供了新的展示平台。互联网使组织的公共关系环境发生了深刻的变化，网络公共关系应运而生。

（1）网络公共关系中的公众具有小众性甚至是个体性的特点

互联网培育出一批组织可以通过网络单个面对的、小众性的甚至是个体的公众，这使公众由未知的、模糊的群体对象变成了已知的、明确的个体对象。另外，广大的网民都是潜在的公众，对于组织的形象设计以及评估都发挥了宝贵的作用，因此网络提升了公众的价值。先进的互联网技术使得组织有能力获得公众更详尽的资料，根据所得的较为详尽的个性化资料进行分众化的服务。

（2）网络公共关系中组织与公众的关系具有互动性的特点

在互联网技术的帮助下，组织与公众建立起长期的"一对一"互动的新型关系成为可能。互联网使组织和公众建立了人性化的接触交往模式，实现了组织与公众的真情沟通。这种互动的传播模式使组织与公众在公共关系实务中具有了平等性，网络使公众从传统的被动的信息接收者转变为主动的信息参与者；通过信息的沟通交流，使组织与公众的对话，跨越了传统的管理层级的逐级沟通方式。这将实现真正意义上的双向对称型公共关系。组织利用网络技术通过多媒体等丰富的表现方式，创造出某种氛围，例如网上社区等，在潜移默化中展示自己的形象。

（3）网络公共关系中的信息传播具有实时性、有效性和共享性的特点

实时性表现在：网络使得公共关系资料的信息容量远远超过了传统传播方式下所能得到的资料；网络的便捷使组织可以及时掌握公众的最新资料，了解其需求状况和发展动态，使资料经常更新，得到最接近现实状态的公众信息。有效性表现在：方便快捷的网上调查，将使组织以更经济的方式快速得到需要的资料和信息；另外，网络使得一个组织可以不需要新闻记者或编辑的介入，直接面向公众发布新闻和信息，并可避免产生信息失真。共享性表现在：网络提供的公众信息是非常珍贵的，公共关系人员据此建立的公众档案，是对组织外部信息的一种共享；网络公共关系利用局域网技术和一些组织内部管理软件也使公共关系部门和其他部门之间的信息共享成为可能；另外，公众通过网络也实现了对组织信息的共享，这是值得公共关系人注意的，因为"利用互联网公共关系，你必须对需要传播的信息加倍小心，一个失误就可能迅速传遍世界各地"。

（4）网络公共关系中的公共关系部门的角色向信息管理者转变

在网络时代，公共关系部门必须重新确定自己在组织运营中的位置，由传统

的信息发布者角色向信息管理者角色转变。公共关系部门作为信息管理机构，正处在管理和控制混乱信息的最佳位置上。公共关系部门除了能够迅速有效地收集信息外，还可以组织和分析信息，优化信息的质量。对信息的有效管理和控制成为网络时代公共关系部门的首要任务，这为公共关系部门带来了更为广阔的天地。

(5) 网络公共关系中的公共关系人员是"电子沟通者"

从事公共关系实务的人员不仅要有高度的公共关系意识，超常的敬业精神，还必须掌握网络时代高技术传播手段，使自己处于时代进步的前沿。有了网络之后，公共关系人员对记者和编辑的依赖性将会有所降低，公共关系人员在传播工作中将会有更大的主动性。网络的出现使得公共关系人员作为传播专家处在更为有利的地位。同时也要求公共关系人员对任何事件，尤其是危机事件能作出更加快速的反应。

3．网络公共关系的运用

网络公共关系主要涉及两个方面，一是组织信息的主动传播；二是网络舆论的控制。

(1) 建设好自己的网站，树立组织的网络形象

网站是组织的门面，一旦建立，全世界都可以访问它。建立网站要注意：精心设计网上组织形象识别系统，从网页开始，全面展示组织形象；提供丰富的内容；及时更新；充分利用交互性；做好日常维护。网络宣传具有如下一些独特优点：传播范围广、速度快，信息详尽生动且灵活性强，受众数量可准确统计，利于目标受众主动查询及信息保存。网络新闻公告在拓展公共关系方面可以发挥重要作用。组织在网上发布新闻公告时，应该注意以下几点。

① 新闻的即时性。网络媒体相比于传统媒体的一大优势就是网络媒体的即时性。如果组织希望以最快的速度传播某一事件，最好的方式就是将新闻公告不仅在网络上发布，还要投递到新闻界去，这样才能达到应有的效果。

② 传统媒体和网络媒体相配合。网络时代的公共关系人员一方面仍需向传统的大众传媒提供信息；另一方面，他们可以建立自己的网站与目标公众进行直接的交流，从而在传播中处在更为有利的地位。

③ 建立广泛的网络媒体联络。当组织有新产品或新服务出台时，最好能实时发送一些信息给那些希望发布此信息的网络媒体。组织可建立用户邮件列表或通过网站邮件列表收集对本组织感兴趣的用户的邮件地址，并及时向其发布组织的最新动态。

④ 加入其他组织的链接。组织在网上新闻公告中应该包括合作伙伴、客户等信息，还可在公告中加入指向他们的链接。虽然这可能会转移一部分浏览者的注意力，但它也会从一定程度上提升组织形象。

(2) 监控网络舆论，关注网络安全，提防网络风险

网络舆论是组织拓展公共关系时不可忽视的重要方面。网络为舆论的传播提供了便利的途径，借助网络，舆论可以突破时间和空间上的障碍，使得各方面的意见及时、广泛、深入地进行交换。互联网作为一种大众媒体，带来了新的信息传播方式，关注网上信息的传播和舆论导向，是网络时代公共关系实务面临的新课题。当今世界已进入"信息时代"，知识和信息已成为组织生存和发展的战略资源，是竞争和成功的关键因素。公共关系工作者要充分利用各种技巧和途径，使组织与公众之间达到相互了解、信任与合作，树立起组织的良好形象。对于组织而言，网络安全第一要防备的是有针对性的网络犯罪，如电子交易支付中的漏洞。网络安全第二要防备的是网上的恶意攻击行为，如对组织形象的恶意丑化，别有用心的网上流言散布，组织网页被黑客入侵并涂改等恶意行为。这会使组织利用网络传媒开展公共关系业务存在一定的风险。网络安全第三要防备的是不利信息的迅速传播。

(三) 整合营销传播

从传统的意味来说，公共关系在市场营销，特别是在消费品的推销中，一直扮演着次要的角色。然而现在，公共关系却成了一个重要的角色，不仅在对抗外界的攻击、塑造生产厂家和产品品牌的优良形象方面，而且在商品销售等方面，都起到很大的作用。

1. 整合营销传播的内涵

整合营销传播是综合、协调地使用各种形式的传播方式，传递本质上一致的信息，以达到宣传目的的一种营销手段。这里的各种形式应该是一切手段，常用的主要是新闻、广告、公共关系活动、促销，其中公共关系传播的智慧含量最高。整合营销传播是一个系统工程，特点是"多种渠道，一个声音"，追求1加1大于2的效果。整合营销传播的内涵包括：以消费者为核心；以资料库为基础；以建立消费者和品牌之间的关系为目的；以"一种声音"为内在支持点；以各种传播媒介的整合运用为手段。整合营销传播的重要意义在于它提出了一个全新的观念，即以消费者为核心，综合运用各种传播手段来传递"一个声音"，以求向消费者传递统一的、清晰的信息，使自己的信息不致被包围着消费者的信息大潮淹没，从而实现自己的传播目的。

2. 营销理念的变化促进了营销与公共关系的融合

营销理论经历了从"4P"理论到"4C"理论的转变。"4P"理论，是由美国密歇根州立大学教授杰罗姆·麦卡锡（J. Mcarthy）在1960年提出的，这是营销理论中占重要地位的概念，由此确定了营销的四个组合因素，即产品（product）、

价格（price）、渠道（place）和促销（promotion）。这四个因素的英文单词都以"P"开头，所以习惯称其为"4P"理论。"4P"理论作为营销教育和实践的重要基石，其地位的稳定长达 20 多年。20 世纪 90 年代以来，营销领域越来越多的人转向劳特朋（Lauterborn）所提出的"4C"理论。"4C"理论有其鲜明的特点，具体表述如下。①把产品先搁到一边，赶紧研究消费者的需要和欲求（consumer wants and needs），不要再卖你所能制造的产品，而要卖某人确定想购买的产品。②暂时忘掉定价策略，着重了解消费者要满足其需求所需付出的成本（cost）。③忘掉渠道策略，而考虑如何给消费者方便（convenience）以购得商品。④最后请忘掉促销，取而代之的是沟通（communication）。"4P"理论与"4C"理论不是取代关系，而是发展关系。"4C"理论把组织营销的重点放在消费者身上，即一切以消费者为中心。因此，凡是与消费者有关的一切活动都可以纳入营销的范围，这使得营销活动和传播活动有了更加广阔的空间，可以运用的传播方式大大增加了，整合营销传播随之被提上了议事日程。1996 年科特勒出版的《营销管理——分析、计划、执行和控制》一书中，公共关系营销仍然被放到一个重要位置。他认为，在有些情况下，公共关系的成本效益高于广告，但是公共关系必须与广告一起规划。营销公共关系的主要工具有："事件""新闻""演讲""公益服务活动和形象识别媒体"。营销公共关系对于实现"树立知名度""树立可信度""刺激销售队伍和经销商""降低销售成本"等目标发挥着重要作用。❶

营销观念也因此经过了传统市场营销观念、现代市场营销观念、扩大市场营销观念和整合营销传播观念的演变（表 3-2）。

表 3-2　传播在营销观念中的演变

| 营销观念 | 传播工具 | 传播方式 | 传播内容 | 传播主体 | 传播客体 |
|---|---|---|---|---|---|
| 传统市场营销观念 | 广告、促销 | 告知式 | 产品功能 | 组织高层管理者 | 消费者 |
| 现代市场营销观念 | 广告、促销、媒体 | 劝说式 | 产品、组织形象、品牌信息 | 营销主管 | 顾客、客户 |
| 扩大市场营销观念 | 广告、促销、公共关系传播 | 由内而外双向沟通 | 产品、组织形象、公共关系信息 | 营销公共关系主管、跨职能部门主管 | 顾客、潜在顾客 |
| 整合市场营销观念 | 整合运用各种媒体 | 由外而内双向沟通 | 口径一致的组织信息 | 营销传播管理者 | 组织的各种利害关系者 |

在传统市场营销观念主导的工业经济时代，组织依靠产品的价格、质量向消

---

❶ 姚惠忠. 公共关系理论与实务［M］. 北京：北京大学出版社，2004：137-141.

费者传播信息；作为组织代言人的组织高层管理者承担传播信息的职责；信息的传播方式是"告知式"；组织为了追求利润，信息传播的可信度比较低。在现代市场营销观念阶段，广告、人员促销、媒体报道等开始在营销中扮演重要角色的信息传播方式是"劝说式"；营销经理成为组织信息传播的主体。在扩大市场营销观念阶段和整合营销观念阶段，强调了组织对外部非营利组织、政府、公众的重视，组织传播的对象由顾客扩大为利害关系者；传播手段也日益多样化，广告、促销、公共关系等传播方式得到广泛应用，传播手段由单独运用转为综合运用多种传播手段；信息传播的主体也呈现多样化的趋势，出现了广告经理、公共关系主管、信息主管等新传播主体；传播也从单向"劝说式传播"转变为"双向沟通"。

3. 传播媒介的裂变与融合使整合营销传播成为可能

整合营销传播产生的主要依据是传播媒介发生了重大变化。以互联网为代表的信息技术革命极大地提高了信息传播的效率，传播媒体的发展呈现出裂变和融合的趋势。媒体的裂变使新旧媒体各显其能，为营销提供了多种选择；融合则意味着同一信息可以通过报纸、杂志、广播、电视以及互联网等媒体发布。

传播媒介的裂变与融合，要求公共关系人员以多元化的传播策略影响多样化的公众。我们面临的时代有两个鲜明的特点：一是公众多样化；二是信息爆炸。在这样的环境下，借助单一的传播手段，要想达到帮助组织将信息顺利送达目标公众的目的，是不能适应复杂的市场环境的，传播手段及媒体之间必须加以协调，于是整合成为营销传播的趋势，整合意味着新旧媒体的相互交融，媒体的裂变与融合使得营销传播的整合成为可能。

良好的传播通常都是非常个性化的传播。从操作层面看，将广告、公共关系、大型活动或专题活动、销售推广、包装设计、组织形象识别系统和直销等手段进行一体化运作，即形成整合营销传播，这些整合的元素不是像拌"沙拉"一样搅在一起，而是相互配合的系统化组合。从观念层面看，整合营销传播的创新在于导入多元化传播概念，传播不仅限于广告，整合营销传播的核心是面对市场的"立体传播"和"一体化传播"。

# 第四章
# 公共关系工作过程

公共关系工作最重要的目标是在公众中树立良好的组织形象。这个形象的内容是多方面的、丰富的。这个过程，是通过组织的不断努力才能实现的。因此，尽管公共关系工作是复杂的、综合性的、灵活多变的，但这并不意味着其工作就是完全无章可循、随意的。公共关系的实践和理论都证明，实际上，任何形式的较为重大的公共关系工作，公共关系人员从开始到结束一般都遵循着四个基本步骤：公共关系调查、公共关系策划、公共关系实施、公共关系评估，即公共关系的四步工作法。同时，必须强调的是，任何公共关系工作都是一个连续的动态过程，操作中不存在四个绝对独立的工作步骤，各程序之间时有交叉、重叠和反复。

## 第一节 公共关系调查

公共关系调查，是公共关系活动必不可少的前提和基础，是公共关系部门的专业技能之一，它对于公共关系工作的开展具有重要的作用。国外关于公共关系人员的日常调查表明，在公共关系人员需要的职业继续教育中，有关调查研究的培训被放在第一位。

### 一、公共关系调查与公共关系活动

公共关系调查是运用定性分析与定量分析相结合的方法，对组织公共关系的现状及其影响因素进行考察和分析，寻求建立组织良好形象的科学认识活动。

公共关系调查是组织公共关系活动的开端和基础。公共关系计划的制订、公共关系方案的实施、公共关系评估都必须建立在公共关系调查的基础之上。组织的公共关系活动，只有建立在调查研究的基础上，才能保证活动总体的科学性和可预测性。组织的公共关系工作人员，在经过若干次认真的调查活动后，能够进一步增强对组织公共关系活动的了解，增强对相关信息、资料的敏感性，能够随时应对组织周围社会环境的变化。许多外国大公司的总经理对其公共关系人员的要求是：1分钟内能够回答，假如公司产品涨价，公众舆论将作出怎样的反应。这种要求似乎太苛刻，但国外的管理专家却认为面对永远变幻的客观实际，管理是否成功有效，关键在于是否有灵敏准确、迅速有力的信息反馈。公司越大，最高决策层的权力就越大，这一点就显得越重要。❶ 有力的信息反馈，来源于组织坚持进行公共关系调查活动和所累积的数据资料及专业敏感性。

### 二、公共关系调查的视角

公共关系调查的视角是调查组织公共关系状况的切入点。针对不同的调查目的，公共关系调查可以分别采用文献研究、民意测验和公共关系预测的方法。

（一）文献研究

文献研究是查询研究已经发表的有关资料，分析其中的事实和观点，以获取公共关系信息的一种方法。

文献研究的第一步是收集资料。文献研究所需收集的资料范围十分广泛，既有组织外部的各种文献，如有关年鉴、报纸、刊物、书籍等，也有组织内部各种资料，如统计资料、档案资料、内部刊物以及宣传品等。资料的收集应注意广泛性和连续性。所谓广泛性，是指凡与公共关系有关的资料都要收集，这有利于全面分析研究公共关系问题。所谓连续性，是指针对各有关资料要不间断地收集，这有利于从动态方面来研究公共关系问题。

文献研究的第二步是资料的分类和编码。分类往往是科学研究的基础。因为没有分类，就很难看出问题的特性和事物之间的联系，从而不便于研究问题。公共关系资料分类可按下列要求进行。

背景材料：企业经营的历史和现状。

政策法律：同本企业有关的各项政策法律。

经济形势：与企业相关的各种经济资料。

竞争者的情况：竞争者的经营及公共关系情况。

政府关系：同税收、财政、审计、工商管理、环境保护、环境卫生等政府机构的联系情况。

公众意见：企业同外部公众的意见、要求、建议以及民意测验的传播效果。

人物传记：企业负责人及其他关键人物和名人的传记。

以上每一类，根据需要还可以进一步细分。

对组织公共关系资料进行分类后，为了便于保管和检索，必须进行编码。编

---

❶ 肖北婴，胡春香，杨帆. 现代公共关系学新编［M］. 北京：北京工业大学出版社，2003：274.

码是用一组代码来反映资料的主要特征。编码可用数字、文字和规定的特殊符号组成。

文献研究的第三步是资料的存放。随着时间的推移,公共关系资料积累得越来越多,为了能长期保存、查找方便,资料一定要按一定的规则和方法进行存放。

文献研究的第四步是资料的检索。资料检索就是从资料档案中查找所需要的资料。目前,资料检索有两种方式,一种是电子计算机检索方式;另一种是手工检索方式。在采用手工检索方式时,主要使用目录、索引、文摘等检索工具。

文献研究的第五步是资料的分析。在检索出所需要的资料后,就必须对资料进行全面而系统的分析,经过分析得出科学的结论。资料的分析,可以从纵向和横向两方面进行。纵向分析要回答的是:问题是怎样产生的?怎样发展的?影响问题发展的因素是什么?各因素之间有什么联系?横向分析要回答的是:对于某一问题,有哪些不同的观点?它们的根据是什么?这些根据是否可靠?这些观点是不是正确?公共关系人员在分析资料时,为了使分析更科学合理,可以去请教有关专家。根据丰富的资料,由公共关系人员和有关专家通过分析所得出的结论,就可以作为提出改进公共关系建议的依据。

在文献研究中,调查需要重视的是分析公众的直接意见和媒体信息。公众的直接意见是指组织收到的针对组织直接提出的意见和建议,一般这种意见和建议的来源渠道有:公众来电、来信、意见簿等。发达国家的政府和企业对了解公众的直接意见已经有了一些成熟的做法,他们常常设置专门的电话专线或开展特定的倾听公众意见的活动,以便让更多的公众说出自己对该组织的看法和希望。例如,美国通用公共关系公司设置的电话答复中心每天要接到约6000次电话来访,福特汽车公司的"倾听"运动,高峰时一个星期内要收到约1800封公众来信。❶

由于文献研究具有省时、省力、费用低廉等优点,所以当资料可靠时,应尽量采用这种方法。

(二) 民意测验

民意测验是运用一定的技术和手段了解公众的态度和意见的一种社会调查方法,它在公共关系调查中已得到广泛的运用,是公共关系调查的重要组成部分。

公共关系调查要经过五个步骤(图4-1)。现将五个步骤简述如下。

1. 第一步:确定调查内容

进行民意测验,首先要明确调查的内容和要达到的目标。在确定调查内容时,要围绕该组织在公共关系中迫切需要解决的问题,而且主题要具体。因为越

---

❶ 徐双敏. 公共部门公共关系学 [M]. 北京:中国财政经济出版社,2002:248.

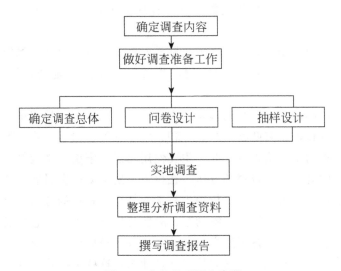

图 4-1　公共关系调查步骤

具体,就越有利于进行民意测验的其他工作,也有利于解决问题。如只提出了解职工这一内容,就过于宽泛。还应进一步确定,了解职工对工作哪些方面的意见,是对工资奖金的意见,还是对工作环境的意见?是对领导的意见,还是对规章制度的意见?

2. 第二步：做好调查准备工作

在确定调查内容以后,进行实地调查之前,组织需要做好一系列准备工作,其中主要有如下三点。

(1) 确定调查总体

既是为了使测验结果准确,也是为了使测验比较经济。将那些与调查无关或关系不大的对象作为测验对象,既费力又不会得到准确的结果。比如,要了解企业技术人员对某些问题的意见,调查总体中就不包括除技术人员之外的其他的职工。同样,在进行顾客民意测验前,确定调查总体是全国的顾客,还是某一地区的顾客;是青年顾客、老年顾客,还是全体顾客。

(2) 问卷设计

民意测验从某种意义上说是使用问卷的艺术,成功的测验调查往往基于合理的问卷设计。问卷一般包括两个部分：第一部分是前言,要求用简洁明了、能促使公众配合的语言说明调查的目的及一般要求等;第二部分是要求公众填写或选择答案的问卷正文。

(3) 抽样设计

民意测验有普查和抽查两种方式。普查适用于小型调查总体的公共关系调查。对于大型调查总体,一般受人力、物力、财力和时间的限制,大多采用抽查的方式。

抽样设计是抽查时必须解决的一个重要问题。由于抽查是根据样本的特征推论总体的特征，因此，抽样设计是否科学合理，直接关系到调查结果的准确性。

抽样设计主要解决两个问题：一个问题是抽样的方法；另一个问题是样本的容量大小。

抽样方法一般分随机抽样和非随机抽样两种。

3. 第三步：实地调查

实地调查就是到现场收集资料。实地调查的主要方式有三种。

（1）访谈调查

调查者走访调查对象，口问笔录，或将问卷交给调查对象填写、收回。访谈法具有真实、灵活、直观的优点。

（2）信访调查

信访调查是将问卷寄给调查对象，由调查对象填好后按期寄回。信访调查的优点是调查范围广，所需要调查人员、经费较少，能使调查对象有充分的时间来考虑回答。主要缺点是问卷回收率低，需要的时间较长，调查问题不易深入。

（3）电话调查

调查者根据抽样要求，用电话按问卷要求询问意见。电话调查的优点是，迅速及时，资料统一程度高，范围广；缺点是不能深入讨论问题，调查受到限制。

4. 第四步：整理分析调查资料

当调查资料收集工作完成后，就要对资料进行整理和分析。因为未经加工的资料是难以利用的。资料整理和分析的主要内容包括：核校、编码、统计和分析。关于如何整理分析资料的详细方法请参阅有关社会研究方法和社会统计学的书籍。

5. 第五步：撰写调查报告

民意测验的最后一步是撰写调查报告。其主要内容有：①调查过程概述，②调查的目的，③调查的结果，④结论和建议，⑤附录（列出调查方法、结果、详细资料）。

（三）公共关系预测

一个成熟的组织，应该制定好组织的长远发展战略，该战略规定了组织未来的发展目标、发展路径及预期结果。公共关系预测是在组织长期发展战略的基础上，通过调查分析，对组织未来公共关系行为及发展方向的分析和预测。公共关系预测的内容包括三个方面。

① 组织的发展战略分析。分析组织已有的发展战略和发展目标，确定在该战略下，组织公共关系活动应包含的主要内容。

② 组织面临问题分析。组织的发展战略本身一般均已经分析了组织现在或将来面临的问题，并会对这些问题按照需要解决的迫切性排序。运用公共关系预测分析组织面临的问题时，着眼点在于找出和公共关系密切相关的问题，并进行重新排序。

③ 制定公共关系行动方案。针对这些问题，制定公共关系的行动方案，以配合组织的长期发展战略。

## 第二节 公共关系策划

公共关系理论的奠基者爱德华·伯纳斯曾说："我们是经过审慎的考虑后才使用策划这个词的。在我们的社会里，有着无以计数的利益集团和传播媒介。要解决协调、信息传播和说服等问题，只有通过策划这种途径才能取得有效的成果。"

### 一、公共关系策划的含义

#### （一）什么是公共关系策划

公共关系策划具有战略性、策略性和创造性，是一门科学，也是一门艺术。目前在我国学术界，对于公共关系策划的概念运用得比较普遍，但对其含义的理解却各不相同，概括起来，主要有三种不同的理解。

(1)"程序"说

这是一种广义的理解，即把公共关系策划理解为公共关系活动"四步工作法"中的第二步。"四步工作法"包括公共关系调查、公共关系策划、公共关系实施和公共关系评估四步。公共关系策划就包括了其第二步的全部内容，包括公共关系目标、计划、策略等方方面面，也就是在公共关系调查分析的基础上，做好公共关系活动实施前的一切准备工作，公共关系策划过程的完成也就是实施前一切准备工作的完成。

(2)"谋略"说

即把公共关系策划仅仅理解为谋略或策略，理解为一种简单的设计。按照这种观点，公共关系策划就不应把具体的实施计划包括在内。

(3)"计划"说

即把公共关系策划理解为计划，理解为依据一定的目标建立起来并可用来进行具体操作的方案步骤。

《中国公共关系大辞典》把策划定义为："是指人们为了达成某种特定的目

标，借助一定的科学方法和艺术，为决策、计划而构思、设计、制作策划方案的过程。"换言之，策划是决策前的准备工作，它为决策进行创意和设计，为决策提供依据，进行运筹。

我们接受第一种观点，因而可以把"公共关系策划"定义为：所谓公共关系策划，是指以分析预测为基础，根据组织形象的现状和目标要求，确定公共关系活动的战略与策略，并制定出最佳计划方案的过程。

这个定义包括以下五层含义：

① 公共关系策划工作是公共关系人员的工作，是由公共关系人员来完成的；

② 公共关系策划是为组织目标服务的；

③ 公共关系策划是建立在公共关系调查基础上的，既非凭空产生，也不能囊括所有公共关系活动；

④ 公共关系策划可以分成两个层次：公共关系战略策划和专题公共关系活动策划；

⑤ 公共关系策划包括谋略、计划和设计三方面的工作。

（二）公共关系策划的基本特征

从公共关系策划含义的角度分析，公共关系策划一般有如下特征。

(1) 目的性

公共关系的总体目标是要树立社会组织的良好形象，但社会组织在不同的发展时期，其公共关系的具体目标是不同的，社会组织如何选择公共关系活动，从而实现目标，是每项公共关系策划必须解决的问题。公共关系策划应首先确定目标，然后考虑重点解决的问题及先后次序，因此，公共关系策划具有很强的目的性。目标越明确、越清晰，公共关系工作就越容易开展，其目标就越容易实现。

(2) 思想性

公共关系策划过程是一种思维过程，是策划者对社会环境、企业组织的条件和策划目的等信息进行分析、综合、抽象概括，从而形成概念、判断、推理的过程。《汉书·高帝纪》中曾有一句名言广为流传，"运筹帷幄之中，决胜千里之外"。这里的运筹，实际上是一种思想的活动。这种思想活动尽管在帷幄之中形成，却可以指挥千军万马取得战争的胜利，充分体现出其较高的思想价值。这就是现代组织愿意接受公共关系专家经过创造性思维、系统性思考而为它们策划出来的公共关系方案的真谛所在。

(3) 创造性

创造性是公共关系策划的灵魂。它凭借公共关系人员的创造性素质，集知识、智慧、谋划、新奇于一身，遵循公共关系的基本原则，通过辩证的思维过程，开拓新的境地，并使之产生别具一格、标新立异的结果。公共关系策划贵在创新，创造性思维要自始至终贯穿于公共关系策划的方方面面。因此，公共关系人员在了解、学习取得较好效果的公共关系策划方案和思路时，切忌单纯效仿，要在借鉴的基础上有所创新，自己策划的公共关系方案一定要有自己独特的东西，否则效果往往不佳。

（4）针对性

公共关系策划主要是解决社会组织的重要决策所涉及的公共关系问题，不是一个统一的和一成不变的模式。社会组织处在发展运行过程中，所面对的问题、所要解决的问题层出不穷，而且又千差万别，因此每一次公共关系策划，都要针对当次公共关系问题来运筹和进行。它是根据组织所处的外部环境、自身条件和公共关系状态、策划者本身的创造性思维方式等来设计公共关系方案，并运用各种公共关系手段，有效地开展公共关系活动，以期实现公共关系目标。

## 二、公共关系策划的意义

美国策划大师科维曾形象地说："如果把公共关系活动比作演戏，策划就是创作剧本，一个出色的剧本很容易在演出时获得成功，吸引公众；相反，一个平庸的剧本，无论导演和演员如何尽力，也很难化腐朽为神奇。"

公共关系策划的现实意义和具体作用，可以从以下几个方面来把握。

（1）公共关系策划是公共关系活动中的最高层次

公共关系策划是在组织的交际应酬、迎来送往、接待联络以及组织的信息传递、公共关系促销和公共广告等两个层次的基础之上发展起来的公共关系高层次的活动。前两个层次的公共关系活动是由公共关系的业务工作人员和管理工作人员负责实施的，公共关系策划工作必须由公共关系专家或组织中的最高决策人来具体筹划、安排并组织实施，它需要凭借公共关系专家与决策者的创造性思维，提出全面性的构想，进入决策的范畴。

（2）公共关系策划是公共关系价值的集中体现

现代公共关系运作是一项系统工程，无论是日常公共关系活动，还是专项公共关系活动，都需要进行很多的公共关系策划。组织在日常公共关系工作中，如果能进行很好的谋划和操作，就可以保证各项工作都能按部就班、有条不紊；组织重大公共关系活动项目的出台，如果能策划得精彩，就能收到良好的效果。如果组织没有公共关系策划，即使公共关系运作很好，公众也会感觉这个组织平平常常，无振奋人心之处。就像一组交响乐中缺少高潮、一支歌曲中缺少主旋律一样。这些都体现了公共关系的策划价值。它可以使一个组织增加知名度，提高美誉度。国际上一些著名的公共关系公司，常常在企业的危难之中救助企业。

（3）公共关系策划是公共关系竞争的法宝

公共关系策划在组织中居于非常重要的地位，是关系到社会组织公共关系全局性的工作。现代企业的竞争,已经从产品竞争阶段转入企业竞争阶段。这时竞争从表面上看是一种软性的友好竞争,但是其内涵更深刻,手段更高明,是一种头脑的竞争、智慧的竞争。其表现形式则为信誉的竞争、形象的竞争,哪个企业公共关系策划工作搞得好,哪个企业就会赢得公众的信任,并形成一种美好的形象。

(4) 公共关系策划可以增强公共关系工作的有效性

公共关系工作要取得良好的效果,必须遵循公共关系工作的规律,提高公共关系工作的科学性。通过精心策划,科学设计和确定公共关系活动的计划和方案,这样才能确保其目标、对象的准确性,活动内容、方式的可行性,有助于合理安排活动的进程和经费,加强公共关系活动中各个环节的衔接,以避免单凭经验和主观随意性而造成的失误和损失,防止混乱和浪费。另外,通过精心策划,把公共关系与广告、市场营销、管理等手段有机结合,实实在在为组织解决在某个时期、某个领域存在的问题,塑造良好的社会形象,帮助组织实现在该时期既定的目标和任务。

总之,公共关系工作要取得实效,离不开公共关系活动的精心策划,公共关系策划是保证公共关系工作有效性的重要环节。

(5) 公共关系策划可以保证公共关系工作的计划性

对组织而言,公共关系工作贯穿于经营管理的全过程。社会组织在不同时期的公共关系工作必须有一个完整的计划方案,对公共关系活动的时间、地点以及人、财、物等条件有一个全面考虑,对公共关系活动实施细节提出一些具体的安排意见。公共关系工作自始至终都应该是一种有计划的活动,而这些都需要在公共关系策划中完成。只有通过公共关系策划,才能选择和确定公共关系活动的目标和对象,选择公共关系活动的具体方式和最有效的传播手段,把握最佳的传播时机,合理地分配和使用经费,使公共关系工作按计划实施,步步到位,井然有序,保证工作有计划、有步骤地完成。

(6) 公共关系策划可以保证公共关系工作的连续性

公共关系工作的根本任务是塑造良好形象,改善公众关系,创造和谐环境。社会组织要完成这些任务,赢得公众信任,树立良好形象,不是依靠一两次公共关系活动就能一蹴而就的,它需要长期持久的努力。而要坚持不懈地开展公共关系工作,并取得满意的效果,则离不开公共关系策划。公共关系策划本身既是对以前公共关系工作的总结和评估,又是下次公共关系活动科学规划的开始。公共关系策划能够使公共关系工作注重社会组织的总体目标和长远利益,也能够根据社会组织以往工作的成败得失以及公共关系目标,设计出形式上新颖独特、内容和主题又能与以前活动保持有机联系的公共关系活动方案。因此,公共关系策划发挥承前启后、承上启下的作用,这种策划的连续性实际上也保证了公共关系工作的连续性。

### 三、公共关系策划的基本原则

（1）公众利益优先

从组织内部看，任何公共关系策划都是为谋求组织发展而展开的，都必须考虑到组织的利益，使公共关系活动与组织的整体运行计划紧密结合，以取得良好的经济效益。但任何组织的生存与发展，都离不开公众的支持，如果公共关系策划只追求经济效益，只顾自身利益不顾公众利益、社会效益，就失去了组织与公众沟通并获得社会认可和支持的基础，最终将会为社会所不容。所以成功的策划应是以组织利益和社会利益的统一为宗旨。尤其应该把公众利益放到优先地位，只有如此，才能得到公众的信任，才能赢得公众，也才能最终实现组织的目标，获得组织利益。

（2）尊重客观事实

公共关系策划必须坚持以客观事实为依据，做到客观、真实、全面、公正。所谓客观，就是反映事物的本来面貌，不以推断和想象代替事实，更不能有意识地"造假"；所谓真实，就是直面事实，既不夸大，也不缩小；所谓全面，就是充分掌握事物的全貌，反映、传播需要公开的事实的全部材料，决不以点带面，以偏概全，更不能有意地掩盖事实真相；所谓公正，就是以公正的态度对待事实，站在公众能够接受的立场上处理问题，不护短，不推诿，不文过饰非。坚持尊重客观事实原则，要求我们必须经过周密细致的公共关系调查，制定切实可行的公共关系目标，排除来自各种虚假因素的干扰，坚持公共关系策划的真实性，在充分掌握客观事实的基础上，策划出公众可接受的方案。

（3）创造性与务实性相统一

一次成功的公共关系策划必须是一次创造性劳动，是对公共关系理论的创造性应用，以公共关系策划新颖、独特的内容吸引公众。公共关系策划要根据组织环境和社会公众各个方面的发展变化状况，以及组织内部的条件，提出富有独创性的公共关系方案，这样才能使公共关系活动标新立异，收到更好效果。但在实践中，有些具有新意的策划方案，因受多种因素的制约，并不一定都能实施。在进行公共关系策划时，组织的需要和实现的可能二者必须统一，对公共关系策划者来说，既要考虑社会组织所要达到的公共关系目的，也要考虑外部环境和内部条件，使得公共关系策划方案的目标是可实现的，程序是可行的，范围是力所能及的，手段和方法是可利用的，为公共关系活动的有效开展奠定基础。

（4）计划性与灵活性相统一

经过策划所形成的行动方案，涉及组织各方面工作的协调，涉及人、财、物的配备，具有较强的计划性。所以行动方案一旦确定，应尽量保持其稳定性，保证整个行动方案的贯彻实施。但是，公共关系策划所制定的计划方案不是僵死的和一成不变的，它应具有一定的弹性和灵活性。组织的主观条件和外部环境随时都在发生变化，因此公共关系策划所制定和实施的方案，应具有充分的回旋余地，灵活的补救措施，尤其是当环境的变化对目标的影响很明显时，应及时适当地调整公共关系策划的活动，或者适度调整公共关系目标。只有把计划性和灵活性有机地统一起来，才能保证公共关系工作达到更好的效果。

（5）与社会组织整体计划相一致

公共关系策划是在组织总体发展目标的约束下进行的。在进行公共关系策划时，必须把这种策划所达到的目标看作是组织整体目标的一个部分或一个方面，与组织的整体目标统一起来。无论是专业性的公共关系公司，还是组织内部的公共关系部，在公共关系策划时，都要认真研究现阶段、现时期组织的目标是什么。策划必须根据组织的特定目标来设定策划方案的目标，否则，与组织的发展目标相悖，再好的行动方案，也只能是一种不切实际的空想。

**四、公共关系策划的具体步骤**

公共关系策划的具体步骤是根据社会组织内在的和外在的客观状况以及公共关系策划的具体内容而定，一般说来，大致可以分为四个阶段、十四个步骤。第一阶段为策划起始阶段，发现和提出问题；第二阶段为策划准备阶段，包括搜集信息、整理信息、分析信息、界定公众四个步骤；第三阶段为实施策划阶段，包括确定目标、设计主题、选择媒介、预算经费、拟订方案等五个步骤；第四阶段为策划完善阶段，包括审定方案、形成文件、反馈意见、调整完善四个步骤。

（一）策划起始阶段

公共关系，是以问题的存在为前提，围绕解决问题展开活动，因此发现问题、提出问题是公共关系策划的逻辑起点，解决问题是公共关系策划的目标，贯穿于公共关系策划的全部过程。

（1）问题是目标与现状间的差距

我们所说的问题，是指社会组织的现状与理想目标之间的差距。差距的存在使社会组织的决策者感到有问题存在，为了实现既定目标，必须缩小直至消灭现状与目标之间存在的差距，这就需要通过策划采取积极的公共关系行动，以解决存在的问题。

（2）问题是公共关系策划的逻辑起点

我们之所以把问题作为公共关系策划的起点，这是因为公共关系策划行为缘起于问题，问题分析就是确认策划目标，问题影响并制约着策划的各个环节。

(3) 发现问题的常用方法

如何发现组织所存在的问题呢？一般常用的方法有：例外法则、偏差记录、组织诊断、缺点列举。

① 例外法则。把社会组织的理想目标与现实状态加以对照，如果两者相符则属于正常，如果两者不符则属于例外。从"例外"中寻找差距，发现问题。

② 偏差记录。社会组织安排相关人员周期性地调查和询问组织内外发生了哪些变化，出现了什么异常现象，把脱离组织正常运行轨道的偏差记录下来，然后对这些偏差进行分析研究，从中发现问题。

③ 组织诊断。社会组织聘请有关专家，对社会组织的机体或运行状况进行检测、评估和分析，以便发现潜在问题。

④ 缺点列举。社会组织通过召开各种形式的员工或者公众座谈会，专门就组织的某一方面情况请与会者列举所存在的缺点，从大家谈话所列举的缺点或不足中发现存在的问题。

(二) 策划准备阶段

当社会组织发现问题之后，就要通过具体的公共关系活动来解决问题。为了使公共关系活动有针对性、计划性并收到预期效果，必须针对发现的要解决的问题进行公共关系策划，公共关系策划进入准备阶段。这一阶段包括搜集信息、整理信息、分析信息、界定公众四个步骤。

(1) 搜集信息

针对发现并试图解决的问题，搜集相关信息，以便为公共关系策划奠定基础，为审定公共关系策划方案制定参照标准，为开展公共关系活动创造条件。

(2) 整理信息

对搜集到的信息，进行归类和初步加工处理，便于信息的保存、分析、应用。这样可以提高信息的有序性、完整性、真实性、准确性、概括性和针对性。

(3) 分析信息

针对公共关系策划活动的实际需要，运用专门的信息分析方法，对搜集到的经过了初步整理的信息，进行比较、估量、计算、筛选等加工分析，从而弄清现状，找出差距；总结经验，发现优势；获取新知，寻觅时机；设计新路，确定目标。

(4) 界定公众

公共关系活动的目标公众或称之为对象公众，是需要根据公共关系活动的内容、目标及公众状况来确定的。只有准确地确定目标公众，公共关系活动才能有的放矢，收到预期效果。针对发现并要解决的问题，根据搜集的信息反映出的特定公众情况，通过信息分析，对公众加以界定，确定目标公众，以便为正式策划做好准备。界定公众有利于明确公共关系活动目的、设计公共关系活动主题、组织公共关系活动队伍、选择传播媒介。

(三) 实施策划阶段

公共关系策划准备工作就绪之后，就可以进入正式实施策划阶段，这是公共关系策划最重要也是最富成效的阶段，这一阶段包括确定目标、设计主题、选择媒介、预算经费、拟订方案等五个步骤。

1. 确定目标

公共关系策划的目标是指预测通过公共关系策划方案的实施所要达到的最佳效果。确定目标必须以发现并试图解决的问题为出发点，以搜集的信息及其对信息的分析、对公众的界定为依据和前提条件，以预期效果即对问题的解决程度为归宿。确定目标，可以为策划指明方向，为策划的实施提供依据。

(1) 理论目标

① 按时间幅度可分为长期目标、近期目标和短期目标；② 按组织针对的问题可划分为建设性目标、解释性目标、纠正性目标、创造性目标等；③ 按公共关系目标实现的顺序可划分为传播信息目标、联络感情目标、改变态度目标、引起行为目标等。

(2) 实践目标

英国公共关系专家弗兰克·杰弗金斯将公共关系实践目标概括为16种，即开发新产品、新技术、新服务项目时，要让公众对其有足够的了解；开辟新市场、新产品和服务之前，要在新市场所在地的公众中宣传组织声誉，提高组织的知名度；转产其他产品时，要调整组织对外形象，树立新的组织形象与新产品相适应；参加社会公益活动，并通过适当的方式向公众宣传，增加外部公众对组织的了解和好感；开展社区公共关系活动，与组织所在地的公众沟通，得到他们的支持；本组织的产品或服务在社会上造成不良影响后，通过公共关系活动，挽回损失；为本组织新的分公司、新的销售店、新的驻外办事处进行宣传，使各类公众了解其性质和作用；让广大公众了解组织领导层关心社会、参加各种社会活动的情况，以提高组织的美誉度；发生严重事故后，要让公众了解组织在处理过程采取的方法，解释事故的原因以及正在做的努力，以取得公众的谅解；创造一个良好的消费环境，在公众中普及同本组织有关的产品或服务的消费方式、生活方式；创造股票发行的良好环境，在本组织的股票准备正式上市前，向各类公众介绍产品特点、经营情况、发展前景、利润情况等，宣传组织的投资环境和条件；通过适当的方式向儿童宣传介绍，使正在成长中的一代了解本组织产品的商标牌号、企业名称、服务特色；争取让政府对组织性质、发展前景、需要得到支持的情况有所了解，协调组织关系；赞助社会公益事业，赢得社会好感和关注，扩大组织影响;准备同其他组织建立合作关系时,了解组织的公众、组织的合作者及政府部门宣传合作的意义和作用;处在竞争危机时刻,通过联络感情等方式,争取有关公众的支持。

(3) 确定目标的依据

确定公共关系目标要建立在对环境及其发展趋势充分研究与估计的基础上,主要包括以下三点。

① 历史研究。任何组织、任何问题以及任何机会,都不可能脱离它的历史根源。因此,了解历史情况应该是确定目标的第一个环节。

② 环境考察。考察研究组织所处的内外环境,内部环境考察是要了解组织的个性特点和管理风格,组织内部员工对工作条件感觉如何,对领导是否满意;外部环境考察是要了解社会对组织的现状及行为评价如何,组织和公众之间有哪些误解。

③ 趋势展望。组织要完成的任务是什么,公共关系计划的宗旨是否与它相一致,该组织的发展前景如何,什么是它的有利因素与不利因素,在哪些方面能够寻求公众对组织的支持。

2. 设计主题

公共关系活动主题是联结所有公共关系活动项目的核心,是统领整个活动、连接各项目、各步骤的纽带。在确立了主题以后,所有的公共关系活动都要围绕这一主题展开。

设计的主题是否恰当、准确,对公共关系活动效果影响极大。公共关系策划设计的主题,应当是该项公共关系活动内容的高度概括,因此一般用提纲挈领式的语言来表达。主题的表达方式多种多样,它可以是一句口号,也可以是一句陈述或者一段表白。当然,要想使设计出的主题既切合公共关系活动内容,又高度概括,并令人耳目一新、过目不忘,能够给公众留下深刻印象,是件非常不容易的事。在设计主题时必须认真思考,反复推敲,精心遣词造句,争取使主题简洁、明了、准确,富有意蕴和韵味,并能够充分体现活动宗旨,对公众具有较强的感召力。

3. 选择媒介

媒介是公共关系传播的载体。一般常见的传播媒介有以下几种。

① 人际传播媒介。主要包括个人之间面对面交谈、书信来往、电话联系等。

② 群体传播媒介。包括各种座谈会、新闻发布会、联谊会,以及一般性的会议等。

③ 大众传播媒介。主要包括报纸、杂志、广播、电视、网络、各种展览会及宣传材料等。

每一种传播媒介都有自己的长处和短处,在选择传播媒介时应注意以下原则。

① 适应对象原则。考虑此次活动的信息接收者是谁？他们习惯于接收哪种或哪些媒介传达的信息？他们对什么形式和内容的信息感兴趣？他们对各种信息的理解能力如何？他们接收信息的条件如何？

② 区别内容原则。内容简单而又容易理解的事物可以选择电视、广播传播，内容比较复杂，需要经过反复思考才能完全明白的道理或技术性较强的应选择印刷品传播等。

③ 合乎经济原则。公共关系传播需要一定的经济投入和其他资源的投入，故而组织在选择媒介时应当首先考虑自己的实力，只要能达到预期的目标，在考虑媒介时应尽力以节省经费支出为出发点，不可一味地贪大。

④ 考虑条件原则。在我国现阶段的公关活动发展过程中，经济和科技的发展水平还不平衡，媒介分布和发展的程度，尤其是大众传媒发展的水平很不平衡，故而在选择媒介时必须考虑并且研究当地现有的各种条件，一切脱离实际情况的选择都等于空谈。

4. 预算经费

开展公共关系活动，必须考虑成本与效益即投入与收益的关系问题。公共关系活动，需要一定的物质基础。也就是说，公共关系策划方案，必须建立在一定的物质条件基础之上，才有可能实现。因此，预算经费便成为公共关系策划的一个重要步骤。

无论是出于何种目的而开展的公共关系活动都应该考虑投入与收益的关系，公共关系策划的方案必须建立在一定的物质条件基础上，才可能成为现实。

经费预算项目可以分为行政开支和项目开支两大类。

行政开支＝劳动成本费用＋日常行政费用＋设施材料费用。

项目开支＝已经进行的项目费用＋计划进行的项目费用＋预测可能进行的项目费用。

预算活动经费的方法主要有四种。

① 固定比率法。按照一定时期内经营业务量的大小确定预算经费总额。经营业务量可以按照销售额计算，也可按利润额计算，各组织自行决定从中抽取一定比例作为公共关系经费。

② 投资报酬法。把公共关系活动的开支当作一般投资看待，即以相同数量的资金投入获得效益的大小作为依据。

③ 量入为出法。以组织的经济实力和财务支出情况为依据，根据财力允许支出的金额确定公共关系活动经费总额。

④ 目标先导法。先制定出公共关系活动所期望达到的目标，然后将实现这一目标所需的各项费用详细计算出来，从而计算出整个活动所需的经费总额。

5．拟订方案

公共关系活动方案是为了实现公共关系目标所拟订的各项措施、办法、途径、策略、技巧的汇集。拟订公共关系活动方案，是公共关系策划阶段的核心环节，是使策划目标得以实现的基础。

拟订方案的意义主要表现为明确公共关系所面临的任务，确定适宜的公共关系目标，编制公共关系工作程序，区分公共关系工作的轻重缓急，便于有条不紊地组织公共关系活动，而且能够展现行动结果。

拟订公共关系方案，应该以对所掌握的各方面信息的科学分析为前提，以目标公众、目标系统、活动主题、传播媒体、活动经费、结果预测等为依据。

(四) 策划完善阶段

策划完善阶段，是公共关系策划的最后一个阶段，它主要包括审定方案、形成文件、反馈意见、调整完善四个步骤。

(1) 审定方案

拟订出来的公共关系活动方案，还仅仅是关于如何开展公共关系活动的基本构想，为了使其更加科学、更加完善，还必须对它加以审定。审定方案一般是由有关领导、专家、具体工作人员参加的方案审定委员会（审定小组、工作小组）或专门会议，对方案进行讨论、评估、选择、优化、论证。

(2) 形成文件

形成文件是指将公共关系策划过程及其结果等与策划有关的主要内容进行加工整理转化为书面形式。形成的文件就是公共关系策划的正式方案，这是反映最终策划成果的书面文件。

撰写策划方案文本，是为了对策划过程中各个环节和形成的初步文件进行整理、加工，使之系统化、规范化、完善化。策划方案制作过程是：首先，撰写策划方案写作大纲，列出各章的标题、要点；其次，经过检查、推敲对大纲进行补充、调整，使之内容全面，顺序合理，结构严谨；再次，对要点进行说明或阐述，使之成为策划方案初稿，最后，对初稿进行修改补充，润色推敲，使之主题鲜明，重点突出，行文流畅，条理性强。

撰写计划书是将策划过程及其结果等与策划相关的主要内容进行整理加工并转化为书面形式，形成反映最终策划成果的书面文件。

其过程为：

① 撰写写作大纲，列出各章的标题和要点等主要内容；
② 经过检查进行补充调整，使之内容全面、顺序合理、结构严整；
③ 对要点进行说明或阐述，使之成为策划方案的初稿；
④ 在初稿的基础上加以润色推敲，使之简洁明了，重点突出，文字流畅。

一份规范的计划书应该由封面、摘要、目录、前言、正文和署名等六部分组成。

封面应标明策划项目的名称,策划主体的名称、完成计划书的日期及计划书的编号。

摘要应该简明扼要地阐述计划书的核心内容,便于决策者了解计划书的精神实质,形成深刻印象。

目录部分应该列出计划书正文的章节名称,如有附件也一并列出。

前言是计划书的大纲,包括计划书的宗旨、背景和意义等主要内容。

正文一般包括标题、主题、目标、综合分析、活动日程、传播方式、经费预算、效果预测等内容。

署名是指在计划书最后注明策划机构的名称或策划人员的姓名,以及计划书的完成日期。

(3)反馈意见

公共关系活动是一种双向传播沟通活动。公共关系策划具有超前性和预测性。策划过程中涉及的一系列因素都处在不断发展变化中,策划人员的事先预测不可能做到与客观现实丝毫不差,更不可能完全把握准确相关因素发展变化的趋势和程度。因此,不仅要在方案策划、最终形成方案文本的过程中不断地反馈相关的信息和意见,而且在方案实施过程中也要及时收集反馈信息、意见。这样做可以发现实施过程中的偏差,汲取有价值的信息和意见,对方案做必要的调整,以利于公共关系活动的顺利开展,收到更佳效果,实现策划目标。同时,也有利于总结经验,为以后的公共关系策划提供有益的借鉴和启迪。

经常运用的反馈方法有比率统计法、询问统计法、媒介反馈法、观察理解法、民意测验法等。

① 比率统计法。即对事先确定的开展活动所选择的传播媒体的传播效果进行统计、计算,将计算的比率与策划方案中预计的效果加以比较。

② 询问统计法。即对目标公众进行询问调查,统计被询问者中接收信息、产生认同、改变态度、引起行为的人数及其程度,并对其加以计算,将计算的结果与策划方案中预测的效果进行比较,从而判断工作成效。

③ 媒介反馈法。即搜集新闻媒介对策划项目实施的相关反映,将其与方案实施以前的媒介反映进行比较,从中了解通过策划项目的实施而产生的效果。

④ 观察理解法。即通过对目标公众产生认同、改变态度、引起行为等情况的观察分析,来判断策划项目的实施效果。

⑤ 民意测验法。即通过问卷、访谈等民意测验的方式,了解目标公众对策划项目实施情况的了解、认知、理解、认同情况,以此推测、检验策划项目实施所取得的效果。

与此同时，还可以根据具体情况，对策划项目的实施过程、实际效果进行反馈评估。

（4）调整完善

根据反馈的信息、意见，以及必要的反馈评估，对策划方案进行必要的调整，使之更加完善。调整策划方案的基本原则如下。

① 分清主次。即对实施过程中出现的偏差进行认真分析，找出产生偏差的主要因素，针对主要问题进行调整，也就是要解决主要矛盾。

② 实事求是。即发现事先的预测与客观现实存在偏差时，不能文过饰非，一定要实事求是，从善如流，对事先通过预测而制定的方案进行修改补充。

③ 科学谨慎。即对策划方案的调整必须以谨慎的态度和科学的方法为基础，确认策划方案确实存在问题或不足，确信方案与现实存在偏差的原因确实在于方案方面的问题，而且找到了存在问题、偏差的真正原因，才对策划方案加以调整，不能轻率地、随意地改变经过深思熟虑并经过反复论证而确定的重要内容。

④ 及时果断。当断不断，必有后患。如果经过认真分析研究，确认出现问题、产生偏差的原因确实在于方案本身存在的问题或不足，或者方案实施过程中出现了原先没有预料到的影响方案实施的条件变化，那么就要当机立断，及时果断地对方案进行调整、修改，使之完善起来，使之更符合变化了的客观实际。这样，才能收到良好的公共关系实施效果。

经过调查研究后，弄清了组织面临的公共关系问题和形象的差距，公共关系人员就应着手制订公共关系计划。在这一程序中，需要确立公共关系目标，制订公共关系计划以及编制公共关系预算。

## 五、确立公共关系目标

明确的目标是公共关系工作乃至整个组织管理工作的指南。只有确定了组织应该或必须达到的在公众心目中的形象地位，公共关系部门和人员才有了明确的努力方向，才可以计划和组织各阶段、各部门有关人员的具体活动内容，才可以正确地预算、积极地安排和筹措公共关系活动所需的时间和经费。

公共关系活动的性质决定了它的工作目标主要是：促进公众对组织的了解，改变公众对组织形象的态度；通过大量、充分、细致的公共关系活动，促进公众对组织总体或某一方面方针、政策、行为的了解与理解；通过以一定形式和内容进行的公共关系活动，进一步影响、改善公众对组织形象的评价与态度。在确立目标的过程中，公共关系人员应遵循下列几项原则。

（1）有效性原则

如前所述，公共关系工作的目标是期望产生的组织形象目标。通过一定公共关系活动产生的目标形象，应是有利于促进整个组织发展的有效形象。有效形象既是组织利益和公众利益的统一,也是总体形象(组织在一般公众心目中的形象)和特殊形象(组织在特殊公众心目中的形象)的统一。有效形象的树立,应该既能满足公众的利益,也符合组织自身的特点、性质和作用;既能满足主要公众对象、特殊公众对象的要求,也能维护其他一般公众的利益。

(2)一致性原则

公共关系工作是组织管理的一个组成部分,公共关系目标应纳入整个组织管理的目标体系。组织的管理活动为公共关系活动创造了环境,提供了基础。公共关系活动实际上是组织管理活动的延伸,公共关系目标不仅要靠具体的公共关系活动去实现,而且在更大程度上受到整个组织管理的影响。因此,要保证目标的实现,就必须使公共关系目标与组织整体目标相衔接、相一致,要使得公共关系目标的实现能促进整个组织的发展,同时组织总体目标的达成又为公共关系目标的实现提供更好的条件。

(3)可行性原则

在确定目标的过程中,公共关系人员必须对组织的主客观条件进行通盘考虑,对各种可能影响目标实现的条件有比较清醒的认识。有些目标在实施过程中还存在不少难以排除的障碍,因而,这样的目标应及时放弃。影响目标可行性的因素很多,公共关系人员只有在对这些因素进行了认真的分析和研究之后,才能确定一个较为切实可行的目标。

(4)具体性原则

改善组织形象这类定性、抽象的目标,是指导方针性目标,仅有这些目标,组织公共关系工作的计划还是难以制定,活动的效果也难以衡量。为此,必须将抽象的公共关系目标具体化。目标具体化包括两个方面的含义:一是对目标进行一定的操作,用一系列较为具体的指标来描述抽象的目标,以便进行必要的量化处理;二是将目标进行分解处理,进一步分析造成问题的原因,以及改善组织形象需要采取哪些具体的措施,落实这些措施应有哪些具体的做法。

(5)集中性原则

组织面临的公共关系方面的问题往往很多,想通过一两次公共关系活动策划就能解决所有问题是不可能的,因此,公共关系活动的计划应当集中于目前最需要解决的问题,围绕这一问题开展公共关系活动。

## 六、制定公共关系计划

确立了公共关系目标以后,公共关系人员就应着手制定实现公共关系目标的具体计划和行动方案。组织的公共关系工作随时随地受到其外部各种环境和条件因素的制约,要想顺利地实现公共关系目标,就要求在工作之前以及在工作之中不断地进行周密的思考和准备,以适应内外环境的要求及变化。

公共关系目标的确定标志着制定公共关系计划具体程序的开始，为了制定一系列可行方案，公共关系部门要组织有关人员针对公共关系问题，提出为改进形象，而采取措施的初步设想；对各种设想进行收集、整理和归类，组成各种不同的初步方案；对初步方案进行粗略的评价和选择，去掉那些不能达到的目标要求和不具备实施条件的方案，并补充和修改一些新的设想；最后对余下的设想和方案进行完善并预计执行的结果。这样，便产生了一系列可供选择的可行性方案。

每一个公共关系活动的可行性方案，都应包括项目、策略和时机等三个方面的因素。公共关系活动的具体项目是为了实现公共关系目标，改善和提高组织形象而采取的一系列有组织的、相互协调的行动，包括演讲会、展览宣传会及组织体育运动会，举行记者招待会，邮寄广告印刷品，组织庆祝纪念活动等形式。公共关系活动的具体项目一般有以信息传播为中心内容的活动项目，以推销产品或服务为主要目的的活动项目，在某些特殊时间（如国庆节等节日）举行的活动项目，以及利用组织现有设施举行的活动项目等四种基本类型。公共关系行动策略是指在实施公共关系项目的过程中，公共关系人员所运用的技术和技巧。

为此，公共关系人员要具备高度的创造性、灵活性和组织才能，要能够根据情况的变化，迅速采取相应的对策，特别是在处理某些麻烦和棘手的问题时，表现出较高的艺术性。

### 七、编制预算

编制预算，实际上是一个将公共关系计划具体化的过程。通过预算，首先，可以确定公共关系活动项目和规模，在有限的资金额度内，实现公共关系目标。其次，根据预算表，公共关系人员可进一步编制出完成任务的时间表。最后，有了预算可以对公共关系活动各项费用的使用情况进行查核，进而衡量公共关系工作的完成情况。总之，正确的预算可以从财力、人力和时间上保证公共关系活动的正常进行，有利于公共关系计划的组织落实，也有助于公共关系活动效益的提高。

编制预算时，公共关系人员主要是对一定时期内（一般是一年）从事公共关系活动需要的总费用加以估算，并对公共关系活动费用的主要构成和项目加以确定。公共关系活动费用主要有以下几项。

① 工资费用。包括公共关系部门工作人员和所有参与公共关系活动的外邀人员的工资、奖金。

② 办公费用。包括房租、水电、电话、纸张、订阅有关报刊等费用。

③ 设备器材费。所有具体的东西如印刷品、视听器材、摄影材料、展览用品等购置费。

④ 实际活动费用。包括调查研究、出版刊物、专题活动、影视资料制作、新闻发布会、媒介关系等的费用。

# 第三节 公共关系实施

公共关系实施是通过选择恰当的公共关系工具，运用各种传播手段和传播媒介，与组织的对象公众进行沟通，创造有利于组织形象的具体活动。计划实施是公共关系工作程序中最重要、最关键的一环。

## 一、公共关系工具的选择

公共关系的沟通主要是以大众传播与人际传播为工具的。

大众传播，是指职业的传播者通过印刷媒介和电子媒介，利用语言、文字、图像等视听符号，向广大公众提供信息的过程。最常见的大众传播媒介有报刊、广播、电视、互联网络等。大众传播具有传播对象数量大、分布广、传播速度迅捷等优点，因而受到各类组织的重视。在公共关系活动实施时，公共关系人员应详尽地了解传播媒介的特点，并根据自身的工作环境和目标要求，扬长避短，科学地运用各种大众媒介，从而使组织的形象为人们所理解和接受。

人际传播，是指两个人或两个以上的个人之间的一种交流、传播和分享信息的传播方式。人际传播有面对面的传播方式，如谈话、座谈会、招待会等，也有非面对面的传播方式，如写信、打电话等。人际传播主要依靠语言和文字符号进行，也常常辅以体态语言，如手势、表情等。和大众传播相比，人际传播的缺陷在于信息传播的范围较小，信息传播的受众人数有限。优势在于人际传播是双向传播，传播和反馈能同时发生。而大众传播基本上是单向的，对公众的反应很难马上知悉，必须花大量时间和人力、物力、财力，通过实际调查的方法才能获取。

在公共关系活动中，公共关系人员可根据公共关系的目标和对象的不同，选择不同的传播方式，也可以将两种传播方式结合起来加以运用，以取得较好的沟通效果。

## 二、公共关系的实施媒介

在现代社会，需要传播和沟通的公共关系信息既丰富又广泛，为此，公共关系人员就必须运用多种多样的媒介来进行传播和沟通。下面简单介绍一些常用的实施媒介。

① 报纸、期刊和其他公开发行的印刷品。公共关系工作人员主要的工作方式是向报纸、期刊等这些发行单位投寄本组织的新闻稿，或者是邀请其记者来本组织采访、参观。组织通过这些报纸、期刊，与其公众进行沟通，宣传介绍自己。

② 视听媒介如电视片、幻灯片、录音、录像等。公共关系人员通过播放介绍本组织情况的幻灯片、录音、录像和电视片等方法，让内外公众更生动地了解组织。

③ 互联网络媒体。互联网是20世纪90年代诞生的新型媒体。具有速度快、覆盖面广、信息传播方便迅捷、传播形式多样、不受时间限制等特点。经过最近几年的发展，互联网络越来越受到各类组织的重视。组织利用互联网络，介绍组织的基本情况和其他重要信息，已经成为开展公共关系活动的重要手段之一。

④ 展览会。公共关系展览会不同于产品推销会，其目的是通过展览会让参观者集中了解组织多方面的情况。展览会通过展出的实物和图片以及展出次序的编排，介绍资料的准备，展览会工作人员的态度等，多方面地同参观展览的公众沟通。

⑤ 宣传印刷品。指组织自己印刷的各种手册、招贴画、海报等，以适当的方式散发和张贴，传播一定的观念，让公众正确了解组织。

⑥ 公共关系广告。以广告的形式在传播媒介上出现，不以销售为导向，而以宣传普及某些与公众利益相关的观念和知识为主。例如，可以出资制作一些公益用品，如道路的指示牌、垃圾箱、市区路边的交通示意图等，在这些公益用品的另一面或角落上，写上一句口号，如"请爱护我们的环境！"，或者写上组织名称，起到吸引公众、提高知名度的作用。

⑦ 直接邮寄信函和印刷品。公共关系工作人员通过邮寄信函的方式，向一些特定的公众介绍情况，回答相关问题，以让这些公众较深刻地了解本组织。逢年过节和节庆日，还应向一些特定公众写信表示祝贺，以增加双方的感情联系。

⑧ 演讲词。由公共关系人员根据不同情况的需要，专门拟写演讲词向公众介绍情况和回答问题。这些演讲词将用于记者招待会、听证会、组织的年度工作会议，及组织内外公众会谈等场合。

⑨ 组织内部刊物。如组织内部编辑印刷的公司简报、校报、手册、年鉴等，宣传本组织的好人好事，介绍本组织的情况，同内部公众沟通。

⑩ 赞助社会公益活动。通过出资或组织志愿者扶助社会弱势群体，如残疾人、老年人、社会救助人员等，为社会做好事，在公众中提高本组织的知名度。

⑪ 组织风格和标志。这是组织文化的一个组成部分，由公共关系人员策划并不断维护一个组织的形象标志、工作口号、人员装束以及用品的色彩，以形成一个企业的明显特色。对内可以起到团结、激励全体员工的作用，对外可以增强企

业的号召力,有助于企业形象的塑造。

### 三、口语传播在公共关系活动中的实施运用

在公共关系实务活动中,口语传播是运用得最为广泛的形式之一,可以说,口语传播是公共关系实施的一项基本操作技术,因此,它不仅是专业的公共关系人员所必须掌握的,而且是组织的每个领导者或每一个组织代表人员所必须掌握的。它甚至应当化为一种公共关系意识,渗透到每一个组织成员头脑之中。口语传播在日常接待、新闻发布、沟通性会议、公务谈判和游说策动等领域中是公共关系工作的主要手段;相应地,口语传播技巧也是这几个领域中公共关系实务的主要操作技术。

(一) 日常接待

日常接待一般有被动与主动两种情况,相应地,就有被动型和主动型两类日常接待。

1. 被动型日常接待

被动型的日常接待也可称为诉询型的日常接待,它一般是指组织在事前无准备的情况下,对上门联系各种事务的公众的接待。这类接待多围绕着诉求或询查事务来展开,其最大特点是接待人员经常对所交谈的内容一时心中无数,暂时可能难以驾驭场面。因此,接待人员除了要在平时熟练地掌握交谈技巧和熟悉业务外,还必须尽快地了解将要谈论的问题。一般说来,进行这类接待,接待人员(他们可能是公共关系专业人员,也可能是组织的一般职工或领导)要在公共关系意识的指导下注意如下几点。

① 要在符合礼貌原则的前提下,迅速问清和摸透上门访客的来意。这类接待具有被动性,要化被动为主动,关键就在于弄清楚访客的来意,然后才能有的放矢。但是,在询问访客的来意时,要讲究礼貌,不必第一句就要求对方讲出来意,而可以通过寒暄客套等创造了应有的气氛后,再自然地进入话题。

② 要争取给公众以诚恳满意的答复。当所谈的问题明了后,接待人员应对来客的要求给以诚恳满意的答复。如一时不能给予明确答复的,要诚恳地说明困难,并给予"容后再谈"的机会。总之,要尽量让对方获得较为满意的信息,避免给人"白跑一趟"的那种失落和懊丧。

③ 要关心对方的去从。当接待结束后,接待人员应对对方的下一步计划适当地表示关切。从我国目前的日常接待工作来看,这一点是最易为大家所疏忽的,但它却往往有其特殊作用。尤其是在对方对下一步计划犹豫不决时,你对此表示关切,并在力所能及的范围内,予以一定的帮助,常常能给人留下十分深刻的印象,彼此间的距离也可以一下子缩小,感情也就容易建立了。

2. 主动型日常接待

主动型的日常接待亦可称为邀请型的日常接待，它是指组织出于自身需要，对于主动邀请上门的公众访客的接待，如对应邀来组织的参观者的接待。在这种类型的接待中，由于组织担当了组织者的角色，因此它必须把满足对方需要的与事务有关的一切义务承担下来。其中包括：其一，通过交谈进一步了解对方的各种实际需要；其二，接待人员把自身组织的情况和个人背景向客人作简洁的口头介绍，以便他们进一步了解组织和熟悉接待人员；其三，接待人员将能够达到的满足对方需要的程度和范围以及条件阐述清楚，以便让客人尽快作出选择；其四，对客人所有的疑问，接待人员都有义务也必须解释清楚。

总之，口语传播在日常接待工作中，既要使组织与公众相互交流信息，也要使两者之间建立起一定的感情，以利于今后的联系。

(二) 新闻发布

新闻发布在这里特指组织由新闻发言人或相关人员用口语形式向新闻媒体报告或发布组织自身希望社会各界公众了解知晓的信息，它最常见的形式就是新闻发布会，又叫记者招待会。

新闻发布会是组织传播各类信息的最好形式之一。通过出席新闻发布会的各新闻媒体记者，有关信息将会经大众传播媒体迅速地扩散到全社会。与任何公共关系专题活动一样，开好新闻发布会必须做好事先的准备工作。从口语传播的要求来看，在新闻发布会的进行过程中有下列事宜是需要特别注意或事先策划的。

① 要注意会议接待人、主持人、发言人的角色搭配。接待人的作用主要是引人入场，因此其用语必须讲究礼貌，任何在记者面前的无礼用语和怠慢态度都不应发生，这里需要的是热情大方、彬彬有礼。主持人的作用是调度和控制会场气氛，因此，他要善于辞令，语言要幽默，形式要活跃，以避免或消除过分紧张的气氛。而发言人是代表组织出面的，因此，态度要庄重，用词要准确、贴切、精当，必要时，也可夹杂幽默风趣的话语，但谨防弄巧成拙。

② 处理好应该回避的技术性问题。新闻发布会免不了会有记者提出一些组织者事先没有认真考虑过的问题，这类问题有的是一时回答不了的，有的是一时不便回答的，有的还涉及不可公开的机密。对于这类问题，可以采取软性回避的态度，但必须十分注意回避的方式。回避不是强硬地拒绝回答，老资格的发言人在向记者解释这类问题时，往往通过口语变化，在不知不觉中就转换了话题。当然这不是说，要给提问者和听众一种似是而非的满足，该解释的问题还应当解释清楚，但在解释问题的过程中争取巧妙地转移主题，以免造成尴尬局面。一般说来，记者也是通情达理的，当你已做了必要的解释并及时地调换话题后，他也就不便继续追问了。

③ 始终保持镇静、温和、礼貌的姿态。在一般情况下，要保持镇静、温和、礼貌的姿态并不困难。如会议的议程完全符合组织者的预料，那么这种姿态就可以始终保持下去。但如果记者或与会者故意、突然地发难，主持人和发言人仍要保持这种姿态就有一定的难度。有良好公共关系意识的主持人或发言人，不会粗暴地打断记者的发言，也不会采取非言语动作暗示或阻止他们提问，他们仍将保持镇静的态度听取记者的发言，并作出得体的、不卑不亢的答复。

④ 灵活运用信息发布的两种形式。在记者招待会上发布信息，至少有两种形式：其一是陈述、说明或解释一定的事实；其二是显示和表露一定的态度和立场。一般说来，前一种形式比较能让听众满足，因为在对事实的陈述、说明或解释过程中往往包含了说话者的态度和立场。所以一般说来，能用前一种形式时，就尽量采用前一种形式。当这种形式由于种种原因不能被充分运用时，采用后一种形式同样可达到发布信息的目的。

(三) 沟通性会议

如果要给"会议"这个概念下定义的话，处于不同地位的人会有不同的看法，在公共关系从业人员看来，会议应该是指"各自有着特定情景的人们，在同一时间、同一地点或异地（电话会议），就共同关心和认可的主题进行口语信息的交流"。公共关系强调的是会议的信息传播功能，因此它对会议的研究也主要限定在沟通性会议上。这种沟通性会议的作用和目的就在于组织与公众相互沟通情感、维系友情，而其手段则是口语传播，这类会议一般包括礼节性聚会、"对话"和例行性会议三类。

(1) 礼节性聚会

这类会议一般不直接包含利益诉求，因此交谈的题目在这里仅占次要地位，而交谈的形式则是主要的。事实上，这类会议经常是联络感情的一种聚会，会议组织者常在会议形式上多做文章，以便使会议始终处于欢快的气氛之中。根据与会者的共同兴趣和爱好，礼节性聚会可以是聚餐会、歌咏会、文娱晚会或化装舞会等。在这里，口语的要求并不高，主要是通过非言语互动来发挥作用。

当然，在这类会议上，也需要进行交谈。为了保持欢快的气氛，这时的交谈内容，可以来个"主随客便"。客人对什么题目感兴趣，就谈什么题目，不要刻意地转换客人正谈得起劲的题目，并尽可能地发掘客人所谈的意见中值得肯定的内容再加以赞同和发挥。如来客对彼此所谈内容"话不投机"，那么主人可主动帮助找到他们共同感兴趣的话题；如来客对同一问题发生过分激烈的争论，主人不妨做做"和事佬"，设法抓住双方还存在的共同方面加以强调。

(2) "对话"

在国家政治舞台上，"对话"常常指党政机关就各项重大政策问题，与社会各界群众进行的相互协商和相互交流。当然,"对话"也可以发生在任何个人、任何团体以及任何国家和地区之间。"对话"强调的是"理解与沟通"。作为公共关系范畴的"对话",是组织与公众进行交流沟通的一种极为有效的手段。在公共关系实务活动中,"对话"的特点是参与者双方往往存在着某种利益差异或一定的沟通隔阂。换言之,双方之所以要进行对话,就是因为双方利益有出入或双方彼此信息不通,甚至还可能因信息不通而存在着一定的误解。因此在对话中,言谈的内容必须讲究一个"诚"字,要开诚布公,以诚相见。组织和公众可以把双方共同关注的问题全部拿到桌面上来,在"诚"的前提下,在遵循礼貌原则的基础上,各抒己见,据理力争。在这方面,对话与公务谈判相似,而两者的最大区别在于:谈判常常需要达成协议,利益双方可以有得也有失,有斤有两;而对话则无须签署任何协议,它追求的是一种"理解和沟通"的境界。对话的"诚",贵在"以诚感人",在对话中,长期的关系管理要置于短期的利益诉求之上。

(3) 例行性会议

例行性会议是组织出于阶段性工作的需要而举行或参加的会议。在这类会议中,发言必须做到:

① 简明扼要,尽量缩短时间,除非不得已,绝不照本宣科;

② 要使所谈主题突出,并使每个与会者都感到所谈内容与他们有一定的关系;

③ 在会议的进行过程中,要不断地发现和归纳议题的要点,并对此发表看法以调整和推进会议的整体进程。

(四) 公务谈判

组织在其运行过程中,必然会与它的各类公众在追求合作与沟通的前提下,发生利益上的矛盾。为了解决这些矛盾,并在解决过程中既维护自身的合法或合理利益,又兼顾到对方的合法或合理的利益,故在组织的公共关系实务活动中就形成了专门的公务谈判领域。所谓公共关系的公务谈判,就是组织的代表与它的有利益关系的公众为协调利益关系而进行一种专门性的交流沟通和"讨价还价"活动。

在公共关系范围中,公务谈判有一个明确的基本前提和目标,这就是在谈判中组织必须兼顾双方利益。从公共关系来看,任何损人利己的谈判结果,都不会成功,成功和圆满的谈判应该是也只能是双方合理的利益要求都基本上得到满足,双方都是谈判桌上的胜利者。为了达到这一目标,在谈判中就应做到如下几点。

(1) 对自身的利益目标要有一个比较准确的基本估价

为了避免在谈判中出现双方利益要求差距太悬殊,达不成协议的尴尬局面,组织在谈判前就应该对自身的利益目标有一个较精确的估量,这就是说,组织要划定合理的最高获取目标和让步的下限"底线"。有了这个上限与下限，也就把握了自身利益的限度，根据这个限度，便可以事先就准备几套谈判方案。这样，一则可以让自身有灵活的进退余地；二则也可以让对方有选择的余地，这就比较容易达成协议。当然，在谈判中，不必要也不应当把自己准备的几套方案同时推出。一般说来，在谈判开始时，如果自身必须先提方案的话，那么可以把自身利益要求最高的方案推出去，借以试探对方的意图；如果对方表示完全不能接受，那么需视对方的态度推出其他方案。

（2）对对方可能提出的方案要有预先的估计

谈判对于双方来说，都有一个最高目标和最低目标。制定自己的最高目标和最低目标是重要的，但了解对方的最高目标和最低目标同样也很重要，这是估计对方方案的基本依据。此外，要比较准确地估计对方方案，还应对对方的利益出发点、利益需要的迫切程度以及对方代表的个人情况尽可能地进行周全的了解。如对方迫切希望达成协议，那他们的方案就可能有较多的让步；如对方派出的代表谈判态度坚决、言辞强硬，则他们的方案弹性可能较小等。对对方的方案有了大致的估计，既能在制定和修改自己的方案时加以参考，又能在谈判中应付自如，进退适度，始终保持主动。

（3）力争"求大同、存小异"

在谈判过程中，要时刻明了双方的利益差距是必然存在的，双方的意见分歧是自然的，因此，谈判桌上出现相持不下的僵局也是正常的。问题是要打破僵局。打破僵局的办法不是用各种不正当的手段（如欺骗和威胁）来压倒对方，而是要通过合理的让步来尽力"求大同、存小异"。谈判本身就是要以协作为重，如任何一方想单纯地依靠谈判就取得"一边倒"的压倒性胜利，则谈判本身也就不存在了。只有在谈判彻底破裂的情况下，双方才会出现剑拔弩张的局面，企图用各种手段来压倒对方。所以，任何谈判的任何一方都应允许自己向对方作出让步，也需要让步。

用公共关系的眼光来看，必要的让步非但不会损害自身的利益，反而会获得更大的好处，因为让步是表示诚意的具体做法，让步能使双方的关系进一步融洽起来。当然让步是有限度的，并且也是同对方作出同样的反应互为因果的。单方面的无限度的让步就成了屈服，屈服会直接损害自身的利益，这是任何一方都不会乐意接受的。

（五）游说策动

当组织出于自身需要，为了实现组织目标，要向它的公众进行专门的劝服时，便形成了游说策动工作。游说策动在中国历史上可谓是源远流长。春秋战国时期，由于各诸侯国纷争称雄，就造成了一批专门的说客为各国国君进行游说策动,纵横捭阖。三国时的诸葛亮也是游说的专家,凭其三寸不烂之舌,舌战群儒,从而促使孙权采纳"联刘抗曹"的战略联盟建议。在现代,游说策动成了公共关系实务的一个部分,美国国会会议期间极其活跃的"Lobby"就是一批受各利益集团控制的职业说客,他们为所受雇佣的利益集团进行游说策动,以争取有利的法案获得通过或取消不利的法案。

游说策动,顾名思义,其手段是"口说",其目的是使人"心动"。不过,作为公共关系的一种口语传播活动,游说策动是一个很特殊的种类,它是出于组织自身的需要而有求于公众的一种活动,因此从手法上看,它是主动的,但从地位上看是被动的。故此,游说策动要取得成功就必须注意如下几点。

(1) 要争取树立一个好的形象

游说者一般是找上门或凑上去进行劝服工作的,因此一开始就必须给对方一个好的形象感受。在这里,游说者个人的礼貌、礼仪、气质和语言运用水平等内外各个方面都是被游说者在作出选择前的参考。此外,游说者的背景情况也会影响到被游说者的判断,所以游说者在一开始就需要给被游说者一个良好的整体形象。

(2) 要巩固和发展已树立的良好形象

当通过一定的游说策动,被游说者已经对组织及其观点有了较好的印象,抱接受、认可或肯定态度时,或者当被游说者原已对组织及其观点有所认识并抱有好感时,游说者就要从巩固强化着手,尽可能引导公众从长远和全局的角度来考虑组织提出的各种要求,并且还要尽量地发挥已有的感情基础优势,以便使组织取得公众的信任。

(3) 要努力改变组织在被游说者心目中的不良形象

当被游说者对组织及其观点已有成见或误解时,游说者就需要扭转这种被动局面和不良形象。游说者在进行这种比较困难的游说工作时,要注意从细处着手,从具体的事件细节着手,以提供确凿可靠信息的方法来让对方正确了解自己,逐步排除或消除对方的负性态度取向,并在交流中尽可能地避免出现相互对立的意见或情绪。与此同时,游说者除了要通过细致的解释以显示自己的诚意外,还必须从谈话的内容上和感情上使双方距离接近。

## 四、公共关系的文字传播

文字传播由于自身的特点和鲜明个性,有着口语传播所不可替代的作用。在公共关系实务中,文字传播主要有如下几种用途。

(一) 新闻稿撰写

在公共关系实务中,新闻稿的撰写是一项经常性的工作,也可说是文字传播的最一般的处理技术。新闻稿是一种特定的写作文体，它一般包括消息和通讯两个体裁。从文字传播的要求来看，新闻稿撰写除服从文字传播的一般规律以外，它还有自己的特定要求。

(1) 让事实本身说话，始终保持客观叙述的态度

事实是新闻的灵魂，没有事实就没有新闻。而任何事实只要是真实的，就必然含有5个"W"，即When（何时）、Where（何地）、Who（何人）、What（什么）、Why（为什么）。让事实说话，就是要清楚地回答这5个W，同时要严守中立立场，以客观叙述的手法来报道事实，让读者根据自己的看法来对事实作出判断，而不是把自己的意见、观点强加给读者。

(2) 提炼和确定新闻稿的主题，尽可能使新闻稿的主题典型而鲜明

提炼和确定新闻稿主题就是透过事实现象，抓住事实的本质。新闻稿所要求的客观叙述并不是简单的事实的堆砌，而是要从5个"W"的有机联系中揭示其内在的联系。

(3) 准确、简明地运用新闻语言

新闻稿撰写在语言运用上与文学语言及政论性语言都有所不同。新闻稿既要有文采又不能过于华丽，以免失实；同时也不能直接议论，否则就违反新闻用事实说话的基本要求。新闻稿的语言运用基本要求如下。

① 具体。要尽量提供准确的事实材料，少用或不用形容词、副词，尽可能用名词、动词、量词来反映事实。

② 明快。新闻稿的文字要通俗易懂，结构要简单，少用长句，少用专业术语。

③ 简洁。对事实的叙述要简练，要惜字如金。

"消息"是新闻稿最常用的一种体裁。首先，写消息特别讲究导语的构思。导语是消息的首句，概括性导语一般由最主要、最引人注目的事实经提炼后组成。它能鲜明地揭示出全篇的主题思想，开门见山地告诉人们新闻的主要事实，因此它被称为消息的眼睛。导语的写作无一定程式，可以是概括性的，可以是新闻人物的一句引语，也可以是吸引人的场景描述。要写好导语，必须首先消化全部的新闻事实。写出一个好的导语，离写出一条好的消息相差只有半步。然后是合理选择消息的结构。一条消息是由导语、主体、背景材料三大块构成的，将其任意组合便形成了不同的结构。一般而言，消息的结构是把最重要的事实放在最前面，然后再将次要的事实和背景性材料一一置后展开，这犹如重心在上的"倒金字塔"，因此这种结构也称"倒金字塔"结构。"倒金字塔"结构有两个优点：一是符合读者阅读心理，能将最想知道的事实先告诉读者；二是便于编辑，在组版时，若版面不够，只要由下往上倒着删就行，总能保住消息的精要部分。

## (二) 广告文案设计

设计广告是一种综合性的公共关系实务活动。广告文案是广告的一个有机组成部分,它本身也属于文字传播范围。

广告文案的最大特点在于它的简短,通常只有一个标题或一句话,因此广告文案的设计其主旨就是要在寥寥数语中表现出独创的匠心和新意来。广告文案的设计一般有以下几个要求。

① 吸引公众阅读广告文案,尤其是要吸引那些最可能成为商品买家或消费者的公众。

② 要引起公众的兴趣,使他们因为这段广告文案而对商品本身发生兴趣并作出消费尝试。

③ 能够烘托出商品或服务的核心内容,至少要告诉公众广告文案中所指称的对象是"什么东西"。

④ 要告诉公众,消费了广告中的商品或服务能得到什么益处。广告文案既要有严肃性,又要有艺术性,它的设计是无定规的,只要符合上述要求,便可视为合格。

## (三) 宣传资料制作

现代社会组织——大型的或小型的,营利性的或非营利性的都应该有一套介绍自己、宣传自己的宣传资料,宣传资料实际上就是该组织的一张"名片"。

除了广告之外,公众在接触组织生产的产品或提供的服务之前,首先接触到的往往就是这个组织的"名片"——宣传资料。在国际上,组织向公众散发自身的宣传资料是一项日常的公共关系工作,组织借助这种方式把自身的形象推向社会,而公众则通过宣传资料来了解组织的大体情况。

宣传资料的形式是多样的,有的是一份小册子,有的是一张简单的示意图,一般都要求文字流畅、印刷精美、装帧细巧。一份标准的公共关系宣传资料大多包括以下几方面内容。

(1) 组织领导人的致辞

组织领导人的致辞往往被安排在整份宣传资料的首页或最前列部分,目的是增加它的权威性,并使公众产生亲近感。由于组织领导人代表该组织的最高权威,其致辞应体现真诚和亲切的态度,各个词语、各个标点都是细加斟酌,精心考虑。组织领导人的致辞主要是以自己的眼光来客观地评价自己的组织,既要谦虚,又要给予积极的肯定。

(2) 组织的历史和现状概略介绍

组织就如同一个人,必然地有其生长、发展、壮大的过程,宣传资料应将组织的发展过程作概括式的回顾，并对它的现状作出清晰的描述，使读过宣传资料的公众对组织有个提纲挈领的认识。为了使人们更确切地了解组织自身在同行中的地位，如适当加一些与同行业组织的比较对照文字或图表，则更易令人信服，效果也要比单纯的自我宣传好。

(3) 对本组织专业特色的说明

每一个企业在市场上都可能有带有竞争力的产品或引以为自豪的特色服务，为强化公众的印象，引起公众的兴趣，宣传资料中有必要对此加以重点说明。要特别注意的是，宣传资料的读者很大一部分是非专业人员，因此撰写有关自己专业特色的推介性文字一定要考虑到一般读者的理解水平。

宣传资料的一大功能便是向公众提供本组织的信息，使他们一册在手，纵览全貌。为此，宣传资料还应包括各种联系方法、内部机构分工图、电话号码、联系人姓名等使公众能按图索骥的材料。航空公司的宣传资料一般都详细列出了它所能提供订票服务的电话号码，国内、国际各办事处的地址以及航线时刻表，这就大大方便了公众。

宣传资料中的文字篇幅占据了较多部分，但若配以适当的照片和图片，做到图文并茂而相得益彰，那就可以使宣传资料的接受性更强。用图表、色块、数据等多种手段来描述各类事实，如组织的历史、组织的产品市场占有率、组织的技术力量，甚至组织所在地的地理交通图等，其效果更直接，更明显。宣传资料的美学效应问题是制作中始终应放在重要位置上的。

(四) 公共关系常用文书

在公共关系实务中，撰写常用文书工作是日常事务之一。公共关系范围内的常用文书与秘书工作的一般文书有所区别，秘书工作是向高层领导者提供辅助性服务的，它涉及的一般文书是与组织日常运动有关的文字联络、通讯、指令等公文性质的文字材料，而公共关系常用文书的应用范围主要局限于礼仪应酬和宣传鼓动方面，所以相对而言，它的面较窄，专业要求则更高。在公共关系的日常沟通协调工作中，一份格式规范、用词得体的文书，体现的是一个组织的文化和形象。在许多情况下，一份书面文案往往比某些公共关系从业人员的言行更直接地影响着社会公众对某一组织的判断。公共关系常用文书的应用主要在如下几个方面。

(1) 柬帖

在组织的日常交往中，当需要举办或参加某些礼仪性的活动如纪念、庆典、奠基仪式等社交活动时，往往需要通过专门的、特定形式的通知去告知主办者或受邀请者，这就是柬帖。柬帖的文字要求是简单清晰，但又必须在简要的文字中表达出色彩较浓的感情和意向。它的一般形式包括以下内容。

① 标题。用大字或烫金字书写的"请柬"两字，可写在第一行中，也可占

用一页,当作封面。

② 内容。另起一行(或一项),顶格上写明受帖者的单位全称或个人姓名,如个人,则应写上其职称、职衔。第二行空两格写正文,写清事由,以及时间、地点。再空一行顶格写上"敬请参加"等专门用语。

③ 落款。写明发帖者的单位或个人的名称,个人亦要标明职位,最后写上年、月、日。

制作柬帖应注意如下事项。

① 措辞务必做到典雅、得体,语气应婉转,带有协商、祈望、请求口吻,要表现主人的热情与诚意,切忌怠慢、随便。

② 样式设计要美观大方,表现出欢庆气氛和热烈的情绪,所以色彩及美饰要选择得当。尤其是自己制作的,更应把握总体格调。

③ 务必清晰、准确,绝对避免差错,尤其是受帖者是个人,在写职衔时应事先核实,以免发生误会。

(2) 函牍

这是一种当事人双方就某类事务进行联系的书信。在公共关系实务中,常用的有慰问信、感谢信、表扬信、祝贺信等。函牍的写法不一,没有规定的格式,但通常要包括以下两个方面。

① 标题。也就是函牍的性质名称,如"慰问信""感谢信"等。通常写在第一行正中,用醒目的大字书写。

② 正文。这是函牍中的最主要内容,一般包括称谓、正文、结束语三部分。在正文中,由于它是函牍主体,所以一定要有事实,有分析地讲清事情,其要求有:一是层次清晰,逻辑关系严密;二是言简意赅,重点突出。之后是署名和日期。

函牍和公文的不同之处在于它是在情感沟通的基础上来传递信息的,所以在言辞中要以诚恳的态度说话,避免消极词语的出现,文笔要轻松自如,情真意切,并尽可能融进和蔼气氛。如果能达到见函如闻其声、如睹其容的效果,那就说明成功了。掌握大量的、丰富的词语,是写好函牍的关键。

(3) 海报

这是一种用于公开张贴的公告,适用于开放性质的"事件",也就是公众知道的人数越多越好。海报的内容一般要求集中,只需表达"事件"的主要点,其余的不必细述,文字洗练简洁,篇幅简短。从传意的要求看,它只需要讲出5个W(参见新闻稿撰写)即可,但为了起到鼓动、召唤作用,它又要像新闻稿中的导语写作一样,极其讲究第一眼印象的冲击力、吸引力。

(4) 标语口号

这是醒目地张贴或布置在公共场所,以向公众表示一种观点或一种强烈的价值诉求的文字传播形式。标语口号的格式十分简单，一是意思的文字表达，二是落款。一般不标明日期。

标语口号是所有的文字形式中最简要的一种，它通常只有一句话，但这短短的几个字里浓缩着极其明确的意思与感情色彩。因此，它往往能在公众心目中留下难以遗忘的印象。

可以写入标语口号内的意思有许多，但只有能引起公众注意的词语才能用，这就要经严格地筛选，仔细斟酌。从某种意义上说，标语口号上所写出的意思必须带有迫使公众读后思考的韵味。只有这样，才符合标语口号的每个字必须最经济、最有效地发挥其效力的原则。

(5) 致辞和演说

在公共关系活动中，许多场合需要有关人员当场致辞。由于这些活动一般由组织的公共关系部门或公共关系专业机构负责操办，因此尽管实际致辞者不一定是公共关系专业人员，但撰写各种致辞的任务却往往是他们的工作。一名合格的公共关系专业人员，应熟练地掌握各种致辞的撰写技能。

## 五、实像传播在公共关系实务中的运用

实像传播正因为其有着其他传播形式所不具备的特点与不可替代的作用，因而在公共关系实务中它得到了广泛的应用。从实像传播在公共关系实务领域的操作内容及形式来看，它主要运用于以下几方面。

(一) 推销活动

推销，是一个生产物品或提供服务的组织向潜在消费公众进行消费行为的促成或催化的工作。产品销售和服务常常是一个组织的价值链的最后一道环节，也是最能直接体现组织运行绩效的环节。因此，为了加速这道环节与组织运行其他各环节的衔接，便形成了"推销活动"这样一个介于营销领域和公共关系领域的实务操作专题。

在市场经济发达的国家，推销是必不可少的一项社会分工专职工作。许多西方国家的文艺作品对专司其职的"推销员"常有大量的描写。如名扬世界的美国话剧《推销员之死》，就是以描绘、刻画一个具有鲜明职业特点的推销员的生活细节而展开剧情的。有必要指出，推销活动是在市场经济十分发达的基础上形成规模的，在自然经济的背景下或在物质匮乏的社会里，推销活动就无从谈起。随着市场经济在我国经济领域中的发展，推销活动已日益受到人们的重视，在某种程度上，它还是作为公共关系实务领域的突破口而出现的。

在西方发达国家，推销活动早已扩展成独树一帜、自成一体的营销领域。在我国，无论从其性质及规模来看，推销活动都还处于初步发展阶段，但它既可属

于单列的销售部门,也可归入公共关系的范畴。西方国家的推销活动方式、方法名目繁多,有上门兜售、邮寄货单、邮购代办、分期付款、电话预订、有奖销售、售后服务等,可谓五花八门。无论何种销售名目,它们都有一个共同特点,那就是主动性强,即都要主动、积极地去寻找市场和劝说消费公众。随着我国市场经济的不断发展和成熟,以上大部分销售名目都不仅已在我国出现,而且迅速地本地化。这为正在扩大并逐渐成熟起来的营销行业和公共关系行业提供了机会和挑战。推销活动可以分成许多种类,本书仅就如何运用实像传播进行原地推销和上门推销进行介绍。

(1) 原地推销

原地推销,原本指的是商店利用自己的橱窗,立足自己的店堂,向每一位驻足商店的潜在顾客销售商品。在公共关系实务范围,这个名词的含义有所扩大,它也包含了企业或商场在已有工作条件下如何促进公众消费之意。原地推销的着眼点有许多,它可以是销售措施上的,如从方便公众消费着手就可以采取商品看样预订、化整为零、小商品配套、出租、试用、现场参观等措施;也可以是销售策略上的,如从适应公众消费心理特点着手就可适当采用优惠手段,如折扣优惠、纪念品俸酬、购买额超量奖励、长期顾客优待、免费服务等方法在原地推销实践中是经常出现的,也是行之有效的。

(2) 上门推销

上门推销又称"面对面"推销,它是组织为了开展推销活动而专门组织人员进行的,带有很强的主动性。由于上门推销人员在开展活动时不仅是推销商品或服务,他们还在一定程度上是推销"自己",即显示自身的人品价值,因此,他们的个人形象或工作形象便显得十分重要。除此之外,优秀的推销员不单纯靠说话技巧,还要利用各种推销工具。所谓推销工具,就是能用于加深客户印象的各种实像信息,如图片资料、印刷品、商品模型或实物等。为了能在"面对面"的机会中最大限度地满足客户的各种问询需要,推销人员还应该设身处地地为客户着想,以求充分准备各类必需的推销工具。

无论原地推销还是上门推销,它们都是建立在商品或服务的质量、造型、功能、价格等多种条件的基础之上的,因此不能喧宾夺主,切忌把推销技巧全寄托在推销人员的游说策动的功夫上。只有当人和物的各自优势结合起来,推销才能在本来意义上产生良好结果。

(二) 样品展览和示范表演

一个组织将其新研制、新开发的产品或新设计的服务项目向公众宣布,这就叫样品展览和示范表演。

一般而言,样品展览和示范表演的目的不外乎以下几种:①组织向公众显示自身的进取能力和满足社会需求的应变能力，如国外汽车厂商每到年终岁尾向公众推出的"新年汽车新款式"展览就属此类；②通过这类实像传播形式向社会广泛地收集反馈信息，以为新产品的正式投产或新的服务项目正式推出确定市场反应的程度，以利于对产品和服务项目做最后修正及改进；③一个公司举行样品展览和示范表演其目的还有开拓新市场，如匈牙利工程师鲁毕克发明的"魔方"玩具，原先只是一种用来作几何教学示范的教具，后被美国玩具公司买入专利，通过在全世界的销售网的展览和示范表演，一下风靡全球，成为玩具业中从未出现过的不分民族、语言、地区、风俗、年龄、文化而普遍受人喜爱的智力玩具。像这类带有一定难度的智力玩具，如果缺少样品展览和示范表演这道环节，则很难普及开来。样品展览和示范表演的影响力并不局限于现场公众，恰恰相反，这些现场公众耳濡目染的扩散性介绍，实际构成了一个"二级传播网"，十分有效地感染了每个现场公众周围的其他人，这可以说是样品展览和示范表演独特的魅力。

样品展览和示范表演在主题分类上，可大致区分为综合型和专题型两类。

综合型，是全面地展示某个主题的全部内容，如"新年新款式汽车"展览，一般要求将历年来的各种款式的汽车都集中在一起，以它们的进化顺序来使公众了解新年新款式汽车的完整形象。丝绸服装表演在综合型展览中，通常也要把各个季节的丝绸服装汇总展出，使人对丝绸衣料在服装中的应用得出一个较全面、集中的认识。

专题型，是围绕一项专题或一个内容而举办的展示。通常来说，专题型的展示要尽可能使展示主题突出，内容鲜明，使人对其特色一目了然。如我国的广州出口商品交易会，每次举办期间都要精选出某种出口商品进行专题展示。

样品展览和示范表演在规模上是没有固定限制的，可大可小，灵活多样，但要达到共同目的的基本程序大致相同。

（1）确定样品展览和示范表演的主题

展览会和表演会上可以展示的内容是很多的，各种实物、图片、模型、表格、装饰器具等材料也很复杂，只有明确了其主题，才能将各种内容、各类材料围绕一个中心统一起来，使之有机地组合为一个整体，为突出主题服务。

（2）具体制作

具体制作包括文字、图片、实物的拼装组合，灯光、饰件、电气设备的安装，展板、展台、展厅的设计和装置等各道工序，还包括讲解、表演人员的培训与打扮等。具体制作的完成，标志着准备工作已就绪。

（3）展览效果测定

即运用各种手段来获得现场公众反馈的信息。可行的方式有现场采访、跟踪采访，这是通过口语交谈来获得反馈信息的手段；也可以通过文字手段，如通过放置观众留言簿、发放随机问卷、展览回忆测验等方法来获取反馈信息。

总的来看，样品展览和示范表演是公共关系实务操作中一种非常有效的实像传播。它既能从组织形象的塑造上达到公共关系的工作目标，也能通过产品的实际销售和服务项目的具体推行来加速组织运行目标的实现，可以说是最直接体现公共关系工作意义多重性的一个窗口。

（三）橱窗陈列

橱窗，是一种能立体地、透明化地向公众显示产品实物的实像传播设置。橱窗是一个组织的门面，在商业服务单位，它直接用于产品陈列和销售宣传；在非商业服务型单位，橱窗的公共关系功能也是很明显的，像法制、交通、科技、卫生、体育等方面的宣传橱窗、画廊、展览柜等在实践中主要用于显示成就、揭露问题、普及知识、鼓舞士气等，属于公共关系范畴的工作。

在国外和我国的一些大城市，有些组织利用临街面市的所在地位置、用无遮隔的大玻璃窗直接显示其内部工作情况，如洗染店、照相馆、复印打字社、美容理发厅和航空公司售票处都实行这种"明室操作"，而且渐成流行趋势。广义地说，这也属于橱窗陈列的一部分。橱窗陈列比较典型地显示了实像传播的特征：形象、直观、吸引力强。这几个特点是跟它本身所处的地理位置，一般是人口稠密的地带或地段是分不开的。商业服务业单位的橱窗基本都面对街市（但也有设在候映室、候座室、候诊室周围的）。而非商业服务业单位的橱窗一般设在厂区或社区大道两侧，以及大门进出口处或食堂、俱乐部等附近。由于橱窗是一种长期性、固定性的传播设施，它的公众对象又是无"指向性兴趣"（即专程前来观看）的流动性人群，因此，橱窗陈列的传播效果主要取决于以下两点。

（1）能否突出"瞬时印象"

瞬时印象是指人们在不经意或偶尔接触到某个客体对象时，在刹那间所感受到的心理刺激。正因为橱窗陈列面对的公众大多处于流动中的无意识状态，因而突出它对公众的"瞬时印象"就显得十分重要。从技术角度上看，瞬时印象既包含了心理因素，又是一个美学概念。"瞬时印象"的调动手段很多，有色彩对比、艺术造型、空间排列、格调和意境的层次等。从这个角度说，橱窗陈列需要有相当的美工基础及制作技术。

（2）能否有新鲜感

橱窗陈列的内容和形式能否始终对公众保持它的"新面孔"，这是它是否有吸引力并发挥作用的又一个关键。因为尽管橱窗陈列的公众对象是流动的，但其中又有相当一部分是稳定的，如每天上下班皆要途经此处的行人，有习惯性消费或其他行为（如散步、逛街等嗜好）的市民等。如果橱窗陈列经年累月一成不变，那么不仅会使这部分公众兴味索然，而且会对橱窗的主人形成工作懈怠的不满印象。因此，不断在内容与形式上更新橱窗陈列是一项必须要做的工作，应随着季节更迭而变换，逢年过节（如元旦、春节、中秋、国庆）要更新，或跟着工作重点转移而重新布置。

### 六、主题活动

作为公共关系实务操作的一个方面，整合式大众传播显然不仅仅表现在广告运动、媒介事件、社会公益事业赞助这几种形式上，而且还包括了由以上几种形式派生的、经常借助于大众传播媒介推动的主题活动。因此还有必要专门谈一下颇具特色的主题活动。

公共关系实务中的主题活动，是旨在树立或优化自身形象、扩大社会影响、沟通有关公众的指向性十分明确的一种活动，如新产品试销活动、纪念或庆功活动、舆论策应活动、强化式宣传活动等。

国内外一些常见的公共关系主题活动，一般都具有如下几个显著特点。

① 具有一定的时间性或阶段性要求。指向性明确的主题活动，一般都具有严格的时间规定性。这一特点在组织纪念活动上，表现更为突出。如某家足球俱乐部夺取了年度联赛冠军，俱乐部出面组织有关部门、球迷代表等一起举行夺冠纪念活动，一定要趁热打铁及时举办，从而达到这次主题活动的相关目的。

② 目的较为单一、明确。主题活动的特点关键就体现在"主题"这两个字上。也就是说，主题活动必须是围绕某一"主题"而开展的，而不是别的。主题活动的大忌，顾名思义就是偏离主题。如搞新产品发布会，那就应大张旗鼓地传播新产品的有关情况，诸如开发目的、产品性能、价格优势等，以强化新产品在公众心目中的地位。

③ 要求在最短的时间内获得最大的信息覆盖面。公共关系的主题活动十分注重时效性（某些时空跨度较大的社会公益活动除外），而且时效性越强，其公共关系的效果也就越明显。

因为主题活动的开展具有上述三个主要特点，所以，对主题活动的开展也有三方面的要求。

① 在开展主题活动前，一定要明确活动的目的。唯此，才能紧扣主题地、有目的地去操作，如选择什么场地、邀请哪几家媒体、举办何种类型的活动等。

② 开展主题活动务必抓住时机。俗话说，"来得早，不如来得巧"。这句话就包含了时机选择的意思。主题活动办早了，白白浪费时间；办晚了，时过境迁，一切成了马后炮。公共关系主题活动的开展，一定要不失时机，因势利导，力求最佳效果。如重要节假日、热点新闻期间，都是组织开展主题活动的大好时机及施展公共关系才能的舞台。

③ 开展主题活动，一定要考虑公众的兴趣与注意力。开展主题活动的主体是组织，目的自然是塑造形象、扩大影响、沟通公众。因此，有关主题活动的开

展，就理应得到有关公众的支持与呵护。如何吸引或激发公众的注意力和兴趣，对主题活动的成功尤为重要。为了争取公众的积极响应和参与，组织应该也有必要借助各方面力量、运用各方面关系，特别是大众传播媒介的力量和关系，围绕主题活动做足文章，扩大影响。

## 第四节　公共关系评估

公共关系工作程序的最后一个步骤是公共关系评估。公共关系评估是指对公共关系活动的工作和效果进行质量上的衡量评价。公共关系评估在公共关系活动的程序中起着承上启下的作用，既是已有公共关系活动的总结，又是未来公共关系活动开展的依据。

1977年，在美国电话电报公司的资助下，美国公共关系效果测量联合会（The National Conference on Measuring the Effectiveness of Public Relations）在马里兰大学正式成立。随后，美国公共关系协会要求申请加入这一协会的组织提供对其公共关系活动进行详细评估的具体方案。这一做法标志着这一行业进入了成熟时期。现在美国的许多大学已经把公共关系评估列为公共关系专业一门重要的必修课。

然而，美国公共关系协会于1980年调查发现，申请加入该协会者有70%不符合这一要求。1982年，美国《财富》杂志对1000家企业进行调查，发现其中48%运用了评估的方法，而其余52%则没有运用这一方法。公共关系人员要说服社会组织的决策者投资1万元进行效果评估，恐怕要难于说服他投资100万元开展某项活动。在公共关系学界，尽管有专家包括公共关系事业极为发达的美国专家，也进行过一些总结工作，但很少有人能够运用科学的方法进行评估。[1] 公共关系活动评估的内容主要包括以下四方面内容。

### 一、评估公共关系工作效果

评估组织的公共关系工作效果，可以通过评估组织形象来完成。

以企业为例，组织形象可以由若干指标来衡量，比如规模、新产品新技术、产品质量、服务态度、信誉、企业领导形象等。这类指标可以分为两类，一类是有客观判断标准的，如规模、产品质量；另一类需要公众通过主观感觉来判断，如服务态度、信誉、领导形象等。

---

[1] 于勤. 对公共关系效果评估若干问题的探讨[J]. 西南民族学院学报（哲学社会科学版），2000(8)：44-46.

一个企业的形象可以分为三种：第一种形象叫作理想形象，可以通过了解企业的领导、上级主管部门和有关的技术管理人员等，了解到这家企业如果完全达到最佳状态，符合了所有预计的要求，这家企业在上述指标上将达到多少分（以百分制计，100 分为最好，0 为最差）。第二种形象叫作自我评价形象，让企业的领导人自己来评价本企业在上述指标上各达到多少分。自我评价形象和理想形象之间的差距，正是企业公共关系工作的努力方向。第三种形象为公众评价形象，通过调查企业内外的各类公众，得出企业在公众心目中的形象。公众评价形象和自我评价形象如果存在差距，如企业领导认为本企业的信誉可以打 75 分，而调查显示公众认为只够 60 分，说明企业领导并不了解公众的意见和态度，错误地估计了自己企业的形象，企业的公共关系工作需要进一步加强。

评估公共关系工作效果的具体方法有如下几种。

① 个人观察反馈法。这种方法最简单、最常用。组织主要负责人亲自参加公共关系活动，观察其进行情况并估量其效果，以便同公共关系人员所做的报告相比较。这种方法是比较直观的。

② 目标管理法。采用这种方法，应在制订计划时就考虑到反馈评价，在确定公共关系活动目标时，最好能把目标具体化，用可以度量的方式明确规定下来。这样一来，在活动实施后，将测量到的结果与原目标相比较，就能够评估出公共关系工作的效果。

③ 舆论调查法。用于评估公共关系活动效果的舆论调查法可以只在活动结束时进行调查，也可以在活动之前和之后各进行一次调查以利于比较。这种舆论调查的主要目的是评估公共关系工作在对象公众的信息、态度、行为等方面所产生的可度量的效果。

④ 内部及外部监察法。内部监察法是由组织内部人员，例如公共关系部门的平行部门负责人或上级负责人对公共关系部门的表现进行调查和评价，主要内容有，所进行的工作和取得的成果，目前存在的问题，将来的计划安排。

外部监察法是聘请组织以外的专家对组织公共关系活动进行调查和评价。外部专家通过调查、访问和分析，对组织公共关系活动及其效果作出客观的衡量和评价，并就未来活动提出建议和咨询。

## 二、公共关系评估的工作程序

对公共关系活动的评估有一个基本的程序可以遵循，在开展具体不同的评估活动时，可以根据具体的评估内容对评估程序进行适当的调整。公共关系评估的程序一般包括如下内容。

(1) 设立统一的评估目标

统一的评估目标是检验公共关系的参照物。有了参照物才能通过比较来检验公共关系计划与实施的结果。即使这一评估目标更多是定性的而非定量的，仍需确定一个统一的评估目标。这需要评估人员将有关问题比如评估重点、提问要点写成书面材料，以保证评估工作顺利进行。另外，还要详细规定调查结果如何运用。如果目标不统一，则会在调查中收集许多无用的材料，影响评估的效率与效果。

(2) 取得认可

取得组织最高管理者的认可并将评估过程纳入公共关系计划之中。评估不是公共关系计划的附属品或计划实施后的事后思考和补救措施，而是整个公共关系计划的重要组成部分。因此组织对公共关系活动的评估应该给予足够的重视，对评估的方法、程序等方面予以充分的考虑和周密的筹划。

(3) 在公共关系部门内部取得对评估的一致意见

公共关系部门的负责人要认识到，即使是公共关系人员本身，也不能立即将公共关系活动没有实物性结果的性质和它的可测量效果联系起来。要给予他们足够的时间，认识评估效果的作用和现实性意义，允许他们通过自己的亲身体验加深这一认识。

(4) 从可观察与测量的角度将目标具体化

在项目评估过程中，首先应该将这些项目目标具体化。例如，谁是目标公众，哪些预期效果将会发生以及何时发生等。没有这样的目标分解，项目评估就无法进行。同时，目标分解还可以使公共关系计划实施的过程更加明确化与准确化。

(5) 选择适当的评估标准

目标说明了组织的期望效果。如果一个组织将让公众了解自己支持当地福利机构，以改善自己的形象作为公共关系活动的目标，那么，评估这样的公共关系活动的标准就不应是了解公众是否知道当地报纸上哪一个专栏报道了这一消息，占用了多大篇幅，而应该了解公众对组织认知情况以及观点、态度和行为的变化。

(6) 制订评估计划

根据已经确定的评估目标，制定实施评估计划。计划应该包含评估的目标、评估的方案、评估实施过程及负责人员等。需要再次强调的是评估是整个公共关系计划的一个组成部分，公共关系计划的制订，应该事先就要考虑到未来的评估，整个计划的过程和方案要能够适应评估计划。评估不是公共关系计划的一个附件，而是嵌入到整个公共关系计划中，评估也不是公共关系计划的总结或者事后的一种补救方案。

（7）收集评估资料，开展评估活动，及时反馈评估结果

运用不同的方法，收集相关数据和资料，对公共关系活动的全程进行评估。评估的结果要及时向组织的领导者反馈，以利于下一步公共关系活动的开展。

### 三、公共关系活动评估报告

公共关系活动评估报告是对一段时间内所进行的公共关系活动及其成果的总结。报告内容包括：陈述工作及成果，比较实际活动与预期目标，预测今后工作。报告的主要形式有非正式报告与正式报告两类。

（1）非正式报告

有关公共关系活动效果的报告，经常通过非正式途径进行，构成组织内部日常事务的一部分。公共关系人员通过会见、电话或简短书面报告的形式向组织负责人汇报活动的进展。这种形式占用时间不多，通常事先不做准备，可以较真实地反映工作情况。

（2）正式报告

公共关系活动效果的正式报告，一般有四种形式：定期备忘录和报告，小组或委员会议，汇报会，年度报告。

① 定期备忘录和报告。这是最常用的正式报告形式，内容可简可繁。最简单的可以列举该时期内所做的各项工作；复杂一些的可以把各项工作分类列举；还可以把所取得的成果与计划目标加以比较。

② 小组或委员会议。在公共关系计划实施的过程中，召开讨论性会议，参加这类会议的是与公共关系活动有关的各部门负责人。通过集中在一起交换信息，使各部门都知道其他部门工作的进展情况，以利于合理筹划下一步工作，对原定的计划作出安排或调整。

③ 汇报会。汇报会是公共关系人员向组织主要负责人进行正式汇报的会议，通常由组织主要领导人（如企业董事长或总经理）听取汇报，由公共关系部门负责人作主要发言。公共关系部门负责人事先要做准备，除做口头发言外，最好还应辅以幻灯片、图表和视频等手段，以加强汇报效果。

④ 年度报告。年度报告是组织总结一年来的行政管理、经济财政状况的总结性文件，通常是由公共关系部门与其他部门共同撰写。年度报告的内容一般包括各种表格、图表和说明文字，以及各部门工作情况的介绍。公共关系部门作为组织的一个重要部门，其工作状况和成果也要列入组织年度报告。

### 四、评估结果的解释与利用

虽然公共关系程序中存在四个相对固定的步骤，但在实际工作中四个步骤不能完全分割开来，各程序之间时有交叉、重叠和重复。对于评估结果这一步骤，

它就不只是每一项较大的公共关系计划、公共关系活动实施后所必须进行的总结步骤。实际上，有效的评估应该贯穿于整个公共关系工作过程的始终，并成为重要内容之一。

仅仅利用总结性评估来说明公共关系活动是否发挥预期的效果是远远不够的，在活动开展之前与进行期间所做的基本评估而形成的资料，也是十分重要的。

公共关系人员可以利用这些资料与上一个周期的总结评估进行比较，使制订的计划更加完善，可以减少实施过程中的偏差。

需要强调的是，即使掌握了足够的资料，在解释与使用这些评估材料时也要进行谨慎的分析。如果在评估中发现活动的既定目标结果没有发生，可以从三个方面作出适当的解释：一是战略目标的失误，即可能只从自己一方的实际情况出发，而没有充分考虑到各种复杂外界环境的影响；二是准备工作不充分和公共关系活动实施过程中的偏差；三是评估本身的失误，可能目标已经实现，但由于评估测定样本选择不适当或使用方法不当而没有测评出来。

在影响评估结果运用的各种因素中，得到组织最高领导者的承认与支持是最重要的一个因素。国外公共关系专家经过充分的调查研究认为，下列各项条件也有助于评估结果得以运用：①在确定调研目标和问题时，有组织内部相关管理者参加；②在调研过程中，有组织内部相关管理者参加；③评估由组织内相关部门的多个人员组成评估小组共同完成；④评估结果得到肯定性宣传，并被人们承认基本符合实际情况；⑤ 有足够的时间让人们理解与接受评估结果。

# 第五章
# 公共关系专项活动

## 第一节 公共关系专职机构和专业人员

公共关系实务活动的开展，总是需要一定的机构和一定的人员来具体组织和安排落实。有的组织设有专门的机构和配有专业人员来开展公共关系实务活动，在这些组织中，就形成了一种专门的公共关系职业。一般说来，公共关系职业的构成有三个要素，即公共关系专职机构、公共关系专业人员，以及由这些机构和人员所开展的公共关系实务活动。只有公共关系专职机构和专业人员而无公共关系实务活动，则其机构和人员是徒有其名的；反过来，公共关系实务活动如不是由公共关系专职机构和专业人员去具体组织和安排落实，那么这种活动很难成为一种作为专门职业的公共关系。

### 一、公共关系专职机构

职业性公共关系活动常是一项严密的"系统工程"，单单从信息的收集、处理到信息发布这一环节而言，就很难由单个业务人员来完成。因此，公共关系专职机构就成了公共关系职业不可或缺的一个要素。就如职业公共关系有两类一样，公共关系专职机构也有两种：一种是公共关系咨询公司，既有综合型的，也有单项服务型的；另一种则是组织内部的公共关系机构，有的规模大些，有的比较小些。由于公共关系咨询公司建制比较复杂，大小参差不齐，实务操作也是各有千秋，在此我们主要介绍组织内部的公共关系机构。

(一) 组织内设置公共关系机构的必要性

任何组织都有与内外公众交流、沟通、劝说的需要，都要谋取公众的理解和合作，都希望在社会上树立良好的形象。在组织内设置公共关系机构，是树立良好社会形象的有效手段，这已经成为组织领导人的共识。从系统论角度看，一个社会组织就是一个系统，而任何初具规模的社会系统都是由若干个子系统组成的。子系统的性能以及各子系统的联系方式对于整个系统的功能发挥有根本性的影响。在现代社会中，组织内的公共关系机构就是组织的"要素子系统"，具有协调各子系统的功能，是实现组织内外信息交流、意义沟通、价值劝说的重要工具。

公共关系机构作为组织系统的要素子系统，其承担的角色是其他子系统（即职能部门）所无法替代的。公共关系机构有内外两方面的工作，对内要帮助协调上下左右各种关系，对外要处理种种公共关系事务。一个典型公共关系机构的日常工作，当然可以分摊给组织内的其他各个职能部门承担。许多组织也正是这样做的，如宣传部门做宣传工作，信访部门做信访接待工作，秘书部门做上下左右关系的疏通工作，营销部门做顾客服务工作等。但是，这种"各自为政"的方式与整合性极强的职业公共关系活动毕竟有极大差距。从系统论角度看，各自为政的管理常识使组织各子系统之间处于脱节状态，从而影响整个系统的优化运行。在组织内成立公共关系专业机构，正是为了公共关系管理的整合，以助组织的优化运行。

在组织内设置公共关系机构，能使组织各个管理层通观全局，实现科学的信息和资源整合，把组织上下左右的交流和沟通日常化、体制化；使组织与外部各类公众建立和保持良好的关系，不断提高组织的知名度及其社会形象的美誉度。

此外，组织内公共关系机构的设立，还可发挥组织决策层参谋部的作用。职业公共关系本身是一种、沟通、劝说活动，一个组织的公共关系机构掌握的信息常是别的职能部门不能比拟的。一个优秀高效的公共关系机构提出的意见，往往对组织的高层管理更具有参考价值。

应当指出，我国现在虽然有不少组织设立了公共关系机构，但其中不乏空有其名者。这与长期以来组织管理体制的不健全有关。随着我国组织管理体制改革的深入，组织的公共关系机构将会逐渐成为名实相副、不可或缺的"要素子系统"。

（二）组织内公共关系机构的设置模式

在介绍组织内公共关系机构的结构之前，有必要先了解公共关系机构在组织中的地位。为叙述方便，我们把公共关系机构在组织内的"组织地位"称为宏观设置模式，把组织内公共关系机构的"内部结构"称作微观设置模式，宏观设置模式表示公共关系机构在组织内部的地位，在不同的组织中其公共关系机构的地位也是不同的，由此就形成了不同的宏观模式，最常见的公共关系机构，在组织内是一个二级职能部门，即仅次于企业主管部门的职能部门。如图5-1所示。

此图表明，一个公司设经理或总经理一名，下设两名或三名副经理或副总经理，其中有一名经理或副总经理主管公共关系机构和其他若干部门的工作。在一般情况下，公共关系机构负责人向主管经理或总经理报告情况，如情况特殊，公

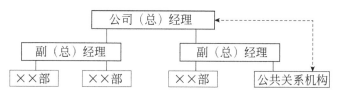

图 5-1 公共关系机构

司经理或总经理可以要求公共关系机构负责人直接向他汇报工作，如后者认为必要，也可要求直接向公司经理或总经理汇报工作。

图 5-2 所示，说明该公司由一名副总经理主持公共关系机构的工作，这就是说，该公司的公共关系机构负责人能够直接参与公司的决策。

图 5-2 公共关系参与

图 5-3 所示，主管该公司公共关系机构的是经营副总经理。这样，公共关系机构负责人就不直接参与公司的决策，但他可以直接向公司总经理汇报工作和提出意见。显然，这个公司的公共关系机构就其"组织地位"而言不如图 5-2 中的那个公共关系机构重要。

图 5-3 公共关系机构较弱情况

图 5-4 表明，公共关系机构的负责人由企业最高领导和决策者直接担任。这种模式充分显示了公共关系机构在企业中的重要地位。但领导者亲自负责公共关系实务活动，容易分散精力，故除非情况特殊，一般的企业不采用这种模式。

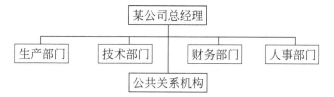

图 5-4 特殊安排下的公共关系机构

总之，公共关系机构的宏观模式并不是单一的，重要的是要根据组织的具体情况——如组织的规模、经营范围、服务对象等来设置公共关系机构。

公共关系机构的微观设置模式是指公共关系机构的内部结构，即公共关系机构的内部设置。一般来说，公共关系机构的微观设置模式是根据组织的规模大小来设定的，以下就大、中、小三种情况来介绍。

(1) 大型组织的公共关系机构

大型组织一般是指那些拥有几家中大型组织的联合体。与这种联合体本身的组织层次较多相适应，公共关系机构的组织机构也比较复杂，一般可分为四个层次：公共关系机构负责人、主要的关系部门和职能部门、各业务科和各作业股。其负责人一般由专门的公共关系副总经理或副董事长担任，也有由总经理或董事长挂名担任的。这种公共关系机构本身在一定程度上也构成了一个组织，从事着复杂而系统的工作，图5-5所示是其一般的设置情况示例。

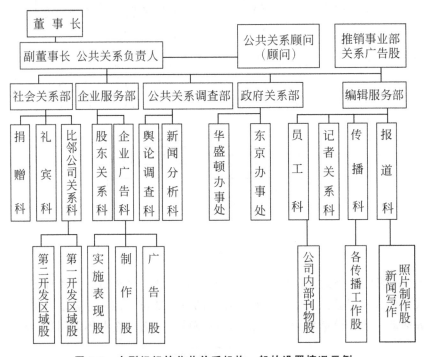

图5-5 大型组织的公共关系机构一般的设置情况示例

(2) 中型组织的公共关系机构

中型组织的公共关系机构一般也要完成大型组织公共关系机构的日常事务，只是它在分工上不如大型组织具体、细致，有的部门合并在一起了。它一般有三个层次：公共关系机构负责人、各职能部门和各业务科。如图5-6所示。

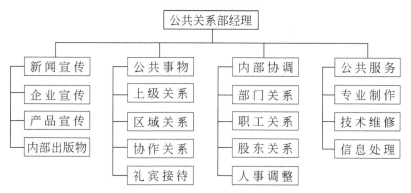

图 5-6　中型组织的公共关系机构层级

（3）小型组织的公共关系机构

小型组织的公共关系机构比较简单，一般只有两个层次：公共关系机构负责人和具体办事人员，如图 5-7 所示。当然具体组织的公共关系机构的内部设置，又各有其特点，但无论是哪一个公共关系机构，都应从事对内关系、对外关系和专业制作这三方面的工作，其内部设置也基本上是按这三方面的工作来安排的。

图 5-7　小型组织的公共关系机构工作内容

（三）组织内公共关系机构的工作

组织内的公共关系机构主要从事对内关系、对外关系和专业制作三大方面的工作。对内关系包括上级领导与下级员工关系、员工与员工关系、领导与领导关系、部门与部门关系等；对外关系包括顾客关系、媒体关系、上下级所属组织关系、同行关系及其他相关社会公众关系等；专业制作包括编辑出版、美工制作、采集调研、礼宾接待等。

整体而言，公共关系机构工作可分为如下七个方面。

① 举办或参加专题活动。包括举办新闻发布会、有关展览会，参加经销会，筹划和组织纪念活动及其他相关活动。

② 对外联络协调工作。包括与新闻界和社会各界人士的联系，组织安排本组织领导参与外界有关活动。

③ 编辑出版工作。包括编写月底、年度报告和各种宣传资料，出版内部刊物，制作新闻图片、录像、幻灯片和企业标志等。

④ 调研工作。包括民意调查、报刊检索、市场分析、资料整理及其他相关

工作。

⑤ 礼宾接待工作。包括定期接待、日常接待等。
⑥ 参与组织的决策。如表明对新产品开发与宣传的意见。
⑦ 对内协调工作。如加强供、产、销各部门间的信息沟通与合作。

## 二、公共关系专业人员

从事公共关系实务活动的人可以是公共关系专业人员，也可以是组织中的非公共关系专业人员，但一般说来，前者的职业水准和活动能力要高于后者，因此，就理想状况而言，组织的专业性公共关系活动应由训练有素的专业人员来承担。然而我国的公关行业起步较晚，组织的职业公关缺乏受过专门培训、具有较高职业水准的专业人员，这在很大程度上抑制了组织的专业公关的发展。要提高职业公共关系水平，迫切需要培养大量的公共关系专业人员。尽管我国目前正规的公共关系教育资源依然短缺，但这几十年积累的公共关系实践经验，已为公共关系专业人员的培养提供了十分宝贵的参照。

### （一）公共关系专业人员的素质

公共关系专业人员，应努力从公共关系意识、知识结构、职业道德、技能技巧、心理素质等方面修炼自己，以适应时代对公共关系专业人员的要求。

1. 公共关系专业人员的公共关系意识

公共关系意识指的是公共关系专业人员关于公共关系基本原理原则、行为规范和操作范式的一种意识，是它们的内化。公共关系意识可以导致自觉的公共关系行为，它是公共关系专业人员必须具备的基本素质。

（1）整体意识和形象意识

整体意识和形象意识是对公共关系主体的认识。首先要有整体意识，它要求组织成员时时想到自己是整体的一部分，想到整体利益和整体形象，能够在整体利益和个体利益发生矛盾的时候顾全整体利益。形象意识指的是组织的良好形象是它的无形资产这种信念，只有具备形象意识的人，才能深深认识到知名度和美誉度对自己组织生存和发展的价值。整体意识和形象意识作为公共关系意识中对主体认识的那一部分，实质上是公共关系的主体意识，整体意识解决主体意识中"主体为谁"的问题，形象意识解决主体意识中"主体目标"的问题。

（2）社会意识和公众意识

社会意识和公众意识是对公共关系客体的认识。社会意识是对组织外部环境的认识。组织总是在一定的环境中运行，这个环境会给组织的生存和发展提供契机，也会给它带来种种不利因素。实际上，组织与它所处的环境始终是一种互动关系，社会环境影响组织，组织也会对社会环境发生影响。社会意识既然归于对公共关系客体的认识，自然地也包括了对社会环境的认识。社会意识主要包括对社会环境四个方面的认识：①要关注社会热点；②要研究和运用国家的政策法律；③要尊重国民的道德价值观念；④要去发现社会的潜在市场要求。社会意识强的组织能够发现和把握更多机遇、防止和减少失误，为组织的发展制造良好条件。

公众意识是对与组织相关的公众的认识，自然地也归于对公共关系客体的认识。公众意识的强弱主要从四个方面来区分：①有没有与公众广结善缘的强烈愿望；②有没有对组织面临的公众有个清晰的认识；③有没有与现实公众保持和发展关系的连续行动；④有没有同公众求同存异的心理准备。良好的公共关系状态来自对组织所面临的公众的认识，公众意识强，视公众为组织生存和发展的生命线，组织的公共关系活动才会有明晰的工作对象，才会有自觉的公共关系行为。

（3）开放意识和互利意识

开放意识和互利意识是对公共关系主客体关系的认识。改革开放的形势，使公共关系在我国得以生存和发展，光有外部开放的条件，而没有内部的开放要求，想发展良好的公共关系也是行不通的。开放意识既包括向外"放"的意识，也包括向内"引"的意识。向外"放"就是利用一切机会把组织的真实状况，组织的目标，组织的产品、服务，组织的形象等推向社会公众，让公众知晓；向内"引"就是想尽一切办法把社会和公众的注意力吸引到组织方面来。让社会和公众支持组织的发展，让组织知晓社会对组织的反映。总之，开放意识是对公共关系主客体联系与沟通方面的认识。互利意识指的是对公共关系主客体利益方面的认识。从公众方面认识，它处在公共关系客体相对被动的方面，它没有与某个组织团体搞好公共关系的强烈愿望，它倾向于看得见摸得着的利益，它不可能舍弃直接利益去寻求间接利益，放弃眼前利益去寻求长远利益。就一般公众而言只具有自利意识，而不具有互利意识。而公共关系主体，要主动影响客体，必须满足客体要求，给公众以实际利益。如何处理互利关系？作为公共关系主体的组织在公共关系活动中寻求的利益主要是名誉方的利益，树立良好形象，扩大知名度和美誉度，争取公众的信任和支持等。这都不是直接获得物质方面的利益，而是在制造一种好名声，好名声自然会带来物质利益。所以，同公众相比公共关系主体更着重于寻求长远利益、精神利益。公共关系主客体利益是在互补中获得平衡：给公众以直接利益而获得组织的间接利益，给公众以眼前利益而获得组织长远利益，给公众以物质利益（有时也包括精神方面利益）而获得组织的良好信誉。总之，公共关系主体的自身利益是在满足公众利益的前提下实现的。

（4）传播意识和服务意识

传播意识和服务意识是对公共关系过程的认识，公共关系的过程是主体主动影响客体的过程,这一过程主要是通过传播和服务来进行的。其中,服务又是传播的一种特殊形式。

传播意识是建立在对公共关系主体和客体两个基本要素及其相互关系正确认识之上的,为了树立组织的良好形象,需要在开放条件下不懈地向社会和公众进行传播,以实现信息交流、意义沟通、价值劝说。换种说法,传播意识就是对信息交流、意义沟通、价值劝说的原理原则和操作规范的内化。

服务意识是一种无声的交流、沟通、劝说,一个公共关系专业人员在服务意识的指导下,就会处处为公众利益着想,努力利用和创造条件为公众服务,尽力满足公众的各方需求。传播意识和服务意识,像其他几种意识一样,应体现在公共关系的全过程。

(5) 危机意识和成就意识

危机意识和成就意识是对公共关系动力的认识。危机意识是指组织与社会公众能否保持良好沟通的忧患意识。公共关系危机的产生原因多种多样,所以危机是防不胜防的,有了危机意识,可预防在先,防患于未然,也可在危机将要出现时,闻风而动,争取公众谅解。从大量的公共关系案例来看,危机事件处理得好,可使坏事变成好事,给组织带来转机。这些无疑可以成为塑造组织良好形象的动力。

危机意识着眼于防止危机和及时处理危机,是一种努力变被动为主动的意识。组织的另一种动力认识应是成就意识,一种开拓创新必备的意识。成就意识强烈,不会满足于现状,就会不断向新的目标进军,争取更快、更大的进步。危机意识和成就意识一头来源于组织自身生存和发展的需求,另一头来自公众对组织的期待和需求。正是这两头的需求动力推动着组织包括公共关系工作在内的各项工作。

上述五组公共关系意识互相关联,构成了一个完整体系,是公共关系人员素质的核心所在。

2. 良好的职业道德

公共关系专业人员是代表组织同公众打交道的,应当忠于自己的组织,这是公共关系职业道德的一个基本方面。因此,公共关系专业人员不可一味为了迎合公众的需要而置组织的利益于不顾。公共关系专业人员尤其要行为端正,不谋个人利益。公共关系专业人员很可能因为帮助公众解决某种困难而得到一些"好处",他们必须正确地对待这些"好处",绝不可见利忘义,中饱私囊。

公共关系职业道德的另一个基本方面是忠于公众。把握公共关系职业真谛的专业人员懂得忠于公众同忠于组织在实质上是一回事,它们是同一职业道德的两个方面。损害公众利益,就会使公众对公共关系人员所代表的组织产生不信任感,从而间接地损害了组织的利益,所以这同样是公共关系职业道德所不允许的。公共关系专业人员应当立场公正，待人真诚，任何坑害公众的噱头、大话等欺骗行为都应为公共关系专业人员所不齿。"诚信"是公共关系专业人员的基本素质和职业要求。美国公共关系协会通过的公共关系职业准则几乎通篇在谈"诚信"的问题，不能认为都是虚伪的表现。诚信是一种超国界、超制度的基本公共关系职业要求。

3. 较高的政策水平

公共关系专项活动是一个信息交流、意义沟通和价值劝说的过程，公共关系专业人员要在这个过程中与方方面面的机构和人员打好交道、处好关系、办好事情，非得有较高的政策水平不可。可以说，公共关系专业人员的理论政策水平直接决定着其工作实务的质量。有人认为，公共关系专业人员只要能说会道，能写会编，只要口与手来掌握公共关系技术就可以了。其实更重要的是脑子，是理论政策水平。如果思想糊涂，缺乏理论，不懂政策，就无法把握公共关系时机，无法做好组织决策层的参谋，无法成为一名优秀的公共关系职业人才。

公共关系专业人员的政策水平包括三方面的内容：一是要把握好国家的有关方针、政策，并使自己的工作不与之相违背；二是能谙熟地运用自己组织内部的有关方针、政策，并使自己的工作都能为实现组织目标而服务；三是要能充分利用其他组织的有关方针、政策，使自己的工作尽可能顺利进行。

由于公共关系专业人员的分工不同、工作重心不同、技能技巧的要求也不同，对他们不可能都用同样的政策水平去要求，但即便是摄影师一类的技术人员，也必须掌握一定的政策水平，如他的选镜就隐含着政策倾向、价值取舍的问题。

4. 广博的学科知识

优秀的公共关系职业人员常常是"通才""杂家"。公共关系需要收集信息，他们就要掌握基本的社会调查方法，要懂点统计学、市场学和心理学；公共关系需要制订计划，他们就要有些经营管理学、社会学和运筹学的素养；公共关系要取得意义沟通、价值劝说的成功，他们就要掌握传播学、语言学甚至哲学的基础知识；公共关系要评估活动的结果，他们就要有政治学、伦理学甚至历史学的支撑。此外，他们还应掌握外语、演说、写作、编辑、摄影等技能。称优秀的公共关系人员为"通才""杂家"实在并不过分，他们确实是好学的、博学的人。有人说，"公共关系学不是什么了不得的学问""公共关系这个行当门槛比较低"，这是对公共关系这门学科、这个行当的偏见和无知。

5. 多才多艺的本领

由于公共关系活动是多方面的，公共关系专业人员必须具备多种多样的能力，具有多才多艺的本领。

① 组织才能。公共关系活动有一部分是专题活动。专题活动一般都有一定

的规模，需要进行大量的组织工作。如召开新闻发布会，事先要落实时间、地点、经费、工作人员、议程、应邀代表、内容以及意外情况的处理等。没有组织能力，要进行这样的活动，是不可想象的。

② 交际才能。公共关系工作在某种意义上可以说是一种交际艺术，公共关系要在组织与公众之间架起沟通的"桥梁"，就离不开交际，因此，公共关系人员的交际能力是相当重要的。一般说来，性格外向、善于交际的人比较适宜一线的公共关系工作，性格内向、不善交际的人可担负二线的技术性较强的任务。

③ 写作才能。公共关系的许多工作都离不开写作，如编写宣传材料，撰写讲演稿和新闻公报，筹划广告语言等。尽管公共关系专业人员不必是"专业作家"，但起码应有一定的文字功底。西方有些组织把"擅长写作"作为对公共关系专业人员的第一要求，其重要性由此也可见一斑。

④ 口语才能。口语传播是公共关系实务活动的重要内容和其他传播实务活动的辅助手段，因此，处于一线的公共关系专业人员如不具较强的口语能力就难以胜任。

⑤ 创造才能。公共关系专业人员需要向组织领导层提供信息，也要经常去"劝说"社会公众，他不可能把公众的信息原封不动地传给组织领导层，也不可能"鹦鹉学舌"般地去"劝说"公众。要完成这两种基本传播任务，就需要一定的创造性。因此公共关系专业人员必须富有想象力和创造能力，要有强烈的主体意识和主观能动性，这样他的工作才能有效地影响组织的高层管理，才能劝服公众。

6. 适宜的心理素质

公共关系专业人员由于职业的需要，还应具备一些特定的心理素质。

① 气质要求。按照传统心理学说法，人的气质可分为四种基本类型，这几种类型与人的高级神经活动基本类型相适应：胆汁质对应兴奋型，多血质对应活泼型，黏液质对应安静型，抑郁质对应荏弱型。人的气质的形成有遗传和社会实践两方面的影响，公共关系专业人员应该而且可以在社会实践中发扬自己气质方面的优点，克服自己气质方面的弱点以适应公共关系职业的需要。

② 性格要求。性格与气质有相通之处，性格一般分外向型与内向型两类，多血质和胆汁质者多为外向型性格，黏液质者和抑郁质者多为内向型性格。外向型性格较适宜一线公共关系工作，内向型性格较适合二线公共关系工作。无论是对内向型还是外向型的公共关系职业人员来说，最为重要的是要有耐心、容忍、大度、毅力、兴趣广泛等性格特征，切忌举止咄咄逼人，言语夸夸其谈，行为好为人师。

③ 毅力要求。这里说的毅力，是指完成某种艰巨任务所必需的个人心理特质。公共关系专业人员应具有综合能力，应该多才多艺。但多才多艺并不能保证

一个人去克服重重困难、坚持不懈地完成任务。一个优秀的公共关系职业人员应该重视修炼,不断地提高自己不怕困难、极具毅力的心理素质,以适应完成各种艰巨困苦任务的需要。

(二) 公共关系专业人员的培养

我国市场经济的发展和体制改革的深入,要求公共关系事业逐步走向职业化,职业化的公共关系需要大量的公共关系专业人员,因此培养公共关系专业人员是我国教育事业的一项迫切任务。

因此今后应运用各种方式培养公共关系专业人员,"多管齐下",可以从以下几个具体方面来进行。

(1) 通才式公共关系人员培养与专才式公共关系人员培养相结合

通才式的公共关系人员要求知识面广,有较全面的智力基础、能力结构和适宜的性格气质。他们能够在工作中独当一面地处理各种问题,能够充任公共关系实务工作的组织者和指挥者。专才式的公共关系人员精通于某一方面的公共关系技术,如新闻写作、演讲宣传、广告设计、市场调查、美工摄影和编辑制作等。此类人员亦是公共关系实务活动所不可或缺的。从我国的目前情况看,要求公共关系专业人员都是通才式的,这既不现实也无必要,如果培养的目标都是通才式的专业人员,就会造成时间上和人才上的浪费。可行的办法是根据需要培养适量的通才式人员,让他们担任公共关系机构的领导者,同时培养大批公共关系专才式人员,让他们充任公共关系职业机构的一般工作人员。诚然,在可能的条件下,专才式人员在工作实践或专门培训中亦可能成为通才式人员,但这是以后的事。在目前条件下,以对通才式人员与专才式人员的培养作出适当区分为宜。

(2) 系统教育与单科培训相结合

通才式人员的培养,一般要求进行系统的教育,这包括公共关系理论的学习,公共关系实务操作的培训,以及与公共关系密切相关的其他学科知识的教学。这种教育一般是在高等院校公共关系专业中完成的,有条件的院校都可开设公共关系专业,并逐步优化公共关系课程的配置,利用高校多种学科教育的优势来培养公共关系通才。专才式人员一般不必进行系统的公共关系教育,他们通过单科培训就可以担当公共关系专项技术的工作。单科培训的内容可包括:公共关系基础理论、基本实务知识,或者一门或几门公共关系学课程,或者进行公共关系实务操作单项技能培训(如摄影制作技术培训)。

(3) 教育单位办班、用人单位办班和联合办班三者相结合

教育单位办班有学科基础比较好的优势,特别是综合性高校,与公共关系学比较接近的系科或专业拥有较为雄厚的师资力量,长处是学科门类比较齐全,图书资料比较丰富,理论水准较高。用人单位办班的最大好处是可以结合本行业业

务的实际,同时也可有选择地请各种专家和高校教师来讲课。联合办班即教育单位和用人单位共同办班,它兼有两者办班的优势,难度在于要将两种优势有机整合。公共关系专业人员可以根据自己的实际需要,选择参加其中一种或两种学习班进行学习。此外,还可把短期办班与长期专门学习、面授与函授等方式结合起来,以适合各种人员培养的需要。

目前在欧美国家,公共关系的专业基础、专业选修课程已逐步完善起来,这些课程包括:专业基础课有公共关系学入门、公共关系专业课(公共关系劝说、公共关系策划、公共关系案例分析等)、社会科学研究方法等;专业选修课有传播学(大众传播、网络传播等)、新闻学、广告学、营销学、心理学、社会心理学、关系管理学、组织行为学、工商管理学、公共管理学、经济学、政治学、社会学、人类学、法律学、国际贸易学、外国语言学、逻辑学、语言学、语义学、哲学、会计学、统计学、数学、民意测验、劳工关系,以及摄影、美工、影像制作等课程。有的大专院校还开设了研究生所要学习的课程。这些都可以作为我国公共关系学课程设置的参考。

随着我国公共关系行业的快速发展,公共关系学大有用武之地,公共关系教育也必定大有作为。

## 第二节  公共关系危机管理

危机管理是公共关系的"看家本事"。现代公共关系职业的诞生,在很大程度上就是为了适应20世纪初大企业和公共机构危机管理的需要。时至今日,一些政府部门和企业之所以重视公共关系,直接动因仍是应对危机。从更广阔的社会历史背景看,自20世纪初以来,随着现代性的发展和现代化进程的加剧,人类社会逐步进入风险社会。风险和危机无时无处不在,"在危机中成为一种认知框架和价值安排",应对危机变得同创造财富一样重要。

### 一、危机传播管理的事实路径

作为公共关系对话范式的适用和延伸,危机传播管理在事实路径的核心概念上与前者保持一致——真相和利益,即基于有效对话还原真相、补偿利益。在此之下,危机传播管理事实路径存在三个二级路径:告知、疏导和转移,它们分别对应常态公共关系对话情境中的传播、叙事和关系管理,而又有所差异。

#### (一)告知

告知是指危机当事主体面向利益相关者发布危机信息的行为,是主体的"单方"话语在危机舆论环境中进行传播并接受选择的过程。在危机"告知"研究领域，最具代表性的成果是"3T"原则。

1．主动告知（Tell your own tale）

所谓主动告知，即组织积极、主动地发布危机事态信息，以抢占事件话语权和解释框架。主动告知是危机情境下语言游戏的一项重要规则，所谓"越是主动者越主动"。这颇似危机管理研究中的另一个规则——墨菲定律——越是觉得会出错的事，越是一定出错。

"主动"和"觉得会出错"都会形成一种"循环势能"，关键在于当事者的自信与经验。鲍曼在论述现代社会危机时指出，我们如今总是被危机打垮自信，而我们的祖父辈"相信碰巧陷入的混乱仅仅是暂时的"，"他们失望，但无论如何之深，都不至于绝望"，即使登上顶峰依然遥不可及，甚至是否更接近顶峰都不清楚，他们仍旧怀着高涨的激情奋力前行。

2．全部告知（Tell it all）

全部告知即组织将有关危机事态的信息毫无保留地进行发布，包括危机诱因、损害和下一步的发展趋向。在这一问题上，危机公关与危机修辞两个研究路向的态度大相径庭：前者主张基于利益相关者"知情权"的开放、对等告知，"你所知道的，也是他所应知道的"；而后者则认为全部告知是不明智的言说策略，当事主体在必要的情况下应该有所掩藏、隐瞒。

3．迅速告知（Tell it fast）

迅速告知即组织最大限度争取时间，以最高效率发布危机信息。在危机之下，时间不仅意味着金钱和效率，而且一念之间关乎生死。当然，迅速告知并不放弃对时机的考量，不是盲目地发布信息，它追求的是"适宜时机"之下的信息传播效率。

在对"3T"原则进行批判性借鉴的基础上，我们提出告知策略之下的三个三级路径：告知真相、充分告知和适度承诺。

（1）告知真相

诚实是危机应对的基本原则，同时也是首选策略。谓之"基本原则"，是因为"接近真相"从来都是利益相关者和公众的基本权利，同时也是当事主体的基本义务，这在艾维·李时代即已被确认为公共关系的底线操守。

谓之"首选策略"，是因为在当前的信息传播环境之下，再精致的谎言也不过是透明之物，说谎意味着更深重的沉沦和更持久的灾难。相反，当事主体发布的真相越充分、越有说服力，媒体和公众猜测、质疑和散布谣言的空间也就越小。

（2）充分告知

这是对"全部告知"原则的传承和修正——要选择性地告知尽可能多的危机信

息。信息是最好的武器,它越是详尽全面,被剥夺了秘密的敌人也就越能被彻底地解除武装,鲍曼的这一观点强调了信息"全面"的重要性,与罗杰斯特所见略同。

我们对全部告知的主张持"保守"赞同态度。几乎所有危机实践都表明,全部告知在大多数情况下只是一个充满风险的理想——信息泛滥以致让人无所适从,同信息匮乏、真相不彰一样,全部告知于人于己、于内于外都是不负责任的。人们与其说是渴望获取全部信息,还不如说是期待一个负责任的行动者。

因此,"充分告知"摒弃"消极沉默",也拒绝草率地冒险。它不在两个极端一意孤行,而是坚持如下三个原则。

① 寻找"共同关心",进行理性、周全的告知。所谓共同关心是指各方共同关切的核心利益,而不只是当事主体自己的利益和立场,也不只是少数人的需要和主张。"单边诉求"或者"片面诉求"即使再充分,也无助于良性的危机对话。

② 寻找最适宜的人、时机和渠道进行有效告知。所谓适宜的人,是指具有良善价值观和杰出专业技能的危机新闻发言人;适宜时机和适宜渠道是指辨识和选择最佳的信息告知情境和途径。人、情境和途径的组合,重点在其有效性,比告知更重要的是告知效果。

③ 系统规划告知的内容要素、过程节奏和信息通路。充分告知强调站在更高的、全局的视角规划告知内容,调控告知节奏,理顺信息通路。这是一个系统工程,含纳了话语结构的所有关键面:场域(field,发生了什么事)、调性(tenor,参与者及其关系)和方式(mode,表达的媒介)。

(3) 适度承诺

承诺是危机"告知"中的一个特殊环节,它同时作为一种话语、姿态和行动而存在。面对无所不在的压力,当事主体企图回避承诺几乎是不可能的。对受害者而言,承诺意味着走出困境、获得补偿,意味着安全和护佑的希望。

在危机管理实践中,组织经常陷入一种两难困境:一方面利益相关者对当事主体的承诺高度关切、强烈期待,甚至将之"放大"为有关信念和利益的"仪式";一方面当事主体在危机中的"承诺力"严重下降、削弱,甚至瓦解,"承诺"可能成为压垮生命的"承重"。对此,组织在危机中的承诺应当坚持两项原则。

① 切忌过度承诺,那些充满不确定性的宏大承诺,只能换取短暂的支持和喝彩,最终导致卷入危机的人在"水中月"破灭后,面临更大的虚幻和灾难。

② 坚持适度承诺,即所作承诺必须是有效、可兑现的,哪怕是表面的、局部的承诺也是必要的。这是基于危机现实、实事求是的一种态度,它承认危机带来的局限,承认理想与实现的距离,但它坚持于危机之下"勿以善小而不为"。

## （二）疏导

如果说"告知"是当事主体主动、快速、充分地发布危机信息，解决信息"覆盖面"的问题，那么"疏导"则强调针对关键议题寻求重点突破。危机改造了常态的秩序和规则，每一个卷入危机的人都在不同的角落分割所谓"真相的世界"。这意味着圆满回应所有人的发问、质疑和挑战几乎是不可能的，出路在于抓住主要矛盾、引导核心议题。核心议题之所在，也正是危机之中权力关系、利益关系交锋、勾连的旋涡之所在。

### 1. 引导核心议题

无论怎样复杂、多变的舆论，总是由若干特定的议题引发、影响和支配的。在狂野如海啸的危机舆论下，即使平素再强大的组织也会显得脆弱、渺小。当事主体所能做的，像在充满威胁和不确定性的舆论海啸中，寻找灯塔一样发现、辨别相对确定的议题。唯有针对这些议题展开充分对话，危机各方才能走出冲突、走向和谐。

然而，议题本身也是流动、多元的，究竟哪些议题应进入危机管理的优先序列？换言之，从辩证法、矛盾论的视角看，哪些议题构成了"疏导"策略的主要矛盾？

中国危机管理现状调查发现，在危机状态下，媒体最关注的三个核心议题分别是：局面是否得到了控制？危机为何发生？危机受害者是否得到了妥善安置？这说明，媒体在设置公众议程的过程中，将现实状态、危机诱因和受害者的命运视为优先议题，归入第一传播梯次。

研究同时表明，诸如"怎样处理事件责任人""当事主体发布的数据、资料究竟意味着什么"等议题则被媒体视为边缘议题，归入最末端的传播梯次。

言说议题的统一，是所有对话的基本前提。而在实践中，当事主体经常背离媒体和公众所关切的核心议题，过度纠缠边缘议题。譬如"我们已经对责任人进行停职审查""他已经离职，与我们无关""我们的数字显示……"等。这种本末倒置、议题错位的现象，加剧了众声喧哗的混乱；参与对话的各方穿梭于不同的"言说世界"，除了摧毁最后一点理性，没有别的事情可做。

### 2. 建立第三方话语同盟

第三方作为在场的"他者"，在危机传播中发挥着至关重要的作用。这里指称的第三方，主要包括两类社会角色：一是危机涉及领域的权威人士，如专家学者、政府官员和行业协会负责人等；二是危机公众中的意见领袖，即分散在不同的利益相关人群中，对群体其他成员的认知、态度和行为有重要影响的少数权威者。

以专家学者为代表的个体具有明显的身份优势和知识优势，尽管韦伯近乎刻薄地指出：他们之中总是混迹着假冒伪劣的精神偶像。他们拥有，或者被认定拥有敏锐的洞察力、超然的立场和可靠的证据,因而能够进行相对专业的解读和公正的评判。

有人对危机根源、诱因的看法,影响着其他人对危机事态的认知;有人对危机发展、变化的分析,影响着其他人对危机后果的评价;有人对组织所发布信息的态度,影响着其他人对这一信息的态度(是抵御还是接纳)。因此,团结了意见领袖,往往也就意味着团结了群体中的大多数人。

3. 规避"危机黑洞"

"危机黑洞"这一概念,与前述两个路径紧密相关:议题管理强调将对话聚焦于若干主导性议题,第三方介入主张团结有影响力的人。这暗含着两个理想化的假设——当事主体总是能够发现、驾驭核心议题,总是能够找到、善用有影响力的人。但这也潜藏着风险:核心议题识别出错,意见领袖不可靠或不给力。

在危机中,组织稍有不慎便可能落入"危机黑洞"——将时间、精力和资源投入到错误的人、议题和事务中去。直至一败涂地,才发现竟是一场致命赌博。规避"危机黑洞"的办法是多样的,譬如建立科学的危机预警机制,开展有效的危机管理训练,以及接受"局外"专业团队的指引等。前路变幻莫测,问题的关键在于自己是否做好了上路的准备。

(三) 转移

与公共关系对话范式事实的"转化"路径类似,倘若把危机传播看作一场语言行动,那么前述"告知"和"疏导"指向了信息的文本及其结构,而"转移"强调的是"互文性"及文本之外的情境。转移策略的着眼点有三个:与过去的话语相呼应,即所谓前后一致;与核心利益相关者的意见相会,即争取"革命胜利的基本依靠力量";借由"事件"转移视线、再造情境,使事态朝着有利于大多数人的方向发展。

1. 前后一致

这一路径强调由"当下"向之前转换,即回到危机发生之前组织的主张、话语及其调性,回到对利益相关者的一贯承诺。在危机中,人们恐惧、狂躁、愤怒的一个重要原因,是"熟悉的规则不见了"。回路被切断是让人最惶恐不安的事情之一。正如海德和费斯廷格所说"当不和谐发生时,人们本能地去躲避、消除,直到和谐再次发生"。事实上,当眼前的困境如此具体时,人们总是无比怀念既往的安宁岁月。

前后一致、话语统一实质上是一种"补差性"努力,即弥合危机发生前后人们对当事主体认知和评价的落差。它通过回归常态秩序、唤醒集体记忆,来消解当下的不确定性。这就要求当事主体认真回溯、深刻检讨此前的主张和承诺,特别是那些事关"关键利害"的既往言行,并在危机中庄重加持、小心呵护。

2. 协同核心利益相关者

争取核心利益相关者态度和行为的转变，使之与组织协同渡过危机，是危机对话的主要任务之一。从事实层面看，实现当事主体与核心利益相关者的协同主要有三种方式。

① 不躲避，不漠然，更不应动辄引发对抗，而要承认对方的重要性，关心对方关心的事项，即前文的"共同关心"。② 鼓励对方与自己一道寻找真相，使之由旁观者、对抗者转化为共担风险的主人。③ 承诺将其损害降至最低，并补偿对方应得的利益。

要促进核心利益相关者角色的转换和协同，组织应首先实现自我角色的转换和改造。只有跳出自身利益之纠葛，并且站在对方的角度审度事情时，才能找到最基本的利益所在。

3. 转移视线

这是危机传播管理中最为常见的策略之一。班尼特认为，转移视线通常有两种做法：一是把组织描绘成不公正环境的牺牲品，以引起人们对替罪羊、真正责任者和其他问题根源的追问；二是"制造"新闻事件以引起公众对新问题的关注，从而转移他们对危机的注意，使之放弃对事件无透彻的阐述。

究其实质，转移视线一靠议题转换，即摆脱"厄运型"议题传达组织的积极信息，释放"正能量"；二靠事件策划，事件本身即是对话的文本、场域和情境。同时，转移视线可分为主动转移和借力转移两种模式。前者是指当事主体自主设置新议题、策划新事件；后者是指当事主体借力外部舆论议题或事件，为我所用。

需要强调的是，转移视线不宜滥用，而应坚持如下原则：创造性，即转移视线为一个创造的过程，要形成既与之相关又区隔于原有议题的亮点、热点和焦点；公共性，即强调新议题的传播效能，不要设置那些公众不感兴趣的"自言自语"式的议题；互惠性，即确保转移的正当性，使新议题实现自身利益与公众利益的契合，而非对后者的麻痹和欺骗。因此，前述的"于组织有利"应该理解为"于公众也有利"——唯其如此，组织才能转危为安。

以上考察了告知、疏导和转移三个二级路径，以及各自衍生的三级路径，它们共同构成了危机传播管理事实之维的策略框架。按照公关对话范式的思路，沿二、三级路径而下，可以推演出更繁复也更适用于具体危机情境的多级策略体系。譬如，告知－告知真相－召开新闻发布会告知真相－发言人应具备良好的专业素养－他不说无可奉告、少用专业术语、眼神充满坦诚关爱等。

## 二、危机传播管理的价值路径

现代社会遭遇的最大困境之一即是价值危机的蔓延。前所未有的政治、经济、文化和技术变革，使祖辈们"年轻的单纯"一去不复返。往昔持久、稳定的价值信念不见了,落在边缘或者被遗忘;而新的价值信念则尚待生成,它显然不像日新月异的技术或流行品那样易得。

吉登斯、鲍曼说得恰到好处,我们的世界是一个人为制造的不确定的世界;不确定性不是我们能补救的,而是我们创造的,我们甚至以更大的规模创造新的不确定性。这个过程并非始于今日,而是自启蒙运动和现代性转型起,世界本身便成为游戏者之一,像所有其他游戏者一样,把牌紧紧握在胸前,袖子里装上机关,虚张声势,一有机会就舞弊。舞弊的结果是,工具理性的牌打得越来越好,价值理性的底牌几近打光。外在的事实世界变动不居,内在的价值世界混沌不明,风险日增,危机频发。

(一) 顺应

"顺应"演绎于常态公共关系对话的"响应",它主张尊重、关切利益相关者的价值诉求,并作出建设性的妥协。"顺"是中国传统世界观和人生观中的一个重要概念,所谓"言顺""耳顺""顺天""顺生",强调于极端、纷乱之间取其中道;"应"是回响反馈,依势而变,《孙子兵法》主张"变而应之""火发于内,应之于外"。顺应强调组织应具备长远的眼光、整体的理解力、对自我和环境的良好判断力,以谋求危机情境下的价值认同。

同时,顺应也意味着必要的妥协,即当事主体基于救赎精神,对遭受损害的利益相关者作出退让。它既表现为具体利益的割舍,也反映为一种价值思维:守弱,以待时机。

1. 倾听

人类沟通所传达的意义,大致可以区分为"内容意义"和"关系意义"两类。前者由语言直接承载,指明沟通的内容、任务和目的,同时提供背景信息;后者则隐现于"字里行间",或者通过非语言符号传达对话者之间的关系和身份信息。

譬如"要认真学习和领会这次大会的精神""请您告诉我坐哪辆车到人民大学""明天务必把作业交上来",这三个例子的内容意义分别是"学习和领会大会精神""坐车到人民大学"和"交作业",所反映的对话者关系则分别可能是上下级关系、陌生人关系和师生关系。

倾听是了解、洞悉内容意义,把握、重构关系意义的基本方式。在危机对话中,各方的内容意义,特别是各自诉求的目的是或明或昧同时又差异悬殊的。譬如当事主体总是希望"洗清"自己、降低损害和转移责任,而利益受损者则更期待找到"真凶"、追究责任和寻求补偿。各方可能强烈而直接地表达诉求,也可能迂回隐曲,围绕"需求—满足"的差距讨价还价。冲突、对抗也正是在这一过程中产生,各方皆企图让自己表达的力量压倒他者。

对当事主体而言,倾听应优先于表达而成为首选之策。除了解对方需求,倾听最大的价值在于重构对话者之间的关系。当一方坐在另一方对面，头脑清醒、内心真诚地倾听的时候，所收获的果实不只是内容意义，而且是彼此关系意义的调整：由陌生人转换为对话者，由冲突的对话者转化为共同寻求解决之道的对话者。一旦认真倾听对方，对方便可能由不顾一切的反对者或不屑一顾的反对者，转换身份为一起解决问题的共同体成员。如此就形成了先重构对话关系再定义对话内容，先倾听再表达的危机传播策略序列。

2. 合作

一般而论，合作的成本总是低于对抗的成本，合作在大多数情况下都是比对抗更优的组织管理和社会治理策略。危机始于对抗，而危机管理则应止于合作。任何危机中的决策，皆应考量"如此，是促进了合作关系，还是在破坏合作关系"，即使对恶意挑衅者发起攻击，也需以建立广泛的合作联盟为前提。为了寻求危机情境下的积极对话与合作，组织要坚持平等原则，并采取必要的妥协姿态。

平等是合作的基础。危机管理者应怀有从善、平等之心，谋求与不同利益相关者的合作，而非将对抗进行到底，特别是要避免将所有挑战者逼成一个联盟。当人们在受到伤害，并且在有权力的人面前感觉抬不起头时，愤怒之火最为炽烈。所谓平等，是不同的思想、观点在公众面前强度的均衡，亦即在思想和心灵层面，平等对待各种愿望和主张。傲慢、恃强凌弱激发的愤怒，远甚于利益伤害本身。讲原则、建设性的妥协也是必要的。妥协一方面来自救赎之心，即承认自身为利益相关者带来的损害，并愿意为此作出补偿；一方面也彰显了一种战略观念：退一步，是为了更长久、更安全地重新起跑。

3. 关爱

危机管理始终存在一个价值排序问题。所谓价值排序是指在危机管理决策及其实践中对何者为重、何者优先的选择。一般而言，在利益和"物"的层面，大局利益高于个体和局部利益；在"物"与"人"的关系层面，"人"永远高于"物"；而在"人与人"的关系层面，多数人高于少数人的利益；而在"作为多数的大众中"，弱者的利益应优先得到照顾，危机当事主体应给予弱者更多的关爱，让那些陷入困境、沦为边缘又被迫沉默的人们得到解放，使他们有权诉说不幸，并获取不懈的支持。

在危机中，当事主体要通过充分对话，鼓励各种积极的力量，化解人们在物质、道德和精神上的焦虑，分享安宁、重树信心。这对危机中的弱者而言显得更加重要。

(二) 引导策略

在亚里士多德的修辞理论中，"省略三段论"是核心概念之一。譬如，人终究会死，苏格拉底是人，因此苏格拉底终究会死去。"人终究会死"是人所公认的真理性前提,因而在逻辑推断中经常省略,这就是所谓省略三段论。修辞、说服亦经常缺省真理性前提。譬如,诚实是美德,他是一个诚实的人,因此他是一个有美德的人。此中,"诚实是美德"乃常人的共识,故而可以在推论中省去不谈。

当然,逻辑三段论和修辞三段论也有明显的差异,前者的前提与结论之间存在"必然"确定性——人必死因此苏格拉底必死;后者的前提与结论之间只存在"或然"确定性——他诚实,但他可能同时非常贪婪或者残暴,因而未必就是一个好人。

以上导入修辞三段论的目的,在于重拾公认的真理性前提。危机之下,对话者之间的"自在前提"不是被"省略"了,而是被打垮、遗忘或消逝了。省略是一种内化、默识状态,无须提及却始终存在;而消逝则意味着潜隐不彰或者不复存在。公认的真理性前提的缺失,导致危机中经常出现"一对话就对抗"的僵局。那么,危机对话需要重视哪些基本前提?

1. 大局观念

这一前提指向了危机中组织对内部利益相关者的价值引导。在危机爆发后,组织首先要把"自己人"引导至大局利益上来。实践证明,很多危机当事主体都存在一定的主观因素,内耗往往是代价最高的危机损耗。所谓"堡垒总是在内部被攻克",外界的猜测、质疑和谣言,往往首先来自组织内部的纷乱和冲突。

应在危机显现后,通过有效沟通让内部成员尽快统一到大局利益上来。员工们分散于不同岗位,扮演不同角色,彼此间有着千差万别的既往和不确定的将来,但是当下只有以大局为念、众志成城,方能协力走出困厄。

常见的"战前动员"方法有三个:一是组织领导者要勇于担当、身先士卒并富有团队精神,"领袖都肩负着使命,因为没有他们,那么群体,实际上整个人类都将一事无成"。二是指定危机发言人,以统一信息口径;三是建立分层逐级信息沟通系统,以最大限度凝聚内部共识。

"口径"不见得只是一句话、一段话。"径"字本身即含有尺度、空间之意。换言之,"口径"不是"口令",要给员工主动理解、创造和解释的空间。一旦员工对正在经历的危机一无所知,或者只能被动接受"口令",甚至要通过"外部人"和媒体才能揣测自己所在机构的危机,那么他们就极可能由应对事件的"主人"变成冷漠的旁观者。

所谓"治本",强调的是功夫在平时。危机所考验的,绝不只是组织临场发挥的能力,更多的是"平时成绩"。很难想象一个长期处于价值观涣散状态的组织,于危机之下能够迅速生长出集体"勇敢的心"。组织修炼自己的价值观,正如一个要求完善的人修炼自己的灵魂,长久修持、点滴沉淀方可为之。

2. 共同体精神

这一前提指向的是组织对外部利益相关者,特别是核心利益相关者的价值引导。前文于事实层面强调组织应鼓励利益相关者与自己一道寻找真相，此处则主张将各方引导至共同体精神上来，以合作的力量谋划更优的危机解决方案。

从本质上看，"人与人为什么会冲突"同"人与人为什么会合作"一样，皆源于共同利益。若无共同的利益触点，两个陌生人一般不会发生冲突。这意味着经由对话、协商，回归共同利益，正是化干戈为玉帛的关键所在。价值冲突也是如此，利益各方应基于对话重拾共同体精神，而非陷入虚耗的价值偏见之争。

趋利避害皆属人的本能，但是二者之间亦有排序问题。譬如在危机情境下，人们往往会首先选择避害止损。实际上，在大多数危机爆发的初期，人们之间的共同利益链条和共同体精神仍旧存在，断裂的只是对话机制。危机突然降临，由于震惊、惶恐和义愤，人们本能地趋利避害以求保护自己。面对散场的困局，若对话缺位或协商无效，组织与利益相关者之间的共同利益链条和共同体精神将进一步瓦解。

因此在危机爆发后，组织的行动方向不是急于在公共舆论中遮掩是非、争论得失，而应以强烈的对话意志、卓越的公共关系能力，将人们召回至共同利益和价值上来。坦率地讲，就是让人们从各自"避害"转向协同"趋利"，由单纯"自保"转向彼此"互救"，从分崩离析转向重返共同体。在此过程中，有两个问题值得注意。

① 在面向核心利益相关者时，直接的、面对面的沟通往往更有效。这一主张所遵循的沟通原则是：让对话者尽可能靠近。大众媒体对危机的强大干预造成了一个假象，人们认定媒体才是危机管理的主战场，甚至视媒体事务为危机传播管理的全部任务。在这样的幻觉之下，组织与利益相关者皆将主要精力投放到媒体，争夺话语权或者通过媒体报道寻找于己有利的证据。危机管理必须击碎这一幻觉，没有比鼓起勇气、直接面对核心利益相关者更具效率的沟通方式。大家一起坐下来，才意味着真正回归共同的利益和价值平台。

② 如果与核心利益相关者直接对话存在种种具体困难，那么第三方的介入便显得必要。权威、公正的第三方不但扮演着仲裁者的角色，他们在很多情况下也发挥着"缓冲平台"的作用。公正的行业组织负责人、有良心的专家学者，往往是第三方"中介"的首选。

3. 公共精神

这一前提指向了新闻媒体及其影响的广大公众，即当事主体在危机中要将媒体和公众引导至公共精神上来。新闻媒体被称为社会"公器""守望者"或者"灯塔"，这些比喻说明，公共利益和公共精神是媒体评判危机事件的根本尺度。组织只有适应、尊重这一尺度，才能与"天然和危机亲近的新闻媒体"展开建设性的对话。几乎所有危机实践都证实，背离公共利益和公共精神，组织很难通过媒体和民意的"审判"。

引导媒体坚守公共利益和公共精神，也意味着对媒体的失误和偏差进行纠正。记者们不得不试图扮演着上帝的角色。他们必须在混乱的瞬间判断中，以闪电的速度构造这个世界。同所有利益主体一样，媒体亦有其主观的和客观的局限性。主观局限性如记者的道德水准、利益追求、价值取向和业务能力，客观局限性如时间压力、经费压力、碎片化的报道逻辑等。

这些"局限性"意味着媒体的"合理质疑权"本身也是可疑的。譬如，媒体经常不谨慎地挟"公平""正义"之名，恶意炒作、发起舆论暴力；为捍卫一时、局部之"利益"，而付出长久代价；更有甚者，头顶新闻理想，却下手敲诈、勒索陷入危机的组织。对组织而言，唯有坚持公共利益至上、守护公共精神，才能对媒体干预泰然处之。在必要的情况下，当事者还有必要通过直接敦促、公共讨论和寻求法律保护等手段，对媒体行为的偏差进行纠正。

在一些危机情境下，危机管理者可能有机会革新和增益公共精神。如是，当事主体不仅可以让自己在事实层面转危为安、化危为机，甚至赢得普遍的信任、尊敬和赞誉。譬如在汶川地震、甲型流感等公共危机中，政府除了应对灾情、疫情和舆情，尚可涵化和升华普罗大众的生命意识、健康观念和公共理性；企业在卷入产品、财务、管理、竞争、环境污染等危机时，除了如履薄冰、恪尽职守地处理危机事务外，尚可坦诚地公开自己的经验和教训，使之成为所有利益相关者乃至全社会的共同财富。

### （三）重建策略

重建策略一般称之为恢复管理，是指在危机事态平息后恢复常态秩序、结构和价值的过程。除了回归正常的生产、生活秩序外，重建策略旨在开创一个经历危机、涅槃重生的价值共同体。组织借此向利益相关者许诺一个共处、共持，充盈着信任和意义的崭新世界。一般而言，恢复管理的主要策略包括如下三种。

1. 补偿与救赎

危机过后，当事主体必须重视对利益相关者的补偿，这是重建共同利益链条的必由之路，也是在法律和道德框架内必须担负的责任。恢复管理中的补偿和救赎，一般可分为有形和无形两类。

有形补偿是指对利益相关者的生命、健康和财产损害进行物质和资金方面的赔偿或救助。需要考虑的主要因素包括：组织自身的意愿和可承受力，利益相关者的态度和需求，司法机关、政府部门和第三方仲裁机构的评估和裁决。

无形救赎是指对利益相关者进行精神抚慰，让他们从海德格尔所说的"漂浮的、恐惧的、无意义的世界"中走出来。抚慰不是麻痹、乞怜和表演，它要让受伤害的人获得精神安宁，还要增强他们在未来应对危机的能力和勇气。

2. 重构话语秩序

话语是作为权力关系的建构规则存在的，这种规则是双重的：话语被权力关系建构，同时也建构权力关系。因此，正如权力总是谋求现在或隐蔽的秩序一样，任何话语自身也是一种秩序，并处于更宏大的秩序之中。所谓话语秩序，是指一个机构或一个社会范围内的话语实践整体，以及它们之间的关系。

从这一意义上看，一个社会组织从引发危机，到应对危机和恢复管理，其实就是一个话语秩序被解构而因此努力重构的过程。话语秩序的重构，包括对自我、"我"与"你"、"我"与"大家"三类关系的调整和优化。

首先是自我的超越及其表达。一个成熟、智慧的领导者会发现，危机以最剧烈、最深刻的方式提供了全新的自我评价视角，也因此带来了组织结构创新和价值再造的机会。若能因势利导，组织便可"化危为机"，塑造焕然一新的形象。

其次是"我"与"你"——组织与利益相关者之间关系的优化及其表达。这意味着要了解利益相关者的期待"你"需要"我"做出哪些改变？"我"如何获取更优的评价？更重要的是让利益相关者见证、参与到组织的"重建"中来，于开放中建立新的话语秩序。

最后是"我"与"大家"——组织与社会关系的调整及其表达。这是一个"对标"的过程，即发现、分析自我价值与社会主流价值的差距，并力图弥合之。一个忽略、偏离社会主流价值的组织是不可能基业长青的。话语理解从根本上说一方面和个体模式及目标相关，另一方面又和社会共享的目标、框架、草案和意识形态相关。

具体而言，重构话语秩序主要依赖如下几种公共关系手段。

① 媒体公关，即通过召开新闻发布会、记者见面会，安排媒体专访，投放新闻稿件等形式，传播组织新的发展理念和行动方针。

② 事件公关，即参与、主持典型性社会公共事件，向公众展示自身的原则、立场和能力。

③ 领导人公关，即设计领导人活动，通过其在公共场合恰如其分的言行举止，树立良好的公众形象。

④ 全员公关，即让每一位成员都认识到话语重构的意义，积极加入到与社会公众的沟通、协调工作中来，于细微处见精神，争取民意的改变。

## 第三节　企业公共关系

随着全球化浪潮和新技术革命的到来，企业的内外部经营环境都将发生根本性的变化，市场竞争将更加激烈。与此相适应，关于企业战略目标的思想，人们也由此开始了深刻的反思和转变。从以新古典经济学为基础的利润最大化假设，到以委托代理为宗旨的股东财富最大化，直至现代契约理论支持的企业价值最大化的观念转变，凸显了所有利益相关者的利益索取权，极大地加深了人们对于"企业公民"这一概念以及企业价值的认识。

"企业公民"概念的出现以及对企业价值的再认识，使得我们在考虑企业发展的过程中，将再也不能仅考虑企业自身的利益，而是必须考虑与企业的发展相关的所有相关者的利益，这实际上要求人们必须突破传统的企业管理理论仅关注企业内部管理的局限性，即必须拓展现代企业管理理论的研究视野。近年来，公共关系作为一种组织管理与经营的理念、方式，以其高可信性，消除消费者的心理防卫及戏剧化的鲜明特征和突出效果，得到越来越多公众的接受与认可。

## 一、企业公共关系的概念、作用与特点

### （一）企业公共关系的概念

企业公共关系，是指企业在经营的过程中，有意识、有计划地与社会公众进行信息双向交流及行为互动的过程，以增进社会公众的理解、信任和支持，达到企业与社会协调发展的目的。

为了完整、深刻地理解企业公共关系的含义，应从以下几方面把握这一概念。

（1）它是有意识、透彻的阐述

企业公共关系活动并不是盲目、随意的，而是主观上有明确的意识、正确的观念与具体的目标，并且以严密、具体、可操作性的系统计划方式加以完成，才能收到良好的效果。

（2）它是信息双向交流的过程

企业要想使其经营活动与变动的经济及社会相协调，就必须不断进行信息的双向交流活动。它具体包括四个层次的任务：①沟通情况，使企业与社会公众相互间达到充分的了解，这是企业公共关系活动的基础性工作；②沟通情感，通过建立企业与社会公众的友善关系，求得社会公众的理解与信任，这是确立企业与社会相协调关系的基本手段；③沟通观念，以此形成和确立企业适应自然与社会经济发展要求的经营观念，进而取得社会公众的认同与支持，这是企业公共关系活动的基本任务；④沟通导向，企业与社会公众乃至整个社会的和谐相处，共同发展，取决于双方在价值取向上的一致性。一方面企业依据社会公众的愿望与要求，实现正确的经营；另一方面，企业又引发和指导社会公众，起到提升生活质量，指导消费和改变生活方式的作用，这是企业公共关系活动的基本目标。由此可见，信息双向交流在企业公共关系中的重要性。

（3）企业公共关系是一个行为输出的过程

社会公众对企业的理解、信任与支持，并不是依靠甜言蜜语或口惠而实不至的"承诺"来达到的。换句话说，信息的沟通与交流仅仅是企业公共关系活动的一个方面。更重要的是企业必须作出切实的行动，来解决自身在经营与管理中引起社会公众不满的种种问题；不断改进、完善与提高自身的经营与管理水平，才能够取得社会公众的信任与支持。这是有效的公共关系的基本要求。

（4）它将公众利益置于首位

企业要想与社会、经济环境相协调，实现共同发展，必须将社会公众利益置于首位，不断用实际行动增进公众利益。在此基础上，企业才能获得一个良好的生存与发展环境，社会公众不仅理解和信任企业，而且会大力支持企业的发展。这是实现企业利益与社会利益有机结合的基本前提，也是企业公共关系活动能否达到预期目的的核心问题。

（5）企业公共关系是一种管理职能

公共关系在某种意义上讲，是企业运营不可或缺的社会资源，因而必须将其纳入企业的管理过程中，使之成为企业经营者进行资源优化配置的重要组成部分。换句话说，如果不能对企业的公共关系实施有效的管理，企业的人、财、物就无法有效和充分地发挥其作用，企业的经营与管理目标就无法实现。

(二) 企业公共关系的作用

中国有句古语说，"水能载舟，亦能覆舟"。假如我们将企业比作为"水中之舟"，那么企业公共关系就是水。如果这两者的关系处理得好，水就能够浮起企业之舟，如果处理得不好，水就能够兴风作浪，继而覆舟。其中所蕴含的哲理，确实令人深思。纵观中国的企业，在过去的大半个世纪中，很多企业只顾眼前利益，企业行为短期化，不顾自身的条件，基础素质，品牌形象，外部环境等，盲目追求高利润。其结果是，虽然在短期内获得了较高的利润，但其发展过程中，明显地表现出"营养不良"，掉进了短期行为的陷阱。分析其原因可以发现，是大多数企业没有战略的眼光，忽视建立良好的公共关系，没有协调好与外部环境之间的关系。所以，公共关系在当今的企业经营管理中扮演着越来越重要的角色。

① 帮助制定企业发展的长期目标。由于我国公共关系发展还处于比较初级阶段，公共关系需求和公共关系战略还局限在与媒体的关系，但从长远发展来说，公共关系能帮助企业制定长期发展目标。实际上公共关系部门也是非常重要的工具，通过媒体跟踪，媒体分析，可以了解到很多包括整个世界发展的趋势，所处周围环境的变化，帮助企业管理层做一些分析报告，帮助企业确定正确的发展方向。

② 帮助企业树立一个良好的企业形象。企业里，有很多不同的部门，不同的部门对新闻界发表不同的讲话，这样就造成不统一，造成很多潜在危机。所以公共关系能帮助企业制定统一的对外传播口径。建立和维护目标受众对企业的信心；同时还能创立有利的市场环境，为企业盈利创造有利条件；如果公司的形象比较好，处理一些事件或者危机，相对来说就有很多的优势。

③ 帮助企业在内部协调公众和企业的利益，避免冲突和误会。同时，还能帮助密切与员工、供应商和客户的关系。现在人才特别奇缺，大的企业怎么吸引人才，公共关系做得好，有好的企业形象，好的企业文化，对吸引人才有好处。

④ 公共关系还能够帮助公司推广产品和服务。

(三) 企业公共关系的特点

企业作为一种营利性组织，追求利益的最大化是其主要目标。因此，企业公共关系除了具有一般特点外，还具有其自身的独有特点。

1. 功利性

功利性实际上是指企业在开展公共关系活动的过程中十分关注公共关系的成本效益。对任何一家竞争性的营利组织而言，公共关系的成本都是企业需要考虑的问题之一。组织的决策层每天都在问同样的问题，各职能部门和生产环节的成本能否再低一些。公共关系部门当然也不例外，公共关系部门也必须是有成本效益的。公共关系部门要想在企业生存，它要做的就不仅是建立和维护与员工及邻里的关系，还必须有助于建立一个投资环境，在这个环境中，大小股东都对他们投入的资本所产生的回报感到满意。因此，从这个意义上说，企业公共关系的主要工作就是：帮助市场营销部门吸引新的顾客，维持对产品和服务满意的现有顾客，也就是说，公共关系必须在竞争的环境中为工商企业的盈利做出贡献。

正因为如此，公共关系部门可能经常会面临来自内部裁员或精简机构的压力，一些不是很了解公共关系工作性质和作用的股东或员工，可能会指责公共关系部门不务正业或无所事事，特别是在形势紧张、经济滑坡或竞争增强的情况下，公共关系部门的生存和发展更会引人关注。因此，企业公共关系部门和公共关系人员应该充分关注公共关系成本及公共关系效益问题，以及由此而形成的各种压力。

当然，这种讲求公共关系成本及效益的压力也可能成为激励公共关系人员努力工作的一种动力，从心理上激发他们的成就感和使命感。因为对公共关系人员来讲，通过公共关系工作，把自己在某方面的策划和观点变成现实后，既可以提高企业知名度、塑造组织的良好形象，又能获得良好的社会效益和经济效益，这样在无形中就使公共关系人员获得了信心和力量，对企业和公共关系人员个人发展都是非常有利的。

2. 注重产品质量和服务质量，提升企业形象

这是企业公共关系的第二个特点。企业在不停地为顾客提供各种类型的产品（劳务或服务），对制造加工类型的企业而言，它们提供的是汽车、家电、啤酒、化妆品等有形的物质产品；对运输公司、仓储公司、旅游公司等而言，他们的产品就是给顾客提供的无形服务；对咨询公司、会计师事务所、律师事务所而言，他们的产品同样是无形的精神产品。

对这些企业而言，企业形象是一系列因素（如产品或服务质量、员工精神面貌、厂容厂貌、企业实力等）综合作用的结果，但产品质量形象无疑是其中最重要的因素。许多成功企业都从创立名牌产品开始，进而树立企业的良好形象。追求产品质量不仅是单个企业的行为，而且越来越成为全球企业的共识和共同行动。

3. 致力于新型的竞争与合作关系的建立和商业生态系统的培养

这是企业公共关系发展的新趋势。尽管人们很早就认识到商场如战场，市场竞争是残酷无情的，但只有到了今天，人们才真正领会到什么是竞争，什么是不断升级的超强竞争。产品的更新换代比以往任何时候都快了，企业在市场上的优胜劣汰也越来越加剧。

在这种超强竞争时代，企业要想取胜就得争取主动，就必须和别人合作。因此，聪明的企业和它的企业主管总是在合作中寻求双赢。这反映在他们的交易与对待员工的态度上，也反映在他们与竞争者的关系上。这些聪明的公司经常与另一家公司既合作又竞争，而且这种既合作又竞争的现象越来越普遍，人们甚至因此而创造了一个新词"竞合"（co-competition）。传统的营销观念把顾客当成被征服的对象，而这种态度可能惹恼客户。一位媒体公司的老总说过一个销售员向他促销新电脑系统的故事。那位销售员不停地用"针对"（targeted）这个字眼，说此产品针对媒体业、广告针对新客户、销售预算针对这个区域等，最后销售员被赶了出去。这位老总说："他没有一句话是在说明新产品如何能替我赚更多的钱。"

与竞争对手合作正在成为越来越多的现代企业的成功之道。日本的索尼公司和荷兰的飞利浦公司是光盘的主要制造商和竞争对手，但它们却就光盘的设计标准达成了协议，而两家公司都从这种合作中受益。有一家小型超市，不仅要求它的店员为客人提供热情周到的服务，还有一项看起来不可思议的要求，那就是顾客在店中没有买到称心如意的商品时，店员要向顾客介绍附近几家可以买到该商品的商店。把自己的顾客介绍给竞争对手，生意还可以做下去吗？回答是肯定的，这家商店的生意后来越做越大，因为它不仅为顾客着想，还赢得了竞争对手的合作和信赖，也为自己赢得了更多的机会。

一般人认为，与竞争对手合作很不容易，相比而言，与供应商和销售代理商等的合作就要简单很多。其实，要真正搞好企业与这些公众的关系并非轻而易举，特别是当我们把这些关系作为商业生态系统的一部分去培养时，难度就更大了，但这正是企业公共关系的使命所在。

商业生态系统是客户、供应商、主要生产厂家，以及其他有关人员相互配合，以生产商品和服务为目的而组成的群体。一个完整的商业生态系统还应包括那些提供资金的人（股东），以及有关的行业协会、工会、政府、准政府机构及其他方面。这种商业生态系统可能是有意建立的，也可能是自发形成的，但这并不影响这些成员之间的相互完善和相互补充。像生物生态链一样，这些工业群落的成员的能力也会因共同进化而不断提高。

在寻找伙伴和维护商业生态系统稳定方面，公共关系部门可以发挥比其他部门更大的作用。因为，对外宣传标准的确定，对群落成员的监督和争端的解决，都与公共关系部门密切相关，而这些工作完成得好坏直接影响商业生态系统的培育和完善。

4. 以互惠互利为原则

企业公共关系的形成是以一定的利益关系为基础的。换句话说，在市场经济中，互惠互利是企业与社会共同发展的基本保证。这意味着，实现和增进公众与企业利益，形成"双赢"的相互依存、相互促进的局面，才能保证企业的长期发展。

## 二、企业的伦理与社会责任

公共关系强调企业应当正确处理好企业与社会公众之间的各种关系，特别是与消费者、竞争对手和社区的关系，这就要求企业在经营的过程中不仅要合法经营，同时企业作为社会生活中的"企业公民"更应该具有较高的诚信道德水平，公平买卖、公平竞争，承担起企业应尽的社会职责。这种要求从一定程度上来说，涉及企业的伦理与社会责任的问题。因此，企业公共关系的开展首先必须从加强商业伦理和提升企业的社会责任感出发，做一个合格的"社会公民"。

（一）企业伦理

一般来说，伦理是指一个人或组织在判断是非时所依据的道德和价值准则。人或组织的行为、决策的价值取向取决于伦理标准，伦理同时也是组织内部文化的一个重要组成部分。

人类行为可以分为三个区域。第一个区域我们称之为"法律区域"，在这个区域里，所有的价值观和行为准则都可以在法律条文中找到相应的规定；第三个区域是自由选择区域，在这个区域里，个体或组织可以根据个人或组织的价值准则来进行决策，享有充分的自由，外界无法干预，而处于这两个区域之间的是伦理区域。在这个区域里，没有具体的法律规定，但人们的行为要受到道德准则的约束，这些道德准则是一种无形的和不成文的"规则"和"惯例"。个人或组织合情合理的决策必须既合法，同时在道义上又可以为社会所接受。

由于伦理准则是以"规则"和"惯例"的形式出现，所以对于一个特定的行为常常出现不同的理解和看法。在有些情况下，企业所面临的任何一个选择都有可能产生不道德的后果，此时便产生了所谓的"伦理困境"。这种伦理困境往往来自个体与整体的矛盾，如企业与整个社会的矛盾等。

1. 企业经营所依据的伦理原则

企业在处理各种矛盾时，会经常遇到各种棘手的伦理问题，而解决此类问题的方法则是依据建立在价值观基础上的各种伦理原则。与企业经营有关的伦理原则主要有以下几种。

（1）个人主义原则

个人主义原则认为，对企业追求长期利益最大化的行为是一种道德的行为。因为企业将自己长期的利益作为决策的依据，其利己性的趋利避害行为会使企业通过比较找到恰当的行动方案。从"经济人"的理论假设来说，每个企业都是追求自身利益最大化的，但是企业在追求自身利益最大化的同时，却使整个社会从中受益。所以，个人主义是一种较优的伦理处理方法，它可以使企业个体趋于诚实和完善。

（2）功利主义原则

功利主义原则认为，企业进行经营决策的结果应当是使绝大多数人受益，因此，在企业进行经营决策时，要考虑不同的决策方案可能产生的后果，尽量选择使社会上绝大多数利益主体都受益的那个方案。但在实际决策的过程中，执行这一原则可能会变得非常复杂，要想简化这个过程，只能将最优方案改为当时恰当的方案。

（3）道德-权利原则

道德-权利原则认为，人类拥有基本的权利和自由，这些权利和自由不能由于企业的决策而被剥夺。基于此，正确的企业决策应当是最大限度地保护与企业相关者的权利。这些权利包括：消费者的意愿自由权，即无论企业作出何种决策，都必须充分尊重消费者的消费意愿，不得强买强卖；安全生活权，消费者个人有权在健康和安全不受到威胁的状态下生活，即要求企业必须提供安全合格、高质量的产品；获得公正信息和待遇权，消费者个人有权获知不带偏见的信息并受到公正的待遇，这就要求企业不得做虚假广告，诚实经营。

2. 企业遵守伦理准则的方法

（1）明确企业的伦理准则

在企业中，企业的伦理准则通常表现为以原则为基准和以政策为基准两种形式。以原则为基准的伦理准则的作用是影响企业文化的建设,它们确定了企业的基本价值观;以政策为基准的伦理准则规范了企业的社会责任、产品质量和员工的待遇等。

(2) 发扬企业领导者的表率作用

根据全员公共关系的原则,公共关系的动力来自企业上层领导者的支持。企业的高层领导者通过自己的行为给企业的伦理定下基调,他们坚定的信仰、良好的价值观,能够帮助企业内外人员在行为中自觉维护和遵守伦理准则。这就要求企业的高层领导者必须通过公开的和坚定的行为来证明自己的信仰、价值准则,通过连续的行为来逐步更新企业伦理准则和价值观。

(3) 鼓励员工成为"道德警卫"

那些勇于揭发企业领导违法和不道德行为的员工被称为"道德警卫"。单纯地依赖伦理组织或者一些规定难以有效地规范企业领导和员工的伦理行为。因此,需要依赖一些富有正义感的员工,当他们发现非法、危险或者不道德的行为时,会大声疾呼,使那些违法者或者是不讲道德的人能够悬崖勒马,及时回头。企业应当将这些"道德警卫"视为企业发展的促进者,要想方设法鼓励和保护他们,避免这些"道德警卫"因其不太合群的行为而有可能面临极其不利的局面。

(二) 企业的社会责任

所谓企业的社会责任,是指企业追求有利于社会长远目标的义务,具体地说,企业应扩大对社会的积极影响,减少对社会的消极影响。社会责任是一个非常复杂的问题,这主要是由于社会本身的复杂性所致。

企业在经营活动的过程中需要同众多的利益相关者发生联系。所谓利益相关者是指在组织的内部或外部,与组织经营业绩相互关联的任何个人或组织。投资者、股东、员工、顾客和供应商是企业最重要的利益相关者,政府和社区以及一些特殊利益集团也是影响企业决策的重要因素。但是,企业的利益并不总是与利益相关者的利益保持一致,每个利益相关者由于对自身利益关注的重点不同,对企业应当承担的责任会有着完全不同的看法。但是对于企业而言,越来越多的人认为企业应当承担其应尽的社会责任。

尽管越来越多的人已经意识到企业应承担社会责任,但对于这个问题的争论从来就没有停止过,一种观点认为企业应当承担社会责任,另外一种观点则反对企业承担社会责任。尽管各自的观点相左,但双方似乎都有充足的理由。

1. 反对企业承担社会责任的观点

传统的观点认为,企业只有"经济人"的单一身份,它是通过向社会提供商品和服务,创造效益并谋取经营利润的经济组织。作为经济组织,自利性是企业的根本特征,追求利润最大化是其基本目标和唯一动机,因此他们反对企业承担社会责任。这种观点的主要看法如下。

① 企业的首要任务是集中精力从事经济活动,以实现自身利润的最大化。过多地强调企业的社会责任,可能使企业分不清主次工作,降低自己的经济效益,最终影响社会的总体效益。

② 社会可以要求企业承担社会责任,但是社会相应地会为企业承担的社会责任付出高额的代价。企业过多地卷入社会问题可能会使其负担过高的成本,从而使企业不能有效地配置资源用于社会活动,全社会的利益都将因此受到损害。

③ 企业承担社会责任的费用会增加企业的经营成本,导致产品的价格提高,使企业产品在国际市场上缺乏竞争力,这样会使一个国家的国际收支情况陷入困境,从而阻碍一个国家、一个地区或一个民族的经济进步。

④ 企业已经拥有了很多权利,如果过多地参与社会活动会进一步增强它的权利与影响,这不见得都对社会有利。世界上不少国家和地区的财团凭经济实力操纵国家政治或社区发展的实例并不罕见。

⑤ 企业缺乏处理社会问题的能力。他们所接受的训练和具备的经验一般都同经济活动有关。因此,他们熟练运作经济业务的能力不一定适用于处理社会问题。

2. 主张企业承担社会责任的观点

也有相当多的人认为企业具有"经济人"和"社会人"的双重身份。企业作为社会的一员,其经营活动与社会息息相关。企业因社会而存在,社会赋予了企业生存的机会和权利。企业的生产要素来自社会,企业的生产成果需要被社会接受。因此企业不仅是以营利为目的的经济组织,它在从社会获得益处的同时,也应该积极承担相应的社会责任。这种观点的理由主要有以下几点。

① 从长远看,承担社会责任和追求利润最大化并不矛盾。企业承担社会责任,有可能更好地维护和提高投资者的利益。

② 现代社会是一个相互依存的系统,企业的行为会对社会产生很大影响,这时企业不能因为追求自身利益而无限制地对他人造成危害。

③ 企业在社会中拥有巨大的权利,这就要求有同等程度的责任来平衡它。当权利远大于责任时,这种不平衡会助长违背公众利益的不负责行为的滋生。

④ 创造良好的社会环境,对社会和企业都有利。社会因存在良好的邻里关系和大量的就业机会而受益,企业也会从一个良好的社区中受益;一方面社区为企业提供人力资源,另一方面社区成员又是企业产品和服务的消费者。

⑤ 企业主动地承担社会责任可以让组织树立良好的公众形象,从而吸引更多的顾客、更好的雇员和投资者,以及其他益处。

⑥ 企业主动地承担社会责任,可以带来社会效益的整体优化。如企业中的废水、废气、废渣等通过处理后可以得到再次利用,从而使那些既危害社会又浪

费资源的企业开支转化为企业利润。如对长期失业需要救济者进行帮助，就比制止社会骚乱要容易得多。因此，通过企业的参与来防止社会问题的发生，比有了问题再来治理要好。

### 三、企业公共关系的活动模式

企业公共关系活动是由既定的目标、任务和手段构成的完整系统。从企业公共关系活动的一般性或普遍性要求出发，有与之基本相适应的企业公共关系活动模式。

（一）企业公共关系活动的战略型模式

企业公共关系活动的战略型模式是基于企业在不同时期的发展要求与战略目标的实现而采取的公共关系活动模式。

（1）建设型公共关系

它适用于企业初创时期，新产品与新服务首次推出时期，企业实施重大变革与创新时期，企业新形象树立时期等。其目的在于提高企业的知名度和美誉度，在社会公众中形成良好的第一印象。建设型公共关系是以高起点、高姿态行为作为公共关系活动的手段。具体形式包括：开业庆典、新产品与新服务推介、开业折价酬宾等。

（2）维系型公共关系

即指企业在稳定发展时期，保持和巩固良好公共关系的做法。它的适用条件是企业在公众中已有一定的知名度和美誉度，发展较为平稳。其目的在于维持知名度，巩固美誉度，并以中低姿态行为为手段。主要形式有联谊会、公关广告、新闻宣传等。维系型公共关系通过信息沟通与情感联系，追求潜移默化的长期效果。

维系型公共关系具体包括三种方法。①硬维系。它是指企业与公众都能明确理解维系目的的公共关系活动。如向客户馈送礼品，加强售后服务等都属于硬维系的常用方法。其特点是用优惠和良好服务来强化情感联系，巩固公众对企业的良好印象。②软维系。它是指表现形式较为超脱，但目标明确的公共关系活动。做法是保持低姿态宣传和一定的其他公共活动，目的是让公众保持对企业的良好印象。③强化维系。它是指企业具有一定的社会知名度、美誉度后，为进一步巩固效果而开展的公共关系活动。

（3）进攻型公共关系

它是指以开创、推进有利于企业发展和进取为目标的公共关系活动。其特点是以积极主动的姿态，力求在短时间内形成较大的影响。这就需要企业抓住一切有利时机，利用一切可利用的公共关系手段，达到完满的效果。

(4) 防御型公共关系

它是指企业为预防自身的公共关系可能失调而采取的公共关系活动。其目的是防患于未然,将潜在危机和问题加以事先消除。这就需要强化对环境的监测,以便及时发现问题与隐患,继而运用有效的手段解决问题。

(5) 矫正型公共关系

它是指企业公共关系出现不利局面或面临严重的公共关系危机时,而采取的旨在克服不利局面,消除危机的公共关系活动。企业发生公共关系危机,使企业形象受损的原因主要有两个。一是由企业自身原因造成的,如服务问题、经营观念问题。对于这类问题,企业应坦诚相见,承认错误,说明真相,以求得公众的谅解与合作,目的是协调关系,化解危机。二是企业外部原因造成的,一种情况是公众对企业的误解造成的,对此企业要向公众澄清事实,消除误解,才能恢复企业的良好形象;另一种情况是其他社会组织或竞争对手有意无意对企业的歪曲甚至陷害所致,对此企业应及时采取措施,查明真相,公布于众,以正视听,并在必要时追究其责任,以挽回企业的信誉。总之,矫正型公共关系在运用中要做到诚恳、忍耐、实事求是、及时纠正错误,才能迅速挽回不良影响,重塑企业良好形象。

(二) 企业公共关系活动的战术型模式

企业公共关系的战略模式是根据其自身发展的不同阶段来确定的,企业公共关系的战术型模式主要是针对企业公共关系的对象与功能来确定的。常用的战术型公共关系战略模式有如下五种。

(1) 宣传型公共关系

这是指通过各种传播媒介和内部沟通方法,充分开展宣传活动,以获得公众的好感和认同,树立良好的企业形象。根据宣传对象的不同,这一模式又可具体分为对内宣传和对外宣传两种形式。对内宣传,其主要目的是让员工等内部公众了解企业发展中的各种情况,以便鼓舞士气,取得谅解与支持。常用的媒介有:企业报纸、宣传窗、讨论会等。对外宣传,其主要目的是让有关外部公众及时、充分了解对企业有利的有关信息,形成良好的社会印象和认同。其形式有:不借助媒体的宣传,如举办展览会,技术交流会等;借助媒体的宣传,一是花钱做广告,二是不付费的宣传,如新闻报道、记者专访、专题通讯等。

(2) 交际型公共关系

这是指以直接的人际交往行为进行的公共关系活动。其目的是加强企业与社会的广泛联系,沟通信息、增进感情,以形成有利于企业发展的人际环境。其特点是直接性、灵活性和富有人情味。其方式有团体交际和个人交际两种。具体形式有联谊会、座谈会、招待会、舞会等。

(3) 服务型公共关系

这是指以提供优质服务、实惠服务为主要手段的公共关系活动。目的是用实际行动来获得公众的好评。服务型公共关系活动包括商品信息咨询、商品展销、多种售后和附加服务等。

(4) 社会型公共关系

这是指企业通过举办或资助各种社会性、公益性活动而开展的公共关系活动。目的是扩大企业影响，提升企业良好社会声誉。具体形式有赞助教育与福利事业，参与社区公益活动，支持文体活动等。

(5) 征询型公共关系

这是指以收集社会信息为主要内容的公共关系活动。通过信息采集、舆论调查、民意测验等工作，为企业经营管理决策提供咨询，使企业适应市场变化与公众的期望。

如果将征询型公共关系抛开不论，前述四种公共关系模式又可以分为两类：一类是务实型公共关系模式，主要是"做"给公众看，服务型与社会型公共关系属于此类；另一类是务虚型公共关系模式，主要是"说"给公众听，即传播型、宣传型和交际型公共关系属于此类。

## 四、企业外部的公共关系

企业的外部公众是组织外部的人群结合体，主要包括政府、社区、新闻界、消费者等。外部公众是组织在活动过程中遇到的数量最大、层次种类最复杂的公众，他们是企业组织生存发展的重要外部条件。一方面，组织需要依靠社会提供政策、法律依据、科学技术、资金、劳务、原材料、活动市场等，也需要社会的理解与支持；另一方面，组织要向社会各界提供自己的产品和服务。不言而喻，任何组织对其外部公众都有强烈的依赖性，组织的各项活动都受到外部公众的制约，任何一个环节失调，都可能给组织带来麻烦，带来巨大的损失。因此现在的企业无论是从企业的生存，还是从企业的利润来说，都应该非常重视发展同外部公众的良好关系。

(一) 市场营销与企业公共关系

1. 以满足市场需求为目标的"4P"理论

1964年，密歇根州立大学的杰罗姆·麦卡锡提出的"4P"理论几乎成了营销理论的代名词，即产品（product）、价格（price）、分销渠道（place）和促销（promodion）。其中促销组合（promotion mix）又包括广告、公共关系、销售促进和人员推销等。可见，在传统的营销理论中，公共关系仅仅是促销的要素之一。"4P"理论在营销实践中得到了广泛的应用，至今仍然是人们思考营销问题的基本模式。然而随着市场环境的变化，这一理论逐渐显示出其弊端：一是营销活动着重企业内部，对营销过程中的外部不可控变量考虑较少，难以适应市场变化；二是随着产品、价格和促销等手段在企业间相互模仿，在实际运用中很难起到出奇制胜的作用。由于"4P"理论在变化的市场环境中出现了一定的弊端，于是，更加强调追求顾客满意的"4C"理论应运而生。

2. 以追求顾客满意为目标的"4C"理论

"4C"理论是由美国营销学专家劳特朋教授在1990年提出的，它以消费者需求为导向，重新设定了市场营销组合的四个基本要素：即消费者（consumer）、成本（cost）、便利（convenience）和沟通（communication）。它强调企业首先应该把追求顾客满意放在第一位，其次是努力降低顾客的购买成本，然后要充分注意到顾客购买过程中的便利性，而不是从企业的角度来决定销售渠道策略，最后还应以消费者为中心实施有效的营销沟通。与产品导向的"4P"理论相比，"4C"理论有了很大的进步和发展，它重视顾客导向，以追求顾客满意为目标。在这里，营销组合策略体现出对消费者更多的关注，备受企业关注的促销组合也随之成为沟通组合，这体现了公共关系在顾客关系导向营销中的位置及职能演变，即整个营销活动更加注重与顾客的双向沟通，公共关系的地位与作用显著提升。

但从企业的实际应用和市场发展趋势看，"4C"理论依然存在不足。首先，"4C"理论以消费者为导向，着重寻找消费者需求，满足消费者需求，而市场经济还存在竞争导向，企业不仅要看到需求，而且还需要更多地注意到竞争对手。冷静分析自身在竞争中的优劣势并采取相应的策略，才能在激烈的市场竞争中立于不败之地。其次，在"4C"理论的引导下，企业只满足于被动地适应顾客的需求，往往令他们失去了自己的方向，为被动地满足消费者需求付出更大的成本。如何将消费者需求与企业长期获得利润结合起来是"4C"理论有待解决的问题。

3. 以建立顾客忠诚为目标的"4R"理论

"4C"理论以客户需求为导向，但客户需求有一个合理性的问题。客户总是希望物美价廉，特别是在价格上要求越低越好，但是这样的话企业就会付出更大的成本，久而久之就会影响企业的发展。从长远来看，企业要遵循双赢的原则，"4C"没有体现既赢得客户，又长期拥有客户关系的营销思想。这是"4C"组合理论需要解决的问题。

针对这些问题，舒尔茨（Don E. Schultz）提出了"4R"营销新理论，阐述了一个全新的营销四要素"4R"：关联（relevancy）、反应（response）、关系（relationship）、回报（reward）。侧重于用更有效的方式在企业和客户之间建立起有别于传统的新型关系。"4R"营销理论根据市场不断成熟和竞争日趋激烈的形势，着眼于企业与客户互动与双赢，体现和落实了关系营销的思想。"4R"理论强调企业与顾客在市场变化的动态中应建立长久互动的关系，以防止顾客流失,赢得长期而稳定的市场;面对迅速变化的顾客需求,企业应学会倾听顾客的意见,及时寻找、发现和挖掘顾客的渴望与不满及其可能发生的演变,同时建立快速反应机制以对市场变化快速作出反应;企业与顾客之间应建立长期而稳定的朋友关系,从实现销售转变为实现对顾客的责任与承诺,以维持顾客再次购买和顾客忠诚;企业应追求市场回报,并将市场回报当作企业进一步发展和保持与市场建立关系的动力与源泉。

"4R"营销理论的最大特点是以竞争为导向,在新的层次上概括了营销的新框架。该理论根据市场不断成熟和竞争日趋激烈的形势,着眼于企业与顾客互动与双赢,不仅积极地适应顾客的需求,而且主动地创造需求,通过关联、关系、反应等形式与客户形成独特的关系,把企业与客户联系在一起,形成竞争优势。很显然,在市场营销中传播与沟通越来越重要了,公共关系也逐步渗透、融合到了整个营销组合策略中的每一个要素中。

(二) 企业外部公共关系的类型

企业外部公共关系主要是指企业与社会各类公众之间的关系,主要包括如下几种。

(1) 顾客关系

它是企业外部公共关系中最重要的关系。这是由企业的经营性质所决定的。企业与顾客不仅仅是商品交换上的经济利益关系,同时还广泛存在信息交流、情感沟通等多方面的社会关系。换句话说,良好的顾客关系是建立和维系稳定的经济利益关系的基础。

(2) 社区关系

它是指企业与所在地居民及其他社会组织的关系。社区对企业而言,既是企业的生存空间,又是企业的服务对象,因而具有公共关系上的重要性。协调社区关系的主要方法有:增进相互了解、维护社区环境、支持社区公益活动、促进社区繁荣。

(3) 新闻界关系

它是指企业与新闻传播机构、新闻界人士的关系。与其他外部公众相比,从公共关系的角度看,其特征如下。

① 非经济性。即除商业广告外,企业与新闻界的关系是非经济导向的。换句话说,企业不能用经济利益关系去处理与新闻媒介的关系。

② 舆论导向性。这使得企业极其重视新闻媒体在提高企业知名度、树立企业形象等方面的作用。

(4) 经销商、供应商关系

它是指企业与各类生产、流通企业之间的协作关系。处理这方面关系的原则是：互惠互利，加强协作。通过建立信息交流制度，实现信息共享；密切人际交往关系，增加信任与了解。

(5) 政府部门关系

它是指企业与政府主管部门及工商、税收、财政、物价、环保、卫生、审计等部门的关系。企业照章纳税，守法经营，并加强与政府各部门的信息沟通，争取政府各部门的支持，是企业处理好与政府关系的基本要求。

(6) 竞争者关系

它是指企业与同行企业的关系。企业必须树立公平竞争的观念，用公平竞争的方式参与竞争，决不能采取不正当竞争手段去排斥对手。

(7) 社会名流关系

它是指企业与那些对公众舆论和社会生活有较大影响力的人物之间的关系。与社会名流建立良好的公共关系，有助于企业扩大社会交往范围，提高企业知名度；有助于利用其专长提高企业经营管理水平；有助于企业扩大市场影响力。

以上这七方面的关系是绝大多数企业都会遇到的，其处理得好与坏，直接影响企业的生存与发展。下面我们重点介绍企业与顾客的关系和企业与新闻界的关系这两种外部公共关系。当然，我们在这里应该强调的是，其他关系并不是不重要。

(三) 企业与顾客的关系

随着我国经济体制改革的不断深入，越来越多的中国企业成为独立的经济实体。社会上逐渐形成竞争性越来越强的市场。企业树立完美的形象与它的经营、获得更大的经济利益关系甚为重大。企业与市场的关系，最主要、最根本地表现在企业与顾客的关系。因为在当今"顾客就是上帝"的市场经济中，一旦企业失去了顾客的信任，它的生命也就停止了。

1. 企业与顾客关系的意义

顾客关系不仅仅指市场上生活资料的消费者，也包括生产资料的购买者和消费者。还包括了某种服务和精神产品的消费者。顾客关系有时也可称消费者关系，即代表了工业品用户和商业顾客。

在单一的产品经济条件下，工商企业只需对上级主管部门负责，甚至年年亏损也可由上级主管部门出资继续支撑，甚至可以长年累月无忧无虑地存在下去。这样，由于消费者并不构成对企业生存的威胁，要不要同消费者建立良好关系也就成了一件无所谓的事情。

企业与消费者建立良好的关系，只有在完成由产品经济向商品经济的转变之后，健全的市场机制已经形成，市场由"卖方市场"向"买方市场"转变之后，消费者对企业的态度和意见，构成了企业生存、兴旺、发展的影响因素，甚至起到决定作用时，企业才不得不重视与消费者的关系问题。这就是企业同消费者进行公共关系工作的出发点和客观必然性。

因此，企业与顾客的关系，是企业进行自我评价的一种主要途径。企业与顾客良好关系的出发点有以下两个方面。

(1) 公平合理是首要的保证

企业与顾客的关系（包括成交和未成交的顾客），企业与顾客在交换和分配的过程中，两者要同时接受利益分配。企业与顾客各自付出和获得的比例相等，则交易是公平的，否则是不公平的。如果感到自己和他人之间的关系出现不公平时，一方就会因这种不公平产生不愉快的感觉，于是就要想办法改变不公平。改变这种不公平状况的有效途径就是企业的公共关系工作。

如果对于企业来说是不公平的，意味着企业支出大于付出，利润减少，导致企业再生产出现困难，影响到企业的经营。这时企业的公共关系部门就需要通过一系列的比较用有说服力的调查与说明，向顾客阐明自己经营中的失误，以及时调整价格，获得顾客的理解，赞同企业的经营改进。如果对于顾客来说是不公平的，意味着顾客支出大于所获得商品，或是商品质次、价高、名不副实。顾客对此会有不满情绪，或发牢骚、提意见。这时应该由公共关系部门，在尽可能快地弄清事实真相的情况下，向顾客承认自己经营中的失误。在可能的情况下，通过赔礼、道歉，甚至补偿等措施，使不公平交易所带来的对顾客的影响减少到最低限度。不公平感往往产生于交易之后，公共关系工作也往往在交易之后加以弥补，使下一次的交易处于公平的状况之中。若没有企业公共关系部门的努力，对于企业和顾客关系的协调是很不利的。只有企业与顾客之间处于公平的状态，两方才能获得最大的利益和满足。

(2) 完善的服务

包括提供最优质的产品、提供最优秀的服务，及时满足顾客的需求，最大限度地满足顾客的需要。没有顾客就没有企业，反映了企业经营的宗旨。我国许多企业和组织对消费者关系这个极其重要的问题不够重视。没有体会到，企业的生命线是掌握在顾客手中的。一家商店，如果光临的顾客越来越少，最终只会关闭。一家工厂生产的产品在市场上销售量越来越少，无人问津，最终也难以维持生产。日本实业界在实践中坚持两条简单明了的经商原则，即"顾客就是上帝"和"顾客就是效益"，对于我们正确处理经营中与顾客的关系也是极有借鉴意义的。

那么，是否顾客的每一个要求都是正确的。顾客对企业和组织任何时候都是公平的。事实上，挑剔的、不太讲理的顾客也不乏其人。但如果我们能正确地对待和思考为什么顾客的要求提高了？口味为什么变得挑剔了？为什么顾客感觉受到了委屈和不公平的待遇？依据这些问题找出企业产品和服务质量与顾客所希望的差距有多大，及时加以改进。从这点出发，企业应感谢顾客提出的新要求。顾客的需求是企业奋斗的目标，要逐步改进自己产品的设计，服务的方式、方法，为顾客排忧解难，以求得企业的长远发展。所以企业要在消费者中建立信誉和争取支持，而不是直接为企业赚取利润，一切相应的公共关系实务工作，都要以此为中心来开展。

因此，企业要想实现这一目的，主要应在如何改善服务质量、介绍产品和服务、树立企业信誉，以及同消费者联络感情等方面做足文章。

2. 改善企业与顾客关系的具体方法与措施

既然企业与顾客关系的好坏关系到企业经营目标的问题，那么就要注重改善两者之间的关系，并采取一系列切实可行的措施。

(1) 要制定切实可行的规章制度

这些制度可分为事前、事中、事后。事前要制定出接待顾客的具体方式、方法。事中指在企业职工与顾客交往的过程中，职工的态度代表企业的形象，要有礼貌、热情、耐心使顾客满意。碰到特别挑剔的顾客，也要努力安抚和耐心解释，切不可发脾气，以免把事情弄到不可收拾的地步。事后，当企业与顾客交往之后，要反馈顾客对企业的态度和顾客对企业产品、服务的意见，同时不可忽视售后服务。通过良好的售后服务争取顾客的信任感。

(2) 收集顾客的信息

顾客只是一个总体的概念，它是由各个不同的顾客群组成的。具体包括不同年龄的顾客；不同性别的顾客；不同职业的顾客；不同兴趣、爱好（地区不同、民族习俗不同、个人爱好不同）的顾客。不同的顾客由于所属的顾客群不同，对同一产品会有不同的看法，他们对产品的性能、质量、颜色、样式、包装、价格的评价以及要求不同。这些信息通过企业公共关系人员及时地从顾客中获得，加以分类、归纳，成为企业生产、经营和决策的原始材料和重要依据。

(3) 强化顾客对企业的了解

顾客对企业的生产、经营往往是不够了解的，这就需要企业通过各种有效的传播手段和服务项目向顾客报道，阐述企业的发展历史、经营项目、营业状况、产品性能规格及销售方式、售后服务的具体标准和方式等。这些信息应迅速、准确地输送到顾客这方来，争取顾客的支持和信任。

(4) 尊重顾客的权利和利益

顾客应该拥有的权利，有以下几个方面：①有权不买不喜欢的产品；②有权挑选商品的式样、颜色、种类、规格；③有权了解商品的制造、使用和维修方面的知识和信息；④有权对商品的质量、款式、性能、价格提出自己的看法和建议，并有权要求这些意见被有关的工商企业了解，有权向消费者协会或有关机构投诉；⑤当使用不良的商品受到损害时，有权要求得到补偿。顾客的以上权利是正当的，但在现实生活中，顾客的这些权利往往没有受到尊重。这样，往往造成企业与顾客之间难以进行沟通，更谈不上相互信任。因此，企业若要想同消费者建立并维持一个良好的互动关系，就必须主动地、尽可能全面地尊重消费者的权利，维护消费者的利益。只有在消费者感到自己的权利和利益得到企业的充分尊重的情况下，才会对该企业产生信任和好感。所以企业关于消费者的公共关系实务工作的基础，就是要尊重顾客的权利和利益。这是从根本上维护了消费者的利益。

以上几个方面的工作，是企业公共关系工作的基本做法。通过这些方法，使顾客既获得了物质上的满足（购买到所喜爱的商品），又获得了精神上的满足（获得了良好的服务以及采购商品的乐趣）。这样，企业与顾客之间的关系得到了协调，企业具备真诚与文明经商的态度和以顾客为中心的经营宗旨，就会赢得顾客对他的信任和喜爱。企业在市场上拥有了越来越多的顾客，在激烈的市场竞争中，将会处于有利的地位。

### （四）企业与新闻界的公共关系

新闻界是指专门掌握和运用大众传播媒介的社会专业组织和机构。报纸、杂志、广播电台、电视台是新闻界最主要的实体，被人们称为新闻界的"四大支柱"。

企业与新闻界的关系主要是媒介关系。但新闻界对企业来说具有双重身份和人格。新闻界是实现该企业公共关系目标的主要媒介；新闻界又是企业公共关系的公众，而且是特殊的公众。因为它代表了社会舆论，也代表了顾客的意愿，因而成为企业界必须争取的重要公众。企业必须正视、利用新闻界的这两种身份。

企业公共关系与新闻界有其一致性的特点。企业需要新闻界通过新闻媒介传播自己的产品情况和扩大影响、树立良好的形象。而新闻界也需要企业报道经营情况，及时、准确地提供新闻素材，以便加以整理，及时向社会报道。所以说，企业公共关系事务与新闻界一样充当了中介人的角色。公共关系人员充当企业组织和社会公众之间的中介，企业组织与新闻界的中介；新闻界人士是传播者与受传播者的中介，是政府和社会大众的中介。另外，两者都扮演了一种"喉舌和耳目"的社会角色：公共关系人员是企业组织的"喉舌"和"耳目"，为组织搜集各种民意民情，将组织的有关信息发布出去，同时也充当公众的"喉舌"，向组织传送公众的意见。而新闻界人士，既是政府部门的"喉舌"和"耳目"，又是公众的"喉舌"和"耳目"。当然，两者在功能上略有区别：新闻界人士只是通过某些信息告知公众，而公共关系人员则是通过宣传来说服公众。

一般来说，随着现代科技进步、传播技术日益发达、先进，新闻界已经成为具有影响社会舆论的权威性机构和组织。新闻界对社会的影响力是任何一个企业都无法攀越的。如美国新闻界可以独立地左右整个社会的舆论，则被称作对社会经济、政治局势的变动具有独特作用的一根支柱。在国外，公共关系人员的第一要务就是与新闻界打交道，保持良好的关系。新闻界的工作具有信息量大、时效性强、反应敏捷、可信度高、传播面广等特点，构成企业与公众之间信息交往的加速器和放大器。因而凡是具有远见的企业领导人都乐意同新闻界打交道，并善于利用媒介关系来树立良好的企业形象。

企业与新闻界的公共关系主要有以下几方面。

① 企业要与新闻界保持密切、长期的联系，要及时地向新闻界提供新闻，主动地引起公众的注意。可派专门的公共关系人员负责，凡遇重大事情，应通知新闻界来单位采访，并帮助新闻界了解企业技术性较强的问题，使新闻界能准确及时地向社会报道。

② 平等对待新闻界各单位。由于新闻界包括的范围较广，企业的公共关系部门应采取一视同仁、礼貌的态度，而决不可因为新闻单位名气大小、级别不同，而采取截然不同的态度；要尽可能使它们获得平等的信息量及获得平等的采访企业经营状况的机会；要让新闻界对企业的情况和发展心里有数，对企业抱有好感。当企业发生了重大危机情况时，新闻界能以公正、客观的态度和立场采访、撰写新闻报道。

③ 坚持尊重事实的原则。企业公共关系部门既要尊重新闻界的新闻道德，不用拉拢、贿赂、请客、送礼等手段压制和胁迫新闻界发布欺骗社会的假新闻；同时也要坚持自己的原则，不能为了讨好而一味地迎合新闻界的口味。反映、提供的消息要依据尊重客观事实的真实性原则。在新闻媒介进行不实报道时，特别是进行有损企业形象的宣传和报道时，任何组织都有权利向新闻媒介阐明自己在某一问题上的立场，并有权对媒介提出批评（特别是中肯的批评）。这样做不仅不会破坏与新闻界的关系，相反会把关系建立在更牢固的基础之上。

④ 企业公共关系人员要注意培养对新闻媒介的兴趣。积极响应由新闻界发起的有益于社会的集体活动并提供必要的赞助。这样做也会加深新闻界对企业的好感、信任感，提高企业在社会上的知名度。

⑤ 企业公共关系人员应同新闻界、编辑之间建立起个人友谊。这样做使新闻传播界及时了解企业政策和行动的意义，对扩大企业影响、争取公众支持都是十分有益的。不同的宣传方式，给企业造成的影响也截然不同。

## 第四节　公共关系礼仪

整体性是现阶段社会发展的主要趋势，完全独立的组织难以在社会中持续发展，复杂的社会问题与公共关系的处理是公共组织必须面对的难题。公共礼仪是公共关系处理进程中的基本要求，有效提升组织的公共形象与公共关系问题的处理效率，是公共组织发展的必备条件。

## 一、公共关系礼仪的定义

公共关系礼仪作为企业、组织对外的重要内容，一直是相关方面的研究重点。目前，市面上存在大量论述公共关系礼仪的书籍。但遍览书中内容，多为论述礼仪的注意事项，这种对公共关系礼仪浮于表面的理解忽略了礼仪的核心。公共关系礼仪是处理公共关系时使用的礼仪。要理解公共关系礼仪，便要从公共关系与礼仪两个角度进行探讨。"礼"指社会发展中形成的共同认识，"仪"指个人在与外界接触时表现出的行为习惯。公共关系常被误解为与公共媒体的关系处理，其实在广义概念上，非对内的一切的关系处理都属于公共关系的概念范围。公共关系礼仪指人在进行公共关系活动时被集体意识所期望采取的行为，包括妆容行为、语言行为、举止行为、电话行为、宴会行为等。

## 二、公共关系礼仪的作用

（1）提升组织形象

公共关系人员常被当作组织形象的直接代表，良好的公共关系礼仪可以为他人带来良好的沟通体验，有效提升组织在他人心中的形象地位。在现阶段信息流通性较强的背景下，个体印象极易成为组织公共形象，而公共形象会反作用于组织的个体形象。良好的公共关系礼仪会为组织形象建立一个良好的开端，使组织公共形象不断趋于规范化、正面化。

（2）提升沟通效率

公共关系行为的直接目的是在两者间建立有效沟通渠道。良好的公共关系礼仪会让双方更加注重关键信息的交换，使沟通进程更加顺畅、高效。同时，良好的公共关系礼仪为组织积累的公共形象会加强对方的信赖感，从而减少双方在相互试探中所花费的时间，提升沟通效率。

## 三、公共关系礼仪的基本原则

（1）尊重

"礼者，敬人也"，礼仪的本质作用是在交往中展现对对方的尊重，尊重是公共关系礼仪的核心规则。这就要求公共关系人员在公共关系进程中对对方怀有足够的重视。公共关系人员内心的尊重或者不尊重会从行为细节中体现出来，所以，在公共关系礼仪中心怀尊重是前提。礼仪是一种被公共意识默认的行为规范，公共关系人员仅在内心怀有尊重而行为不符合礼仪，常会被认为缺乏素质。因此，在公共关系礼仪中行为准备是必要条件。

(2) 平等

平等是公共关系礼仪的重要原则。它要求相关人员在公共关系进程中既不盛气凌人又不低声谄媚。平等是公共关系行为顺利进行的基础，只有沟通双方处于平等地位，公共关系进程中双方的需求才能被同时满足，从而使公共关系行为成立。

(3) 宽容

对于公共关系主体而言，宽容是具有针对性的要求。宽以待人、严以律己一直是我国人民提倡的礼仪品质。在公共关系进程中，对对方不经意间的失误要采取宽容的态度，避免一次交易后终止合作，防止对组织的持续发展产生影响。

(4) 细节

礼仪细节可以有效提升对方对组织的观感，使公共关系进程更加顺畅。公共关系人员要注重礼仪细节，为对方创造更加舒适的沟通环境。现阶段，各组织内部主要人员逐步更换为更加追求自由的年轻人，日常的细节要求将成为公共关系进程中的优势条件，对公共关系成果影响巨大。

### 四、公共关系礼仪的基本内容

(一) 仪表礼仪

仪表礼仪是公共关系礼仪最为基础的内容。人身之有面，犹室之有门，人未入室，先见大门。妆容是对方对公共关系人员的第一印象，直接决定了对方的沟通意愿度。装扮得体是公共关系人员必备的技能之一。

(1) 服饰选择要依据公共关系对象合理变通

一般情况下，公共关系人员的服装应以暗色调为主，全身配色不应超过三种，避免给对方留下轻浮的印象。同时，要避免全身一种颜色，使整体观感较为枯燥。

在公共关系进程中，男性着装方式较统一，多为西装搭配皮鞋。西装穿搭看似简单，其实颇为讲究。衬衫与西装要有明显色差，如常见的白色衬衫搭配黑色西装；衬衫袖子的长度要略长于西装，一般为在伸直手臂的状态下长出袖口 2~3 厘米；衬衫没有搭配领带时，领口纽扣要解开。西装款式较丰富，不同款式有不同穿法。双排扣西装要将纽扣全部扣好。单排扣西装若只有一粒纽扣，系上与否皆可，都属于规范的选择；若有两粒纽扣，要避免单独系下方的一粒。避免在西装口袋里放过多物品，否则将影响西装的修身效果。如果必需物品较多，可选择搭配同色系手包。对于女性着装来说，西装套裙或套裤是不错的选择。与男性相比，女性还要注意配饰的选择。在搭配时，选择端庄得体的配饰，避免过长或结构复杂的配饰。同时，在穿搭过程中要更加注重色彩的使用，避免局部位置过于突出。头发过长者应该适当盘起,以强化整体端庄的形象。

(2) 妆容同样是仪表礼仪的重要组成部分

在公共关系进程中,妆容应以淡妆为主。女性要避免浓妆以及使用香味浓郁的香水。在必要情况下,男性也要合理使用遮瑕等手段修饰仪容,以提升整体形象。

(二) 语言礼仪

交流是公共关系的主要方式,良好的语言礼仪可以提升对方沟通的意愿度与沟通心情,提升公共关系的效果。公共关系人员要控制自身语气、语调。使用标准普通话沟通是公共关系活动顺利进行的必要条件。沟通进程中,公共关系人员要注意控制音量,避免出现因音量问题使对方难以获取有效信息或影响他人正常工作的情况。沟通时语气温和,吐字清晰,语速适中,为公共关系工作取得成效提供保障。沟通语言要简洁。语言简洁是高效沟通的必要条件。在公共关系开始前,公共关系人员要规划好交流的主要内容,确保沟通进程中的话题始终围绕公共关系主旨并能充分体现自身需求,避免无意义交谈。注意语言使用方式。沟通进程中,公共关系人员应合理组织语言。过于随意的语言和过于严肃的语言都会破坏和谐的沟通氛围,使公共关系工作无法取得良好成果。

(三) 行为礼仪

行为礼仪是公共关系礼仪中较为复杂的组成部分,涵盖范围较广且要求多变,需要公共关系人员有较强的应变能力。其一,基础仪态要求。在中国,"坐如钟,站如松,行如风"一直是备受推崇的仪态标准。在工作进程中,公共关系人员要注意身体挺拔笔直。落座时动作轻盈,肩部放松,上半身挺直,双膝距离小于肩宽,双手自然放在扶手上,同时避免交谈进程中动作过多给对方造成不好的观感。沟通进程中保持微笑,双眼直视对方,聆听对方讲话的细节,对方结束讲话后再发言,避免直接打断对方。离座时动作要轻,并将椅子摆放在原位。站立时,身体保持直立,肩部放松,双手自然下垂,挺胸,抬头。走路时,脚步轻盈,步履平稳,避免手臂随意摆动。其二,基础行为要求。公共关系人员要守时,避免让对方等待过长时间。若对方来自国外,要多方面了解对方的习惯,避免双方由于习惯不一致而导致的失礼。敲门过程中要控制敲门力度,如果长时间对方未应答,再逐渐加重力度。初次见面打招呼时要尊重对方习俗。会面时,部分国家习惯于鞠躬或双手合十,而不是握手,此时公共关系人员就要"入乡随俗"。握手力度也有讲究,过轻会使对方感觉态度敷衍,过重会使对方感觉分寸感较差。当对方为异性时,需轻握手指后立即收回,以示尊重。

此外,在活动或会面开始前,公共关系人员要将手机调至静音,避免突然的信息干扰交谈的正常进行，男士不能吸烟。

(四) 宴会礼仪

宴会在公共关系活动中扮演着较为重要的角色。公共关系人员邀请对方参加宴会要提前了解对方国家或民族的禁忌，避免点菜时触碰对方的忌讳。食用中餐时，要避免筷子在菜盘内随意翻动，尽量食用距离自己较近的菜品。用餐过程中要时刻保持双手在桌子上，但不要手肘支撑在桌子上。食用西餐时，刀叉使用后不要放回原位，刀要放在盘子上但不可以处于正中心，叉子要与自身平行搭在盘子内，手柄一端放在桌子上。离席时，不要整齐折叠餐巾，以提醒服务人员该餐巾已被使用。

公共关系礼仪是公共关系人员学识、修养的集中体现，在一定程度上代表着组织的形象与对外沟通的态度。因此，公共关系人员在工作过程中要注重自我提高，一方面学习完善礼仪细节，另一方面提升自我素养，内外兼修，努力营造出一个端庄且舒适的公共关系环境，从而促进公共关系工作取得更好成效，使组织形象得到不断提升。

# 参考文献

[1] 苗力田. 亚里士多德全集：第九卷［M］. 北京：中国人民大学出版社，1994.

[2] 胡百精. 对话与改革：美国进步主义运动时期的公共传播与社会认同［J］. 中国人民大学学报，2012（1）：72-79.

[3] 周振甫. 中国修辞学史［M］. 北京：商务印书馆，2004.

[4] 胡百精. 中国公共关系史［M］. 北京：中国传媒大学出版社，2014.

[5] 居延安，胡明耀. 关系管理学［M］. 上海：复旦大学出版社，2006.

[6] 刘一赐. 网络广告第一课［M］. 北京：新华出版社，2000.

[7] 王珑. 公共关系原理与实务［M］. 重庆：重庆大学出版社，2004.

[8] 时莉. 公共关系经理手册［M］. 北京：企业管理出版社，2000.

[9] 肖北婴，胡春香，杨帆. 现代公共关系学新编［M］. 北京：北京工业大学出版社，2003.

[10] 史有春. 公共关系学：形象设计、信息传播和社会交往［M］. 南京：南京大学出版社，2002.

[11] 丁军强. 公共关系原理与实务［M］. 北京：北京交通大学出版社，2008.

[12] 王红卫. 应用型高职院校公共关系礼仪课程的教学设计及实践探索［J］. 科教导刊（下旬），2019（6）：98-99.

[13] 李欣. 公共关系礼仪教学中开展训练的特点与思考［J］. 智库时代，2019（15）：285-287.

[14] 薛丽. 实践出真知服务见才华——记三门峡市拔尖人才、公共关系礼仪专家杜明国［J］. 公共关系世界，2018（21）：90-93.

[15] 顾锋. 管理学［M］. 上海：上海人民出版社，2004.

[16] 姚惠忠. 公共关系理论与实务［M］. 北京：北京大学出版社，2004.

[17] 郑小兰. e条件下的公共关系模式探讨［J］. 商业时代，2003（23）：57-58.

[18] 徐美恒. 试论公共关系的源头确定问题［J］. 公共关系世界. 2018（11）：23-27.

[19] 陈先红. 陈先红：呼吁加快中国公共关系学科建设与发展［J］. 公共关系

世界. 2017 (11): 37-39.
- [20] 洪银兴,陈雯. 城乡一体化的科学内涵 [J]. 经济研究参考. 2003 (55): 45-49.
- [21] 刘晓程,李旭红. 专业化与学科化共生:改革开放40年中国公共关系学发展的回顾与展望 [J]. 南昌大学学报(人文社会科学版). 2019 (3): 77-81.
- [22] 许婧. 公共危机事件中的新闻传播及其策略思考 [J]. 新闻研究导刊. 2019 (24): 14-19.
- [23] 徐泽春. 政府公共危机管理能力提升 [J]. 人民论坛. 2016 (5): 22-25.
- [24] 吴春华,温志强. 公共危机管理与政府职能完善 [J]. 河南社会科学. 2005 (3): 33-35.
- [25] 蒋楠. 公共关系原理与实务 [M]. 北京:中国人民大学出版社,2006.